LOCUS

LOCUS

LOCUS

LOCUS

mark

這個系列標記的是一些人、一些事件與活動。

Mark 056

殺劫

Forbidden Memory : Tibet During the Cultural Revolution

攝影：澤仁多吉

文字：唯色

責任編輯：林立文

美術編輯：何衫

法律顧問：全理法律事務所董安丹律師

出版者：大塊文化出版股份有限公司

台北市105022南京東路四段25號11樓

www.locuspublishing.com

讀者服務專線：0800-006689

TEL：(02) 87123898　FAX：(02) 87123897

郵撥帳號：18955675

戶名：大塊文化出版股份有限公司

版權所有　翻印必究

總經銷：大和書報圖書股份有限公司

地址：新北市新莊區五工五路2號

TEL：(02) 89902588 (代表號)　　FAX：(02)22901658

製版：瑞豐實業股份有限公司

初版一刷：2006年2月

二版一刷：2016年5月

三版一刷：2023年5月

定價：新台幣550元

Printed in Taiwan

殺劫

不可碰觸的記憶禁區，鏡頭下的西藏文革，第一次披露

Forbidden Memory: Tibet During the Cultural Revolution

澤仁多吉◎攝影　唯色◎文字

目 錄

གསར་བརྗེ།

「殺劫」是藏語「革命」的發音，中文拼音為Sha Jie，藏文為གསར་བརྗེ།。傳統藏語中從無這個辭彙。半個多世紀前，當中國共產黨的軍隊開進西藏，為了在藏文中造出「革命」一詞，將原意為「新」的གསར་པ།和原意為「更換」的བརྗེ་བ།合而為一，從此有了「革命」（གསར་བརྗེ།）。據說這是因新時代的降臨而派生的無數新詞中，在翻譯上最為準確的一個。

གསར་བརྗེ།（革命）在漢語中可以找到很多同音字，我選擇的是「殺劫」，以此表明二十世紀五〇年代以來的革命給西藏帶來的劫難。一九六六年又一場被稱為「文化大革命」的革命席捲西藏，於是「殺劫」之前被加上了རིག་གནས།（文化）。རིག་གནས།的發音，中文拼音為Ren Lei，與漢語的「人類」發音相近，所以用漢語表達藏語中的རིག་གནས་གསར་བརྗེ་ཆེན་པོ།（文化大革命）一詞，就成了對西藏民族而言的 「人類殺劫」。

序

一九九九年底,我收到唯色寄來的郵件,裡面有數百張底片。那時我們還沒見過面。她在信中告訴我,底片是她一九九一年逝世的父親在「文化大革命」中的西藏所拍。她知道這些底片很珍貴,卻不知道該怎麼用。她雖然和我從未謀面,但是看過我寫的關於西藏的書,相信我會很好地使用這些底片,因此決定把底片送給我。

我戴上手套,對著燈光看這些底片。很快我就斷定,我不能接受這份餽贈,因為它實在太過珍貴了。

中國的文化大革命是人類歷史上一個極為獨特的事件,它除了是一段空前絕後的奇異歷史,還關係到對人類走向的探索,因此一直受到眾多研究者關注。幸運的是,因為文革波及廣泛,距離時間又不太遠,留下的資料可以用浩如煙海形容,世界各國的重要大學和圖書館都有收集。即使在文革研究遭到官方禁止的中國,文革資料在民間也多有流傳。

然而,無論是在文革研究方面,還是在文革資料收集方面,一直存在一個空白——西藏。目前對文革資料收集最全的《中國文化大革命文庫光碟》(二○○二年香港中文大學出版)中,收入了上萬篇文件、講話和其他文獻,其中關於西藏的文獻只有八篇;美國華盛頓的中國資料研究中心出版的《新編紅衛兵資料》,收入三一○○種紅衛兵小報,其中西藏的小報只有四種。正如文革研究專家和文革資料編纂者宋永毅在給我的信中感慨:「西藏材料可以說是奇缺……我們對西藏文革實在瞭解得太少了!」

即使在官方的西藏自治區檔案館,從一九六六年到一九七一年也是一個斷層。六年時間留下的材料僅有三份。文革初期最熱鬧的兩年竟然一份材料也沒有。

當然,西藏文革的資料肯定存在,至少在文革中掌握西藏重權的西藏軍區就保存得相當多。但那是一個深埋的黑箱,衛兵把守,絕不外露。跟所有被中國官方掌握的文革資料一樣,被當作不可見天日的「絕密」。文革不僅是會使中共痛楚的舊疤,而且挖掘下去,會觸及中共制度的根本,所以儘管已過四十年(註:現今已過五十七年),文革在中國仍被列為不可觸碰的禁區。

在世界面前,文革是中共的一個尷尬,西藏則是另一個尷尬,

因而西藏的文革就成了雙重禁區，益加不可觸碰。中共統戰部一九九九年編輯的《圖說百年西藏》畫冊，數百幅照片中竟然沒有一張文革期間的照片，似乎一九六六年到一九七六年的十年時間在西藏歷史上不曾存在！

面對這樣的有意抹殺，「與強權的鬥爭，就是與遺忘的鬥爭」益發顯得千眞萬確。如果上百萬平方公里的西藏是文革研究的空白，文革研究就是無法完整的。由此而言，唯色父親拍攝的西藏文革照片具有極爲特殊的意義。

與其他資料相比，照片的客觀性相對最強。文字、口述、採訪等免不了與當事者的主觀性——立場、目標、記憶和解釋等——有關，靈活多意，容易遭受懷疑和否定。照片則是歷史瞬間的凝固，當時光影所投射的每個象素都具有不可否定的性質，屬於「鐵證」。以往西藏文革的文字材料奇缺，西藏文革的照片更是少到不能再少。多年來，正式發表的西藏文革照片只見過一張（臺灣《攝影家》雜誌第三十九期）；用 google 做中、英文搜索，全部網際網路找到的西藏文革照片也只有一張！唯色父親的數百張西藏文革底片，價值由此可想而知。

我回信告訴唯色，我可以幫助她，但是讓這些照片見證歷史不是我這個外族人的職責，而是應該由她自己承擔。

從那時到今天，六年過去了。唯色圍繞這些照片所做的漫長調查和寫作終於完成，她父親的照片得以在四十年後重見天日，文革研究的西藏部分也因此不再空白。

願她父親往生的靈魂安息。

順便說一句，唯色今天已是我的妻子。

感謝這些照片。

二○○五年九月十七日
（又及：我父親在三十七年前的這天死於文革迫害）

關於照片

唯色

　　二○○二年初夏的一個下午，當我把這些照片從紙袋裡取出，五十七歲的霍康‧強巴旦達的反應令我震驚。他是個高大、沉默的拉薩人，開始只是翻來覆去地看著他父母和外公被當作「牛鬼蛇神」鬥爭的照片，很平靜的樣子，但誰也沒有料到他會突然慟哭起來。他的那種慟哭沒有聲音，只是渾身顫抖，一隻手緊緊地抓著身邊的人，淚流滿面。他就這麼哭了許久，我也禁不住潸然淚下。半晌他才哽咽道，「當年我父親曾說過，在批鬥時他看見有人在拍照，我當時不在拉薩，還以為我一輩子也不會見到這樣的情景⋯⋯」

　　霍康‧強巴旦達終於看到的照片，是我父親澤仁多吉（漢名程寬德）在四十年前拍攝的。

　　我父親是西藏東部的康區藏人。按照西藏傳統的地理觀念，整個藏地由高至低分為上、中、下三大區域，有上阿里三圍、中衛藏四如、下多康六崗之說，分布於今中國行政區劃的西藏自治區及四川省、雲南省、青海省、甘肅省的藏區。一九五○年，毛澤東派遣軍隊要「解放在帝國主義壓迫下的西藏同胞」，從中國的西南方向進軍拉薩的先遣部隊沿途吸納數百名年輕藏人，其中就有我年僅十三歲的父親。

　　一九六六年，文化大革命的烈火開始燎原，我出生在西藏軍區總醫院。此時我的父親已是中國駐西藏軍隊的一名軍官，亦是一位熱心的攝影愛好者。從懂事起，我經常見父親整理他的照片和底片，留下了很深的印象。一九九一年，任拉薩軍分區副司令員的父親病故於我出生的那所醫院。在收拾父親的遺物時，我保留了這些照片，但當時並不知這是迄今為止，關於西藏文革最全面的一批民間照片。

　　直到一九九九年，我讀了從海外傳到西藏的《天葬：西藏的命運》一書，決定把父親的照片寄給書的作者——中國作家王力雄。當時的想法只是，與其讓父親的照片繼續沉沒箱底，不如提供給一位能夠公正研究西藏問題的學者，或許能發揮一些作用。

　　未曾謀面的王力雄把照片又還給了我，並在回信中說，這些照片再現了西藏一個被抹殺的時代，屬於應該恢復的西藏記憶。一個民族的傳承靠的是對歷史的記憶，而用「記憶」對抗「遺忘」

是每一個有良知者的責任，也許這就是我父親留下這些照片的心意。他的話打動了我。從那以後，我被這些照片牽引著，進入了艱難、漫長的採訪與寫作之中。

六年來，我採訪了七十多人，基本上與我的父母同輩，生命中的大段歲月是與西藏天翻地覆的幾十年歷史緊密相連的，大多數是藏人，也有漢人和回族，如今他們或者是退休幹部、退休軍人、退休工人、居民，或者是還在其位的官員、仍在工作的學者、虔心侍佛的僧侶等等，但當年，他們中有紅衛兵、有造反派、有「牛鬼蛇神」、有「積極分子」……我帶著王力雄幫我在北京放大的照片在拉薩走街串巷，把照片一幅幅打開，一幅幅傳遞。每取出一幅照片，往往就能引發一段苦澀回憶。

很多人的回憶都夾雜著難言、失言以及不堪言說。我總是默默傾聽著，不願意自己的唐突、冒昧、閃失打斷了他們並不輕鬆的回憶。我小心翼翼地尋找著終於流露或洩漏的事實，而這些事實往往是對這些照片詳細的說明或補充。多少回，當我整理錄音時，反覆傾聽他們的驚慄、歎息和懺悔——「瘋了，那時候都瘋了，就像吃了迷魂藥」、「可憐啊，我們這個民族太可憐了」……這時我總是感到，直面歷史和創傷的確很困難。

感謝我的父親，不論他出於什麼動機，他留下的是非常寶貴的歷史見證；感謝我的母親，她接受父親把相當一部分工資消耗於被當時人們認為無用的攝影；感謝王力雄，他不僅是我寫作此書的建議者和推動者，如今已是我的丈夫；感謝就職美國之音藏語部的媒體人 Tsetan Wangchuk 先生，他為此書的形成提供了不可缺少的策劃，並提供了他的採訪和翻譯；感謝獨立電影人、教授 Carma Hiton（卡瑪）女士，為我做了底片的保管和掃描；感謝臺灣大塊文化董事長郝明義先生，使這些照片和調查文字公諸於世。最應該感謝的是那些接受了我的採訪的長輩們，許多人仍然生活在西藏，為了他們的安全，書中對其中七人使用化名（三位男子以藏語的星期日期替代，四位女子以藏語的二位數字替代）。令人難過的是，其中已有兩人病故（註：至二〇二三年三月，據我所知，已有半數以上的長輩去世，包括我母親次仁玉珍於二〇二二年八月十一日，在拉薩因新冠疫情封城百餘日的數小時前病故）。

出於諸多考慮，我原本打算署名亦用化名，但是二〇〇三年

九月，我在中國花城出版社出版的散文集《西藏筆記》被認爲有「政治錯誤」而遭查禁，我也被解除了公職。這恰是西藏今天的現實，在意識形態的控制上，依然與文革時代如出一轍。這也使我不再有顧慮，決定在文化大革命四十週年之際，以眞實身分出版此書。

最後，我要轉錄一九五九年因中共進入而逃離西藏的一位佛教上師——索甲仁波切在他的著作《西藏生死書》中的一句話：「我願把本書獻給西藏所有在文化大革命中受難的人，他們見證了他們的信仰和佛法的殊勝景象被摧毀」[1]。

二〇〇五年九月九日，毛澤東亡故二十九年整

---

① 原著英文版所寫的是：「我願把本書獻給數十萬在西藏的恐怖中喪命的人。」

I

砸爛舊西藏
文化大革命狂暴

革命即將來臨

　　按照毛澤東的思想，不破不立，破舊才能立新。於是就有了「破四舊」和「立四新」。所謂「四舊」，指的是舊思想、舊文化、舊風俗、舊習慣；所謂「四新」則正好相反，意味著共產黨代表的一切。被中國共產黨從所謂的封建農奴制度下「解放」才不過十七年的西藏，可謂集「四舊」之大成，不花點力氣，好好地大破特破一番，怎會有一個光輝燦爛的新西藏？因此，就整個藏地的中心拉薩而言，一是破壞以寺院為象徵的傳統文化，首當其衝的是西藏宗教的靈魂──大昭寺；二是批鬥「牛鬼蛇神」，大都是代表舊西藏「最黑暗、最野蠻、最殘酷」的「三大領主」（這是中共給予傳統西藏的政府──噶廈、寺院、貴族及莊園主的專用名稱），包括相當一批曾為中共「統戰」的「愛國上層人士」，將在這場史無前例的運動中難逃被專政的下場。

看上去，文化大革命即將到來之前的拉薩風平浪靜。一幢幢類似兵營的房屋修築在過去的大片草地、「林卡」（林園）和沼澤之上，是新政府的辦公場地和宿舍。一條條新開闢的街道被命名為北京路、人民路等。據一九六五年的《西藏日報》報導：拉薩市建成了一個以人民路為中心的、擁有二十五個較大的建築物的新市區。中國官媒記者寫：「一九六五年慶祝西藏自治區成立，中央直接撥專款用於拉薩市政建設，是民主改革後市政建設的第一個高峰。」

二十世紀六〇年代的拉薩正在失卻古老而獨特的風貌，舉世聞名的布達拉宮是滄桑之變的見證。

左圖，在布達拉宮斜對面的小山頂，原有建於十七世紀的醫藥利眾寺，但毀於一九五九年三月的解放軍炮火。右圖，是從布達拉宮俯拍的拉薩東南面，左邊的藏式建築為十四世達賴喇嘛家族堯西達孜的府邸，從布達拉宮東門有小路通往；左上角依稀模糊的寺院建築是歷史悠久的大昭寺；往東也有不少影影綽綽的藏式老房子。

這就是大昭寺，被十四世達賴喇嘛譽為「全藏最崇高的寺廟」。一九六四年二月十九日至二十九日，正值藏曆新年期間，按照西藏傳統，在這裡舉行祝福祈願的盛大法會「默朗欽莫」，中文譯為「傳召法會」。然而，插在寺院之頂的五星紅旗和掛在寺院牆上的標語（用藏漢文寫「……繁榮經濟改善人民的生活」），卻已表明今非昔比。西藏的靈魂、至高無上的達賴喇嘛於一九五九年三月十七日被迫出走，流亡印度已五年。

據中國官方報導，這次法會期間，「中央人民政府代表張經武和自治區籌委會代理主任委員班禪額爾德尼分別派代表向參加傳召大會的僧眾發放了布施」。半年之後，十世班禪喇嘛因為向毛澤東遞交著名的《七萬言書》，直言批評中共對全藏區尤其是對西藏宗教的破壞，而被當作西藏「最大的反動農奴主之一」遭到批鬥並被撤職。來年的「默朗欽莫」也被取消，直至一九八六年才恢復，三年後又被禁止，至今未再舉辦。

一九六四年的藏曆新年期間。藏人們從各地趕來朝觀大昭寺。男女老少排隊環繞的，是大昭寺四層高處的金頂群中，最重要的覺康（釋迦牟尼等身像佛殿）上方的金頂。

一九六四年的祈願大法會「默朗欽莫」。法會最重要的一項是在大昭寺南側的講經場「松卻繞瓦」，通過辯經考取藏傳佛教的高級學位。圖中右角正在拍攝辯經場景的，是中央新聞紀錄電影製片廠駐西藏記者站的藏人攝影師澤仁，是我父親同鄉，兩人情誼深厚。

一九六四年的祈願大法會「默朗欽莫」。按照傳統，拉薩所有主要寺院的數萬僧人將雲集於大昭寺舉行連續多日的法會，但這一次的規模已大大縮小，在經歷了一九五九年三月反抗中共的「拉薩抗暴」（中共稱之為「西藏反革命武裝叛亂」）之後，西藏（指今中國行政區劃的西藏自治區，以下含「西藏」一詞，有些指西藏自治區，有些指全藏地，如「西藏文革」，視內容而定）自治區十多萬僧尼只剩下幾千人留在寺院。從圖中即可看出，坐滿大昭寺二樓露臺上的不是往日的僧人，而是普普通通的男女老少。

耐人尋味的是，各種醒目的政治標語也已經包圍了大昭寺。在往日法會期間達賴喇嘛下榻的「日光殿」懸掛的標語上，用藏漢文寫著「繼續貫徹執行政治統一、信教自由的方針」。這實際上是一條來自強權者的指令，概而言之，即必須聽從中共對西藏宗教的任何措施。另一條懸掛的橫幅用藏漢文寫「各族人民偉大領袖毛主席萬歲！」自奉無神論的唯物主義者顯露出要用它的大神一統天下的面目。

一九六五年九月一日，在布達拉宮山腳下的「修赤林卡」（法座林園，原有屬於達賴喇嘛的石築法座，彼時已遭拆除）新建的「勞動人民文化宮」，召開了西藏自治區第一屆人民代表大會。這些人是參加大會的代表，有喇嘛，有婦女，有上層人士。其中那位女代表是大貴族帕拉家族的小姐阿旺白姆，嫁與大貴族吉普家族的公子。她因為積極靠近共產黨而被認為是反動的帕拉家族中唯一「進步」的革命者。走在她旁邊的那位很有風度的男子，是日喀則地區貴族平繞仁青。他身後的那位穿中山裝、正舉步上臺階的老人，被認出是日喀則地區貴族拉敏・益西楚臣。一年後他們被當作「牛鬼蛇神」遭到遊鬥。

其實在這次會議上，被任命的好幾位副主席後來都成了「牛鬼蛇神」。同時召開的政協西藏第二屆委員會上，也有好幾位副主席後來成了「牛鬼蛇神」。他們大都出現在這本書中批鬥「牛鬼蛇神」的照片上。

照片的背景是布達拉宮。幾棵綠蔭樹下停放著十幾輛汽車，多為軍用卡車和吉普車。這時候的拉薩看上去寬闊、明亮、安靜，但實際上當時已是疾風暴雨即將來臨。

走在這群僧侶隊伍前面的兩位僧侶，高高舉著的橫幅標語上書「慶祝西藏自治區成立」，表明這是在一九六五年九月九日西藏自治區正式成立的大會上，而在這時候，還需要他們充當政治表演的角色，但不及一年，當文化大革命這場紅色恐怖狂飆襲來，全藏各地的僧團組織被打得落花流水，所有僧侶的命運被徹底改變，無一倖免。

以自治為名的新政權成立了，僧眾搖動著花朵（很像是用彩色皺紋紙扎成的花朵，是從中國傳到拉薩的新風尚之一）表示歡迎，其實他們就像手中的花朵，所起的無非只是一種點綴的作用，而且十分脆弱。但在文革時代，連這一點作用也徹底喪失。一九七六年，西藏自治區境內原有的二七一三座寺院僅只剩下八座，可想而知，會有多少僧侶能夠留在殘存的寺院。圖中第二排那位留著小鬍子的中年僧人，面帶謹慎的神情注視著眼前拍照的軍人，眼裡似乎盡是不解。

這些正是被形容為「翻身農奴」的藏人們，也搖動著皺紋紙花慶祝西藏自治區的
成立。他們的姿勢和表情如同受到操縱的木偶，十分機械。

我父親在裝有這幅照片和底片的信封上寫過這幾個字：祖國的花朵。這是當時的流行語言，還有一句是「共產主義事業的接班人」，我從小也耳熟能詳。

算起來，這個可愛的小女孩如今已是四十多歲的中年女子了（註：如今應已年過六十）。

一九六六年五月十六日，毛澤東發出文化大革命的號召；五月二十八日，日後成為「一人之下，億萬人之上」的最高權力機構——「中央文化革命小組」成立。於是，五月底，西藏自治區黨委「文化大革命領導小組」隨即成立。六月初，在北京大學師生貼出第一張大字報之後，拉薩各單位也相繼貼出大量「口誅筆伐」的大字報。顯而易見，在中國共產黨的領導下，被「解放」的西藏對北京亦步亦趨，至多在時間上有半拍之差，而這一點是可以理解的，畢竟山重水複，千里路迢迢。

這兩幅照片拍攝於一九六六年八月十九日，在「拉薩人民體育場」（原屬拉薩貴族索康家族的林園「波林卡」），據《西藏日報》報導，「拉薩五萬群眾集會遊行慶祝無產階級文化大革命」，西藏文化大革命的序幕正式拉開。

圖1，站在前台主持大會的是中共在西藏的第一把手張國華，時任西藏軍區司令員兼西藏自治區委員會第一書記。

圖2，在毛澤東畫像前，面對主席臺和眾多中共官員，可以看見有兩個攝影師：一個穿淺色上裝，頭戴鴨舌帽，胸前掛著兩個相機，可能是西藏軍區攝影記者；另一個穿深色上裝，頭戴鴨舌帽，手提攝像機，是中央新聞紀錄電影製片廠駐西藏記者站的藏人攝影師。而在演講者左邊，脖子上掛著兩台相機的無帽男，被認出是《西藏日報》的攝影記者。

在一九六六年八月十九日慶祝文化大革命的大會上，站在毛澤東畫像兩邊的，是
西藏師範學校和拉薩中學的紅衛兵。這是拉薩最早的紅衛兵組織，最早走上街頭
「破四舊」。從左至右，他們舉著的標語牌上寫著：「大海航行靠舵手」「紅衛
兵在毛澤東思想旗幟下團結起來」「毛主席萬歲！」。

在慶祝文化大革命的大會上，西藏師範學校的藏人紅衛兵跑上臺，為中共在西藏的第一把手張國華戴上紅衛兵袖章。但這個仿效北京紅衛兵為毛澤東戴上紅衛兵袖章的舉動，並不說明張國華就是西藏的毛澤東，不久，張被視為西藏的「土皇帝」和最大的「走資派」（「走資本主義道路的當權派」），被這些「捨得一身剮，敢把皇帝拉下馬」的學生紅衛兵造反。

照片上，戴墨鏡的軍人就是張國華。在張國華左邊的是周仁山，時任西藏自治區委員會書記處書記，正給他戴紅衛兵袖章的，很像拉薩中學教師、拉薩紅衛兵的主要組建者、拉薩造反派的主要領袖陶長松。

寫決心書，是文革中的時尚。決心書越大，似乎投身於文化大革命的熱情就越高。照片上，張國華和周仁山作為軍隊與地方的最高長官，以屈尊俯就的姿態接受了革命群眾的決心書。

「毛主席呀派人來，雪山點頭笑啦彩雲把路開，一條金色的飄帶，把北京和拉薩連起來。我們跨上金鞍寶馬喲，哈達身上帶，到北京獻給毛主席。哎，感謝他給我們帶了幸福來，帶了幸福來……」

照片上，一位名叫常留柱的漢人裝扮成藏人，正在拉薩慶祝文化大革命的大會上，代表藏族人民引吭高歌。而這首曲調源於西藏民間的革命歌曲，作詞者並不是藏人。自中共進入西藏，這類重新填詞、挪用原曲卻冠名「西藏民歌」的宣傳歌曲層出不窮，至今被外界誤認為是藏人獻給毛和中共的感恩歌曲。

這種揮舞拳頭的肢體動作往往伴隨著呼喊政治口號，屬於革命的行為標誌之一，已為跨入「新社會」的藏人所熟悉。這位藏人顯然是中共話語所指的「翻身農奴」的代表。在他身後的暗影處，坐著西藏軍區的多位高級軍官。

穿軍便服在當時是全中國紅衛兵的時尚，西藏紅衛兵也不例外。而且，西藏女孩
子習慣保留的長辮子已剪成了齊耳的短髮，這也是「革命化」的象徵。

這些戴著紅領巾、揮動紅寶書——《毛主席語錄》的孩子們,看上去都是小學生,
卻佩有紅衛兵袖章,這表明紅衛兵的成分已經擴大化了。

當同學們都在高呼口號時,右邊那個小男孩在埋頭玩什麼呢?

「發生在西藏的文革絕不是孤立的事件，可以說每一步都與內地，尤其與北京有著密切的聯繫。事實上，在文革期間，北京怎麼說，西藏就怎麼說；北京怎麼做，西藏就怎麼做。」

二○○一年夏。在布達拉宮昔日演示宗教舞蹈「孜古多羌姆」、而今蜂擁各地遊客的「德央廈」（東歡樂廣場），布達拉宮管理處的研究員達瓦次仁（於二○○二年夏天病故，終年五十七歲。一九六四年在清華大學精密儀器系學習，一九七○年畢業）如是總結。作爲最早就學於中國最高學府的一名藏人，這段話正是他個人在那段特殊歷史時期的佐證。一九六六年八月初，這位「翻身農奴」的子弟，親身領會到充滿造反精神的紅衛兵組織是如何首先在清華大學產生繼而蔓延開來的氣勢，在巨大的感召或者說鼓動下，他與低他一個年級的阿旺次仁滿懷革命的熱情回到拉薩。

而那時的西藏早已是文革之火正在燎原。自從一九五○年「毛主席呀派人來」，「一條金色的飄帶」就已經「把北京和拉薩連起來」了。這首在文革期間唱遍西藏並流傳全中國、如今仍然盛行不衰的革命歌曲，再形象不過地說明了這半個多世紀來北京和

這是拉薩紅衛兵的袖章，是一位已經去世的藏人女紅衛兵當年戴過的，爲她的丈夫（註：已故）所保存。當年拉薩中學的一位紅衛兵講述了製作這種紅衛兵袖章的經過：先在鐵皮上刻好字樣，再印上油漆，塗在紅布上，然後在醫用高壓鍋裡蒸一會兒，這樣就不會掉色了。也有油印的和刺繡的袖章。拍攝於二○○三年一月。

西藏的特殊關係。當達瓦次仁和阿旺次仁在母校拉薩中學做動員報告時，看見校園裡從老師到學生大都已是臂戴袖章的紅衛兵。

八月十九日，在毛澤東接見來自中國各地的百萬紅衛兵之後，北京掀起以「砸爛舊世界」爲口號的「破四舊」浪潮。黨的兩大喉舌——中央人民廣播電臺和《人民日報》鼓動全國人民用實際行動進行文化大革命，拉薩積極回應。翻開一九六六年八月二十六日至八月三十一日的《西藏日報》，連續六天頭版都以醒目標題記載了下列事實：

八月二十六日，〈拉薩紅衛兵舉起鐵掃帚橫掃舊世界〉；

八月二十七日，〈拉薩紅衛兵向舊世界發動猛烈攻擊〉；

八月二十八日，〈拉薩紅衛兵以摧枯拉朽之勢掃蕩「四舊」〉；

八月二十九日，〈破舊立新的革命風暴席捲拉薩全城〉；

　　八月三十日，〈拉薩紅衛兵聞風而動決心在鬥爭中進一步向解放軍學習〉；

　　八月三十一日，〈拉薩紅衛兵破舊立新宣傳活動深入居民庭院〉。

　　這些報導，僅僅標題已為我們展現了一幅西藏文革伊始之際頗具氣勢的宏大圖景。什麼是「鐵掃帚」？什麼是「橫掃舊世界」？什麼是「以摧枯拉朽之勢掃蕩『四舊』」？一場又一場異常激烈的政治化、軍事化行為，就這樣被這些文學化的語言取代了。如果不是身臨其境，誰能想像在那曾經千年寧靜的雪山佛國，有過怎樣的紅色恐怖狂飆反覆不停地席捲一切，演繹了一幕幕瀰漫腥風血雨的人間悲劇？

圖為一九六六年八月二十日（星期六）的《西藏日報》。在採訪中，我以秘密的方式從西藏日報社借閱到《西藏日報》一九六六年合訂本，翻拍了這兩張照片。

35

砸大昭寺

　　嚴格地說，大昭寺並非寺院，而是一座供奉以釋迦牟尼十二歲等身佛像為主兼有眾多佛像、聖物和法器、被藏人尊稱為「祖拉康」的佛殿，始建於西元七世紀吐蕃王朝第三十三代贊普（君王）松贊干布時期，距今已一四○○多年。松贊干布被藏人視為觀世音菩薩的化身，是西藏歷史上第一位以佛法治國的法王，他不但派遣重臣赴印度學習文字和佛法，統一沿用至今的藏文，制定以皈依佛、法、僧三寶為主的一系列法律和制度，在已娶三位藏人王妃之後，又迎娶崇信佛教的尼泊爾王國的布里庫蒂公主（又譯毗俱胝，Bhrkuti Devi）和中國唐朝的文成公主。兩位公主各自帶來兩尊釋迦牟尼身像，據說皆承佛祖在世時開光加持，故珍貴無比。松贊干布亦正是為了供奉之，率兩位公主修建了兩座佛殿，這便是大、小昭寺應運而生的良好緣起。

　　大、小昭寺所在的地理位置也很特別。在西藏的民間傳說乃至歷史典籍中，整個藏地的地形狀似一仰臥的羅剎魔女，而原為大片沼澤地的拉薩中央，有一湖泊恰好是女魔心血聚集之地，應在此填土以堵塞其血脈，並建寺鎮之，這便是大昭寺；湖泊之畔的沙礫灘則為龍宮所在之處，也需建寺以鎮龍魔，這便是小昭寺。另外，為了使女魔的四肢受到控制，還在藏地各處分別修建十二座神廟，猶如在她的身上釘下十二根釘子，今西藏山南境內著名的昌珠寺即「鎮魔十二寺」之一，其餘的大都已在文革中淪為廢墟。

　　大昭寺還曾是噶廈政權機構的所在地之一。自五世達賴喇嘛建立政教合一的「甘丹頗章」政權起，噶廈分管財政、稅務、糧食、司法等部門便設於大昭寺二樓（外交部設於布達拉宮）。以後，還有諸如「金瓶掣籤」等被強國染指，帶有強烈政治色彩與殖民企圖的活動在此舉行。這表明，大昭寺充分體現了西藏的宗教世界和世俗世界無法分離的特點：在宗教上，它是佛化世界「曼陀羅」的具象化；在人文上，它是千年塵世拉薩的中心飽經滄桑。大昭寺的歷史也即拉薩的歷史。

　　然而隨著新政權的取而代之，隨著無產階級文化大革命的巨浪翻滾，凝聚了西藏傳統的大昭寺，理所當然會被確立為「四舊」的象徵，難逃被毀的厄運，這已是大勢所趨，躲得了初一躲不過十五。

　　大昭寺終究將成為事實上的革命目標。

這三幅照片與《西藏日報》一九六六年八月二十六日（星期五）第一版〈造反有理革命萬歲　拉薩「紅衛兵」舉起鐵掃帚橫掃舊世界〉一文所附的照片一樣，正是拉薩中學的紅衛兵從位於布達拉宮背面的學校出發去大昭寺「破四舊」之後，經布達拉宮正面（今北京中路），返回學校的情景。

紅衛兵們在藏人集中的社區──帕廓街（又名「八角街」，所以有「八角街居委會」、「八角街派出所」等，乃新政府賦予的統一稱謂，下同）宣傳文化大革命。走在前面的男女紅衛兵，據知是拉薩市各小學教師，正從木如寺對面的巷子走出。

《西藏日報》一九六六年八月二十六日的第一版上有報導：

「二十四日下午，數十名『紅衛兵』和革命師生抬著毛主席的巨幅畫像，拿著倡議書，敲鑼打鼓走上街頭⋯⋯」

「在『紅衛兵』走過的街道牆壁上，貼滿了洋溢著革命激情的批判舊世界、創造新世界的標語和文告，上面寫著：『徹底地打倒舊思想、舊文化、舊風俗、舊習慣、舊傳統、舊道德！』『我們要科學，不要迷信！』『把每一個商店、居民委員會都辦成宣傳毛澤東思想的陣地！』」

「師範學校的『紅衛兵』們⋯⋯倡議把一些帶有封建主義、資本主義和帝國主義遺留下來的地名和陳規陋習統統改掉。像師範學校校址所在地『仲吉林卡』、『八角街』、『林廓路』、『羅布林卡』、『拉魯鄉』等等，都要更換為具有革命意義的名稱⋯⋯」

「這兩個學校的『紅衛兵』，上街宣傳，提倡議，受到了廣大工農兵群眾和革命幹部的熱烈歡迎和堅決支持⋯⋯」

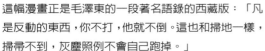

這幅漫畫正是毛澤東的一段著名語錄的西藏版：「凡
是反動的東西，你不打，他就不倒。這也和掃地一樣，
掃帚不到，灰塵照例不會自己跑掉。」

漫畫也是革命者最善於運用的宣傳工具，具有寓教於
樂的作用，倒是為這場看上去嚴肅而實際上恐怖的革
命塗抹上一層喜劇的色彩。於是乎，在渾身正氣的
「翻身農奴」的「鐵掃帚」下，西藏「四舊」的象徵
──那兩個東躲西閃的光頭僧侶，一個顯然畫的是
十四世達賴喇嘛，一個顯然畫的是十世班禪喇嘛，與
一座佛塔、無數頁經文，統統都被「大掃特掃」了。

這幅漫畫上用藏漢文寫著：「徹底挖掉達賴這個封建農奴主階級的總根子」。這些漫畫是誰畫的？今天我們已不得而知。不過聽聞過有關西藏著名繪畫大師，曾經在達賴喇嘛的夏宮羅布林卡繪製壁畫與唐卡的安多強巴的軼聞，據說文革時候他畫了很多漫畫和宣傳畫，包括毛澤東畫像，並把這些畫親自送往各居委會，受到「革命群眾」的歡迎。

我採訪過當年在拉薩的漢人畫家葉星生，他說自己當時畫過很多宣傳畫和很多漫畫：「……畫『三忠於』、『四無限』。畫毛澤東，畫林彪（彼時中共第二號人物，一度是毛的接班人），畫各種領袖像。我的宣傳資料上有一幅照片就是我站在我畫的恩格斯像跟前。主要畫毛主席。我畫林彪畫得好，他沒有倒臺的時候畫他的正畫，他倒臺了就畫他的漫畫。」

照片上，臂戴神章及扛著漫畫、走在前面的紅衛兵是拉薩市第二小學的幾位老師，正領著肩扛鐵鍬、戴紅領巾的小學生從河壩林一帶走入繞塞巷子。繞賽意為「非常清楚」，位於大昭寺南面。他們是去參加砸寺院的革命行動嗎？

西元一四〇九年，藏傳佛教格魯派宗師宗喀巴在對大昭寺大規模修整之後，以稀世之寶供養釋迦牟尼十二歲等身佛像（藏人尊稱「覺仁波切」。「覺」的意思是至尊，「仁波切」的意思是珍寶，也用以指代轉世高僧），並獻上純金製作的五佛冠。同時，為紀念佛陀以神變之法大敗六種外道的功德，宗喀巴遍召各寺院、各教派的僧眾，於藏曆正月期間在大昭寺舉行祝福祈願的大法會「默朗欽莫」，前後持續十五天。

因來參加法會的僧俗眾多，故將其法座移到大昭寺西南角的廣場繼續傳法，從此歷代達賴喇嘛和甘丹赤巴（甘丹寺法臺）都在此處傳授佛法而稱之為「松卻繞瓦」，意為「傳法之地」。而法會也遂成慣例得以沿襲，五世達賴喇嘛以後延至二十一天。屆時拉薩三大寺——哲蚌寺、色拉寺、甘丹寺以及其他寺院的數萬僧人雲集於大昭寺，舉行修法、辯經、驅魔、酥油花燈會、迎請未來強巴佛等活動。在「松卻繞瓦」的辯經場面甚為壯觀，最優秀者可以獲得格魯派最高學位——「拉然巴格西」。這一年一度的盛大法會通常由達賴喇嘛親自主持。

文革以前的「松卻繞瓦」是拉薩除了寺院和布達拉宮之外唯一一塊鋪了石頭的場地，專門供法會上無數僧侶就座。但在文革期間，這裡是揪鬥「牛鬼蛇神」的批鬥場，改名為「立新廣場」。以後除了在此召開群眾大會，還是露天電影院、文藝團體表演翻譯成藏語的樣板戲《紅燈記》和現代革命舞劇《紅色娘子軍》的劇場。

文革結束後，「松卻繞瓦」雖然不再用來從事政治集會，但它的宗教作用也沒有完全復甦。一九八六年二月，被禁二十年的祈願大法會重新恢復，卻遠不如傳統上的規模，三年後，由於一九八九年在法會期間發生當局宣稱的「騷亂」再度被取消，至今不再舉行。「松卻繞瓦」日漸被雲集的商販擁擠得只餘小片空地。這些商販有的來自山南農村，帶著自己編織的氆氌毛毯出售給當地人和遊客；也有不少漢人和回族商販在此擺攤，以賣旅遊工藝品為主。在「松卻繞瓦」左邊不遠處，是八角街派出所。（註：於二〇一三年夏天竣工的「拉薩老城區保護工程」，將之前布滿帕廓街的兩千六百多個攤位全部遷出。其中多數是藏人攤販。「松卻繞瓦」被豎牆封閉而不得進入，是駐大昭寺工作組的休息地和停車場。八角街派出所升級為「八廓古城公安局」。以大昭寺及環繞大昭寺的帕廓為主的老城被命名為「八廓古城」，成了專為遊客打造的旅遊景點和主題公園，其本身的宗教性遭到削弱）。

這張照片是「破四舊」運動中的第一次「革命行動」——一九六六年八月二十四日，砸大昭寺的部分紅衛兵在講經場「松卻繞瓦」的合影。

曾經聚集數萬絳紅喇嘛的講經場面目全非。過去供奉達賴喇嘛和高僧大德之法座的高臺上，此刻卻被毛澤東畫像和一面上書「宣戰書」的大牌子取而代之。一幅「徹底砸爛舊世界！我們要做新世界的主人！」的標語被高高舉起，比紅牆金頂的大昭寺更為醒目。除了一群看熱鬧的小孩子和七八個頭上繫著頭帕擠坐在一起的女人（她們是帕廓街上的居民），在林立的紅旗和紅纓槍之間，一個個東張西望、稚氣十足的年輕人幾乎都是拉薩中學的學生。當然，其中還有率領和指揮學生們砸寺院的老師們，比如前排左邊第一人。

宣傳隊或者文藝小分隊是革命必不可少的工具之一。正如一位作家所說，
凡是革命者，都「善於製造標語口號，製造革命術語和政治運動，製造沒
完沒了的集會和狂歡」。除此，還善於製造無數令群情激奮的革命歌曲。
更善於挪用西藏民歌，改寫歌詞，以藏人口吻感謝毛澤東、中國共產黨及
中國軍隊。於是，這些穿著藏裝以表明「翻身農奴得解放」的中學生們，
激動地唱著把西藏傳統民歌修改得面目全非的所謂西藏革命歌曲：

北京的金山上光芒照四方，
毛主席就是那金色的太陽。
多麼溫暖，多麼慈祥，
把我們農奴的心兒照亮，
我們邁步走在社會主義的金光大道上，
哎，巴乍嘿！……

兩個正在鼓掌的女孩都是
拉薩中學宣傳隊的演員。
照片上的背景還是在大昭
寺講經場「松卻繞瓦」。

颯爽英姿的中學生紅衛兵
在講經場「松卻繞瓦」排
隊集合。陽光把紅纓槍的
影子投射在女紅衛兵的肩
上，看得出這是一個豔陽
天。而照片上的這位女紅
衛兵，也出現在後幾頁的
圖片中，其實她有著不同
於普通紅衛兵的故事，後
來是虔誠的佛教徒，已於
前些年在拉薩去世。

這是大昭寺的前院「金戈」（壇城之意），在拉薩紅衛兵「破四舊」這一天，遍地堆積著殘破不堪的佛像、法器、供具以及其他佛教象徵物，據說很多都是從樓上的佛殿裡、長廊上抬來再扔下去的。二樓露臺上的十幾個人都是紅衛兵，其中還有幾個紮辮子的女紅衛兵，還有兩人似是蹲伏著又似是個頭兒矮小的小孩子，手裡拿著什麼東西似乎正欲往下扔。樓下很明顯的有三個手持紅纓槍的男紅衛兵，角落深處還有四個穿軍裝或軍便服的背影。幾個高高的柱子上貼著標語。

傳統上，「金戈」是藏曆正月期間在大昭寺內舉行「默朗欽莫」的所在，彼時有數萬僧人裹著絳紅大氅圍坐於此齊聲頌禱的盛況。院內主要安排哲蚌寺的僧人就座，其他寺院的僧人則環坐於轉經迴廊，甚至擠滿了二樓呈凹字形的露臺。達賴喇嘛則從三樓圍著金黃紗幔、其上金頂閃耀的「森木甚穹」（敬語，尊貴者的寢室，又稱「日光殿」）款款而下，端坐在庭院左邊的金黃法座上，親自主持這一年一度的盛大法會。

一九八九年三月在這裡舉辦了最後一次祈願大法會，由於發生所謂的「騷亂」，「默朗欽莫」終被禁止。據一位知情者在其傳記中透露，引發藏人抗議的導火索是在法會即將結束的當天，西藏的某位藏人高官帶著北京的幾位漢人官員，擅自闖入達賴喇嘛在法會期間下榻的日光殿，掀開遮著窗戶的黃綢幔東張西望時，被聚集於庭院正在舉行佛事的僧侶們發現，認為是莫大的褻瀆，激發起憤怒情緒。為制服僧眾的不滿，手持武器的中共軍隊闖入大昭寺內抓捕、毆打被視為「分裂分子」的無數僧侶。一位因躲藏在倉庫裡免遭厄運的喇嘛回憶，第二天，當他走出藏身之處，已經空空蕩蕩的庭院到處散落著藏式木碗和僧人的披單、鞋子，那都是匆匆逃跑的僧人遺下的，更令他震驚的是，除了這些，地面上還有一層已經結了薄冰的血跡。

如今這個庭院在平日裡顯得潔淨、安寧，而在宗教節日和藏曆新年期間卻格外擁擠，來自全藏各地的信徒排著長隊去朝拜釋迦牟尼等身佛像。供奉這尊釋迦佛像的殿堂「覺康」是整座大昭寺的中心，是那些長途跋涉，甚至用身體丈量迢迢朝聖之路的藏地百姓最終的嚮往。也有拉薩附近的寺院或者由家庭邀請的僧侶在這裡舉辦法會，但由於當局的限制，此類法會的規模越來越小，今已被取消、禁止。

這兩個女紅衛兵都是拉薩中學學生，左邊這個出身大商家庭，後來與達賴喇嘛家族的親戚結婚，是居住帕廓一帶的普通居民，幾年前去世。右邊那個也出身大商家庭，現為退休幹部，更多不知。

經仔細辨認，發現她倆正是前面那幅照片上，站在大昭寺二樓露臺上，往下砸「四舊」的其中兩個紅衛兵。順著她倆的視線往下看，那兒正是堆積著被砸爛的無數佛教聖物的「金戈」庭院。右邊那個年輕女子的衣服上還沾有很多塵土。她倆是不是因為表現不錯，而被批准「火線」加入紅衛兵？

這個正在揮動鐵耙，猛挖大昭寺金頂的女紅衛兵是誰呢？因為只是側影，很多人都說得含糊。直至二○○四年藏曆新年期間，在拉薩兩個不同的人家裡，端詳這幅照片的都是當年拉薩中學的學生，竟都認出了她：一個家住魯固居委會的女子，出身所謂的「翻身農奴」家庭，據稱是拉薩中學「最積極、最敢作敢為」的學生，武鬥期間是「大聯指」下屬組織的頭目，後來是西藏電視臺播音員、中央廣播電臺播音員，早已退休，居住北京。但也有人肯定地說她是另外一個人，也是拉薩中學的學生，也非常積極，後為西藏自治區婦聯的官員。

這是大昭寺的正面。與十八頁圖對照，可以看見已經發生了很大變化。用犛牛毛
編織的幡幢消失了，巨大的鎏金寶瓶和六角懸掛的銅鈴消失了，由金色法輪和左
右兩側的牝牡祥麟構成的「祥麟法輪」也消失了。而五星紅旗還在飄揚著。二十
多個手持紅纓槍的紅衛兵正在安放毛澤東的巨幅畫像。

從上往下看，鑲嵌在兩邊紅牆上的心型圖案，其實裡面鑲嵌的還有鎏金銅塑的「十
相自在」（藏語「朗居旺丹」，是藏傳佛教的象徵之一，被認為積聚了神聖意義
和力量，具有裝飾和祈福驅邪的功效），右邊的已被掏空，左邊的正在被挖出。
站在下面的人群中，唯一轉身可以看見面孔的人，是拉薩市第二小學校長阿旺，
半漢半藏，後任拉薩市文化局副局長，於一九七○年代末去世。

這棵生長得極為茂盛的大樹是西藏歷史上很有名的一棵樹——「唐蕃古柳」（簡稱「唐柳」），又叫「公主柳」。據說是一千四百多年前，隨一位因「和親」而遠嫁的異國女子從中國唐都長安來到吐蕃首都拉薩，並由她親手所栽。那個異國女子就是今天被渲染成政治神話的唐宗室之女文成公主。西藏人則稱這棵樹為「覺吾棸」，意思是「佛的頭髮」，這是因為文成公主帶來了釋迦牟尼十二歲等身像，柳枝猶如佛髮。但今天僅剩下一截已無生命的乾枯樹樁，而在原址前生長著另一棵稀疏的柳樹，是文革以後不知從何處移植而來，乃「唐柳」的替代品，實際上是一個謊言。

這棵樹正是在一九六六年八月二十四日這天遭殃的。茂密的樹枝被折斷，堆放在「松卻繞瓦」上，用來焚燒經幡、經書和轉經筒。時隔不久，分化為兩派的「革命群眾」開始武鬥，雙方的武器除了使用牛羊毛編織的一種甩石器——「烏多」拋擲石頭，還有農藥「六六粉」。「六六粉」紛紛揚揚地撒在「革命群眾」的頭上，也撒在活過了千年之久的「唐蕃古柳」的枝幹上。於是一棵著名的古樹死了，從此隱逸在書中和傳說裡了。

但另一樣見證還在，它就是「唐蕃會盟碑」，西元八二三年，藏王赤熱巴堅與唐王朝為劃定界線，互不侵擾，信守和好，而立下盟誓之碑，其中最著名的一句是：「蕃於蕃國受安，漢亦漢國受樂」。在照片上，正是右邊立於石砌圍牆內被伸展的樹枝幾乎遮住的那塊古碑，靠近舉起的橫幅藏文標語。如今，儘管銘刻其上的藏漢兩種文字因日久風化，極難辨認，它依然提醒著當年關於比鄰兩國如何和睦並存的警示。

而在牆外的一塊高大石碑，名為「勸人種痘碑」，立於清朝乾隆年間，鑒於當時天花瘟疫肆虐，奪走生命甚多，駐藏大臣和琳撰立此碑，以示對西藏有了宗主權的滿清王朝在形式上的關懷。在「種痘碑」後面還有一塊石碑，僅現小半截，可能是宗喀巴大師在一四○九年整修大昭寺時立的無字碑。（註：二○二○年新冠疫情爆發不久，在大昭寺前赫然出現兩座中式碑亭，罩住了三塊石碑，既破壞了大昭寺的傳統風貌，也違背了被聯合國教科文組織列為「世界文化遺產」所須遵守的保護規定。）

古柳另一邊的藏式樓房名為「班覺繞丹」，曾經是班禪堪布會議廳（為班禪喇嘛管理日喀則地區政教事務的機構，藏語是「朗瑪崗」）的官員於一九五○年代在拉薩居住的房子，後來被拆。

仔細看這幅照片，古柳下站滿來自居委會的「翻身農奴」和好奇的小孩子。紅旗、鑼鼓、毛澤東畫像和譯成藏文"無產階級文化大革命……"的橫幅標語一應俱全。學生紅衛兵則站成間隔有序的一排隊列。三個不知是老師還是居委會的積極分子手拿紙張，似是正在宣讀決心書。古柳下方站在一扇門前的幾個成年人，貌似漢人幹部，包括一個短髮側臉的女人，都帶著一副監督的神情。許多人手裡舉著小三角旗，通常寫著既有藏文也有漢文的毛澤東語錄之類。滿地堆放的破銅爛鐵、斷胳膊斷腿的草人，以及一頁頁撕破的經書、一張張踩髒的經幡並不是垃圾，正是從古柳對面的大昭寺抬出的，被當作「四舊」砸爛的佛像、法器、供具以及其他佛教象徵物。

這些正在焚燒經書、經幡的人，既有學生紅衛兵，也有居民紅衛兵。火堆中的樹枝，有些據說是從「唐柳」上砍下來的，有些原本是家家戶戶房頂上用來掛經幡的樹枝。

這些巨大的藏式建築如「葛如廈」、「嘎多廈」、「車松廈」，是當年隨著大昭寺修建起來以後，在大昭寺的周圍逐漸出現的，在過去屬於噶廈政府所有，租借給商人和居民。一九五九年中共實行所謂的「民主改革」後，將其設為居委會、拉薩市貿易公司批發部等單位，也安排有居民等居住，近年來多被維修或拆建。

七八個年輕的男女學生正奮力地將一個很大的車軲轆似的東西推向大火之中，那是裝有許多經文的嘛尼輪，位於大昭寺的二樓上，據說過去唯有倉宮寺等三個尼姑寺院的尼姑，可以每年輪流到大昭寺去轉動此輪，此刻也被燒為灰燼。藏房的大門上放著一塊牌子，用藏漢兩種文字寫著「八角街先進氆氌互助組」。

熊熊燃燒的烈火。大肆漫捲著、吞沒著正在化為灰燼的無數書頁——在這之前都
是存放在寺院裡的佛教典籍。分不清楚誰是縱火者，誰是圍觀者，因為他們相互
混雜，表情皆都興奮莫名。而且，比較中國各地的同一類文革照片中出現的人群，
無論裝束還是相貌都十分相似。只有作為背景的藏式建築提醒我們：這是西藏，
這是拉薩，這是大昭寺的講經場「松卻繞瓦」。

這些年輕人依然是拉薩中學的紅衛兵，正走在當時拉薩最主要的街道——人民路
（過去這一帶叫作「宇妥」，得名於路口的一座漢式廊橋，「宇」為綠松石，「妥」
為頂，指的是橋頂翠綠色的琉璃瓦）。在他們戴紅衛兵袖章的左邊，是一九六五
年蓋的「新華書店」，與中國各地的官方書店相同，得名於毛澤東並為他的手跡。
在他們扛紅纓槍的右邊，是一九六五年從會場改建為商店的「拉薩百貨公司」（不
久改為「拉薩百貨商店」）。從他們行走的方向來看，他們的身後是大昭寺，實
際上，與三十七頁三幅照片的情景相同，這些紅衛兵在這天完成了「破四舊」的
任務，正在老師的帶領下返回學校。

拉薩紅衛兵的第一次行動

那是一九六六年八月下旬的一天。但確切的時間很多當事者已不記得。或許那只是旁枝末節，不必銘記。或許那些日子，每一天都與往日不同，具有破舊立新的意義，紛繁的事件穿插、重疊，使某個日子在記憶中模糊不清。

然而那天發生的事件，不論當時還是今天都令人震撼，如同西藏歷史上一次罕見的地震。當年拉薩中學的學生久松（化名）回憶說，拉薩紅衛兵的第一次「革命行動」是去大昭寺「破四舊」。她的母親肯定地補充道，那是一個星期三。而星期三，藏語的薩拉巴，據說達賴喇嘛誕生日正是星期三因而被視為神聖日，而那個星期三對於這位虔信佛教的拉薩老人應該有著特殊的意義，因為就在那天，神聖的宗教殿堂被公開踐踏，莊嚴的宗教聖物被任意破壞，顯然是老人一生中從未遭遇的劫難，所以在她的記憶裡留駐。

如果是八月下旬的星期三，那就應該是二十四日。

事隔二十年，被列為「西藏黨校增刊」的一本出版有限、內部發行的《西藏大事輯錄（一九四九——一九八五）》，只有輕描淡寫的一句：「八月二十四日 拉薩一些學校的『紅衛兵』開始走上街頭，大破『四舊』」。作為當時西藏自治區唯一公開發行的報紙——《西藏日報》，對此只在一九六六年八月二十六日（星期五）第一版，以〈造反有理革命萬歲 拉薩「紅衛兵」舉起鐵掃帚橫掃舊世界〉為題，用典型的文革語言將拉薩紅衛兵在八月二十四日的那次「革命行動」抽象化、抒情化，至於事實上是如何「橫掃」那個「舊世界」卻語焉不詳，而對「革命行動」的目——大昭寺，這座被十四世達賴喇嘛譽為「全藏最崇高的寺廟」如何被砸更是隻字不提。

那天，走上拉薩街頭大

圖為一九六六年八月二十六日（星期五）
《西藏日報》第一版。

55

破「四舊」的是西藏師範學校和拉薩中學的紅衛兵。成立於一九六六年三月的西藏師範學校（前身為創辦於一九五一年的藏文幹部培訓班，一九八五年升格為西藏大學），大多數學生來自西藏各地的農村和牧區，文化水平很低，處於掃盲階段；也有一些因為形勢突變而離開寺院的還俗僧人在此學習。

拉薩中學創辦於一九五六年，一度由達賴喇嘛擔任名譽校長、達賴喇嘛的經師赤江仁波切擔任校長，是西藏歷史上第一所非私塾性質、非寺院學校性質而具有中國學校性質的中學，從當時拉薩的三所同樣具有中國學校性質的小學吸收生源，由初中逐級升到高中，其師資力量很強，除了教授藏文的老師是藏人（基本上是在「舊西藏」接受過寺院或私塾教育的上層人士），其餘主要科目的老師都是畢業於中國各地高等學府的漢人，有的還是大學的教師，或因出身不好或有政治問題而被「發配」進藏，但許多人是在共產黨的宣傳下，懷著理想主義的熱情從中國各地奔向西藏的。像陶長松就是其中之一。

陶長松是西藏文化大革命的風雲人物。在文革伊始登高一呼，從此一躍登上那變幻莫測的政治舞臺達數年之久。他是率領學生們「破四舊」的帶隊老師，不久當上拉薩兩大造反派組織之一「造總」（全稱是「拉薩革命造反總部」，其對立面是簡稱「大聯指」的「無產階級大聯合革命總指揮部」）的總司令，以致許多在西藏經歷過那個時代的不論藏人還是漢人都知道大名鼎鼎的「陶司令」，後來還曾坐上自治區革命委員會（簡稱「革委會」）副主任（相當於現在的自治區副主席）的官位，卻又隨著文革結束淪為階下囚。一九八○年代中期以後，以學者身分退居書齋。

他是江蘇揚州人，一九六○年畢業於華東師範大學，同年自願申請進藏，被分在拉薩中學教授漢語文，在學生中頗有威望，這也正是他組建拉薩紅衛兵和「造總」的資本。二○○一年，我兩度訪問他時，仍在拉薩居住的他年過六旬，雖已退休仍被西藏社科院聘請，主持政府的一些項目課題研究，後返漢地養老，據說住在成都。看上去，清癯依然的他還是當年的那副裝束：鴨舌帽、眼鏡和中山服。從他文質彬彬的舉止上，實在無從想像在很多人那裡聽說的他當年是如何地威風凜凜。在我們剛開始交談時，他是經常可以見到的那種漢人知識分子：內斂，沉靜，儒雅；但慢慢地就有了些許變化，曾經貫穿他青年和中年時代的某種氣

質開始流露出來，充溢在他越來越激越的語調和越來越狂熱的眼神裡。這顯然因為我們的話題是西藏文革的緣故。儘管他有時會突然醒覺似的停住滔滔不絕的講述，歉意地笑笑，但很快又會回到他曾經叱咤一時、輝煌一時且充滿變故的從前。

關於拉薩紅衛兵的出現，他直率地說：

西藏地區要成立紅衛兵，這是新生事物，當時這些學生可能也不知道怎麼搞，我當時在拉中（拉薩中學的簡稱）是個年輕教師，也有些影響，我實際上也就負責了這個事情。反正很快就成立了紅衛兵組織，但具體日子真的說不清楚。可能是「八·一八」（指的是毛澤東於一九六六年八月十八日，第一次在天安門城樓上接見百萬名來自全國各地的以中學生為主體的紅衛兵）以後就成立了。

最早的紅衛兵都是學生，因為內地都是中學生嘛。拉中領頭的可以說是我，師校（西藏師範學校的簡稱）領頭的是個外號叫「米米」的藏族男教師。不過因為我曾經在師校上過課，彼此都很熟悉，他們也比較聽從我。但後來範圍就很寬了，因為紅衛兵很時髦，所以到處都是紅衛兵，居民最多，單位裡也很多。這也是因為毛主席一下令，全國都要動起來。

紅衛兵在大昭寺「破四舊」的情況是一個敏感話題，在其他事情上記憶力驚人的陶長松對此卻有些泛泛而談：

我們並不是衝著砸寺院去的，我本人尤其不同意這麼幹，因為我知道這些東西是文物，需要保護。而寺院被砸，主要還是跟普通群眾有關係，他們也混在紅衛兵的裡面進去了。紅衛兵更多是在那些磕長頭的人身上貼標語，說他們的行為是封建迷信，很快磕長頭的就見不到了。有時去寺院騷擾一下也是有的，當成「四舊」嘛。但對於紅衛兵來說，即使砸寺院也並非亂砸一氣，像色拉寺附近的一座小寺院，我們去砸的時候都一一做了登記。

去大昭寺那次其實在裡面的時間並不長，宣傳部派人對我們說，總理（指周恩來）有指示要保護，我們馬上就撤出來了，後來很有可能是居委會的紅衛兵又進去過。其實我們去大昭寺就沒怎麼動，很快我們就出來了，因為周總理有電報。說句老

實話，紅衛兵還是很聽話的，給大家講清楚也就沒什麼了。當時大昭寺是被砸了一點，但沒有全部砸得只剩下釋迦牟尼一尊像。

周恩來的這項指示具體不詳，從採訪中獲知是阻止砸大昭寺的指示，但並不包括其他寺院。

久松驚訝地認出了照片上的自己。在四十二頁合影上，她是第一排右邊那個瘦瘦高高、褲子上有兩個大補丁的女孩子。看上去很秀氣，也很靦腆，而且不像其他同學，手臂上沒有紅衛兵袖章，手裡也沒有紅纓槍，顯得孤零零的。久松說，那時候，凡是家庭出身不好的學生都當不了紅衛兵，也沒有拿紅纓槍的資格。

何謂紅纓槍？這是一種木棍上插著並不怎麼鋒利的金屬矛頭，並繫著一束紅繐子的古代兵器，在今天看似玩具，即使在當年也並不具備多大的殺傷力，應該說它的象徵性遠遠超出它的實用性。早在中共還是散兵遊勇聚結於所謂「革命根據地」的中國鄉村時，紅纓槍已是捍衛新生紅色政權的一個裝飾性符號，和紅領巾、紅袖章等以示有別的標誌一樣，擁有這類標誌也就擁有了成為紅色接班人的資格。所以，在特別強調一個人的「階級成分」的文革時代，對於成長期的青少年來說，能不能獲得一桿紅纓槍，乃是能不能劃歸到革命陣營裡的一個大問題。

說起不被允許加入紅衛兵的往事，當時壅塞心中的難堪和自卑仍令久松難以釋懷。那時候她是拉薩中學初六六級（本應於一九六六年初中畢業，但因文革爆發，延後三年才畢業）的學生，年僅十七歲。眼看身邊許多同學都當上了紅衛兵，她卻只能背負著出身於商人家庭的包袱無法推卸，實在抬不起頭。她記得在砸大昭寺的前一天學校召開動員大會，語文老師陶長松語重心長地開導大家：雖然我們的紅衛兵小將都是「翻身農奴」的子弟，但我們並不是歧視家庭出身不好的同學。一個人的家庭出身是無法選擇的，但關鍵在於他（她）的立場和表現，這是可以選擇的。明天的行動就是檢驗每個同學的機會，你是站在革命一邊，還是站在反革命一邊，就看明天的行動。

當時的拉薩中學，家庭出身不好的學生為數不少。這是因為貴族、莊園主和商人之家歷來有送兒女上學的傳統，但底層百姓

苦於貧窮，哪裡有能力讓子女求學？為了吸引藏人不再沿襲把孩子送到寺院或私塾接受教育的習俗，更出於從中培養所謂「民族幹部」的目的，但凡就讀於拉薩小學、拉薩中學的學生，無論哪種家庭出身，在學校創辦初期，統統每月都可領到中共發的三十塊大洋（銀元），隨後逐漸減少。文革之前，分一、二、三級助學金，最高可領到十五元人民幣。與中國當時的情形相似，一個人如果家庭出身不好，肯定會被打入另冊，也因此他們的學生時代十分黯淡。比如同樣出身商人家庭、又因祖母「參叛」（「參加叛亂」的簡稱，指參加一九五九年三月在拉薩發生的藏人反抗中共的事件。中共予以軍事鎮壓，稱其為「平息反革命叛亂」，簡稱「平叛」）而遭另眼相看的初中生次多至今難忘，由於他給課本上的岳飛像畫了一頂美國喜劇大師卓別林的帽子，被同學向班主任打了小報告，班主任雖是一個成分也不好的藏人老師，卻很「革命」，就此事上綱上線，認為次多對民族英雄岳飛懷有「階級仇恨」，又是開批判會又是讓他寫檢查，使得還是十三歲的次多痛苦難忍，甚至有了尋死的念頭。那是一九六四年，「唯成分論」的陰影已經籠罩在許多年幼的中學生身上。

截至一九六六年八月，實行寄宿制的拉薩中學總共十二個班（高中四個班，初中八個班），共計三六〇多名學生，外加從其他縣招收的兩百多名出身底層的新生一概住校。其中漢人學生近百人，可以享受與五十五名教職員工共用一個食堂的待遇，較藏人學生特殊化。

八月二十四日，天高雲淡，陽光燦爛。一大早，新華社駐西藏分社的記者們敲鑼打鼓地到拉薩中學送大字報，這在當時是最時尚的「革命行動」之一。以居委會為主的拉薩各單位的積極分子約上百人也趕來了。學校的高音喇叭裡傳來語文老師謝方藝的聲音，他要求全體紅衛兵「小將」和「革命師生」到操場集合。在發誓要把文化大革命的熊熊烈火燒遍西藏各個角落的口號聲響過之後，全校師生與各單位的積極分子排著整齊的隊伍，唱著革命歌曲，向拉薩城東進發。都說那時候從拉薩中學到大昭寺的距離似乎比今天遠多了，可能是這之間並沒有如今那麼多單位、商號、鬧市的緣故，一路皆是鬱鬱蔥蔥的樹木，流沙河從色拉寺背後的高山上奔流下來，使得城北一大片盡是今已不復存在的濕地和阡陌。走在前面的都是當上了紅衛兵的「小將」，戴著紅袖章，

扛著紅纓槍，個個意氣風發，鬥志昂揚。走在後面的就不同了，有的肩上扛著學校發的棍子，有的什麼也沒有，兩手空空，這都是出身不怎麼樣的學生，屬於「革命師生」。

可是，為何也有一些出身不好的學生能夠加入紅衛兵呢？比如四十二頁圖片裡站在第一排中間穿淺色上衣的那個女孩是高六六級（一九六六年高中畢業）學生，出身於貴族世家，按理說是不可能戴紅衛兵袖章的，也不可能拿紅纓槍的。第一排左數第三個女孩是她的妹妹，也是一位紅衛兵。又比如四十八頁圖片裡的兩個女紅衛兵出身於商人之家，本也都沒有資格當紅衛兵的。像她們這種人在當時有一個專門的稱呼，叫作「阿達」的孩子。「阿達」是「三大領主」的意思，屬於被視為專政對象的「黑五類」（即當時中國當局所指的地主、富農、反革命、壞分子、右派）。據說在「破四舊」時，衝在前面的有不少「阿達」的孩子，其理由是為了改造思想，「三大領主」的後代被認為最應該將功贖罪。

在這張合影上，第一排左一那個有大半個身影、戴草帽的男人是語文老師謝方藝（也有人說是數學老師李知遠），他是學校團總支書記，也是拉薩中學紅衛兵的發起人之一，後來是「造總」的頭頭之一，一九八〇年代末調回老家福建，現已去世。據說正是這位謝老師在這次去大昭寺之前，專門挑選了一批家庭出身不好的學生，於是，本來不可能戴紅袖章、拿紅纓槍的「阿達」的孩子，也有人因表現積極而當上了紅衛兵。事實果真如此嗎？時光流逝不過幾十年，卻已有如許多的疑竇叢生，對於當時為何不是紅衛兵或者為何不努力成為紅衛兵，恐怕久松自己也很難說得清楚了。

被辨認出的還有第一排左五、左六、左八三個女孩，都是漢人，是初六六級漢族班的學生。後面左邊的紅旗之間，那個手扠腰、戴草帽的人是老師，還是黨的幹部？

需要說明的是，這只是當天部分師生的合影。那麼其他人為何沒有參加合影呢？還有，這是在砸大昭寺之前拍攝的，還是在砸大昭寺之後拍攝的？如今說法不一。不過這並不要緊，重要的是這幅照片給很多當年的參與者帶來莫大衝擊，他們沒有想到自己或者自己熟悉的人就在這合影當中，那的愣怔之間往事紛紜，已掠過眼前，——那是他們並不願意回首的青春往事。有人神情複雜，良久才說：「我們也是歷史的罪人啊。」

大昭寺是怎麼被砸的

我在拉薩採訪到幾位當年的參與者和目擊者，他們是怎麼講述這次「革命行動」的呢？

久松說：

「當我們到大昭寺門口，還有信徒在磕長頭，就往他們的身上貼了大字報。大昭寺大門的兩邊各有兩尊護法神的塑像，也用漿糊在塑像上貼了大字報，還用紅筆打上大大的叉。接著就去了『松卻繞瓦』，在那裡開會，宣誓。學校的宣傳隊還表演了節目。圍觀的群眾很多。居委會的紅衛兵也上臺發言，表示一定要向拉薩中學的紅衛兵學習。那天，學生們幹得最多的事情就是砸轉經筒，把裡面的經卷取出來焚燒，但沒怎麼砸佛像。」

她承認拉薩的「破四舊」運動最早的確是拉薩中學和師範學校的紅衛兵點燃的第一把火，但也如陶長松所說，她強調隨後加入的各居委會的紅衛兵勢頭更猛。她說：「實際上，學生紅衛兵都非常單純，滿腔熱情，對毛主席和黨中央都很忠誠，而且並不瞭解社會。居委會的紅衛兵就不同了，都是社會上的人，形形色色，有著各種各樣的用心，所以在砸寺院、抄家、鬥『牛鬼蛇神』時，出現了很多偷、搶、拿文物和財寶的事情。學生紅衛兵就沒做過這樣的事」。

已從自治區某單位退休的韃瓦是拉薩中學高六六級學生，當年是學生紅衛兵的一個頭頭，對大昭寺被砸的過程應該說是瞭解的，所以他的回憶比較詳細：

前一天晚上，（紅衛兵）司令部在拉中根據上面的意圖開了會。這個「上面」是自治區，但到底是誰下的這個指示我就不清楚了。說第二天要去帕廓街搞宣傳，居委會的群眾也要參加。但也說了不准動手，不要砸什麼東西。當時沒說要砸大昭寺的，只是說要去搞宣傳。這都說得好好的。第二天早上，天不亮就來了好多居委會的人，城關區下面所有居委會的青年人都到拉中來了，差不多一百多人。先是開會，集合，排隊，然後統一從拉中出發。全校師生加上新生可能有七百多人，總共加起來肯定有上千人，或者還要多。記得出發時太陽很大，路上一邊走一邊呼口號。

到了大昭寺南邊的「松卻繞瓦」就演出，搞宣傳，然後開

大會。謝方藝老師在臺上講話，好像還沒有講完，突然就亂起來了。抬頭一看，這大昭寺的樓上出現了好多人，好像都是居委會的群眾，我後來還聽說過，有些人還是各縣來的積極分子。究竟怎麼回事反正不知道，反正都是老百姓，拿著十字鎬、鐵鍬什麼的，也不知道從哪裡鑽出來的。我們不是在這樓下的講經場嗎？這牆上都有壁畫，居委會的幾個年輕人，提著十字鎬衝上來就挖壁畫，敲掉了一大塊。我們幾個還說他們，你們怎麼挖壁畫？但沒人聽。就在說話時，樓上已經有人把金頂挖下來了，正往下扔。這下子下面也就亂套了。這一亂就散了，全都散開了，我們也沒有辦法指揮了，人都往大昭寺方向跑去，我也跟著跑⋯⋯

進了大昭寺以後，到處都有人，什麼樣的人都有。有些人就是帕廓居委會的老百姓。都是年輕人。不少積極分子都喜歡出鋒頭。其中還有不少漢族⋯⋯

我跑到金頂上去了。我們的一個同學過來對我說，現在有點不對頭哦，有的人專門在拿金銀財寶。我第一個念頭就是這些東西都是國家的，至於是不是文物，當時還沒有這樣的想法，但總感覺這是國家的財產，所以我馬上就開始布置了，從樓上一直到樓下都安排了我們同學站崗，要求他們盯住，不讓人隨便進裡面，誰也不准拿東西。我看見有一個老頭，是一個居民，他手裡拿著一頂佛像頭上戴著的帽子正想走。那帽子全是純金和寶石做的。我就問他，你幹什麼？他慌慌張張地說，這是「四舊」，我要扔出去。我就說，你放在這地上，不許扔。他只好放在地上走了。大昭寺主殿旁邊不是有一個「卓瑪拉康」（度母殿）嗎？當時我們一個同學告訴我，「卓瑪拉康」門口聚集了一百多人，有漢族也有藏族，要「規尼啦」（管理佛殿的僧人）開門，「規尼啦」不幹，他們就威脅他，「規尼啦」有點害怕，就準備掏出鑰匙開門，我們同學制止了，說不能開門，因為那裡面佛像多，金銀財寶也多。結果有幾個人，是藏族，就跟他吵，我們同學就說我是拉中的紅衛兵，這裡面的東西很珍貴，是國家的財產，你們不能隨便進去。他還專門對其中的漢族說，你們漢族不知道，這裡面都是國家的財產。於是那些漢族就走了。剩下大概幾十個藏族，一看不對頭也就走了。所以「卓瑪拉康」在那一天沒動成，保存下來了，但後來聽說還是被砸了。

當時「覺康」（釋迦牟尼等身像佛殿）也沒有動。因為「覺

仁波切」跟前的鏈條門是鎖起來的，那些「規尼啦」不給鑰匙，那裡面也就沒有砸成。所以，後來有人說「覺仁波切」被拉中的紅衛兵用十字鎬砍過，雖然那天拉中幾乎所有的學生都去了大昭寺，但到底有沒有砍成，我不清楚，當時也沒有聽說過。其他那些確實被砸了，就跟這照片上一樣，看上去丟得到處都是。

實際上後來寺院的喇嘛講過一句話，這句話你應該記住。他們說，那一天，砸的只是表面的，只是表面被砸了一下，把一些東西扔到院子裡，就完了，就像照片上這副亂七八糟的樣子還一直擺著，沒人管，也沒人敢動，但不久就開始慢慢地清理，一直清理了三個月，把寺院裡面真正的寶貝全部都拿走了。先是收拾金銀財寶，然後是銅的和鐵的，至於泥塑的就扔了，不要了。

當時有一個部門，叫「土則列空」，漢語是「廢舊物資收購站」，是屬於外貿的，專門來收集各個寺院裡面的東西。實際上，什麼廢品嘛，什麼破爛嘛，都是好東西，像大昭寺只有「覺仁波切」沒有動，其他東西在三個月之內幾乎都收空了。所以說，那一天只是表面被砸了，後來才是真正的被毀了，是國家派工作人員來把全部都「清理」了。

以收藏西藏文物聞名的收藏家葉星生，是一位在西藏生活過四十多年的四川人。他也在拉薩中學上過學，「破四舊」時已經畢業，因在繪畫上有一技之長，曾經是「紅衛兵破四舊成果展覽辦公室」的工作人員，而這個辦公室就設在大昭寺。下面是我與他的一段對話：

唯：文革時，大昭寺被紅衛兵砸過，這是怎麼回事呢？
葉：我記得很明確是居委會砸的大昭寺。
唯：有拉中學生嗎？
葉：拉中學生也參加了……反正我記得最明顯的是居委會，拿著鐵鍬挖那個牆壁。
唯：壁畫嗎？
葉：對，就是壁畫。就在轉經路那一圈。就拿著鐵鍬挖，就像挖地一樣在挖，把那個藝術就當作泥巴一樣挖下來了。都是居民多。就是帕廓街那一帶的居民。當時各個居委會負責各

個居委會的那些「四舊」。大昭寺就屬於八角街居委會負責……砸寺廟，我覺得它是一個組織行為，由居委會帶頭來整。那上邊肯定有指示嘛。

唯：比如說砸大昭寺？

葉：實際上從組織程序來說，我估計就是八角街派出所啊，八角街居委會啊，城關區啊這些，總之都有指示。當然不久政府機關好多都已經失掉了政府功能。但那會兒還很管用。

　　確實，在這批砸大昭寺的照片上有許多拉薩中學的學生，包括四十八頁下圖這個正用鐵耙挖佛殿金頂的女紅衛兵，儘管只是一個看不見面容的側面，儘管穿著漢式服裝，但從她有些散亂的盤在腦後的髮辮（那通常是藏人的髮式），從她那一小半面頰上似乎綻放著笑容的輪廓，從她低附的姿態，我們基本上可以認出她是一個藏人。當年的參與者有的說是像這個人，有的說是像那個人，直至後來才被確認。其實無論是誰，如今已年老的她回想起當年發生在大昭寺的這一幕，是否會痛苦？是否會懺悔？看上去年輕的她是被一種極大的熱情──這是什麼樣的熱情呢？──推動著，毫不遲疑地幹著令今天的藏人們無比震驚的壯舉。難道在她的心中，那些凝聚了西藏民族的宗教精神、歷史意義和藝術魅力的寺院建築只是一堆象徵「四舊」的破爛玩意，所以要堅決地、勇猛地剷除，而一個嶄新的世界就將在舊世界的廢墟上誕

清晨走在布達拉宮轉經道的老人，宛如走回時光隧道。拍攝於二〇〇三年二月。

64

生？如今有許多當年的積極分子，不是在每天清晨環繞大昭寺或布達拉宮轉經（佛教信徒禮佛的一種形式，指圍繞寺院或宗教聖物沿順時針方向而行）的人流中，就是在夕陽將至，默默地擦拭淨水碗的人家裡，而她，會不會也如此屬行佛事呢？

然而，砸大昭寺的僅僅只是拉薩中學的學生和八角街居委會的居民嗎？我從採訪中得知，那天除了學生，除了居民，還有一群身分特殊的人——「三教工作團」。

「三教工作團」是一個具有特定意義的名詞，在此須得做簡單的說明，不然誰會知道那是一個什麼樣的組織。

一九六三年九月，為響應黨中央的號召，西藏掀起以階級教育為重，包括愛國主義教育和社會主義前途教育的「三大教育」（簡稱「三教」）運動，無數負有特殊使命的軍人、幹部以及剛畢業的學生，有漢人，也有藏人，呈輻射狀被派往各地乃至農村和牧區長達數年，用中共術語來說，「通過階級教育把農牧區的階級鬥爭蓋子揭開」（中共西藏自治區委員會黨史資料徵集委員會編《西藏革命史》）。這實質上是一個甄別異己或肅清異己的運動。

中國各地以社會主義教育為主的運動在文革開始前已告結束，而步調歷來慢半拍的西藏還在繼續搞「三教」。遍及西藏各地的工作團是否在開展「三教」的同時也大破「四舊」？其實早在文革之前，西藏不少地方已有砸寺院、鬥喇嘛的現象發生，不能不說與「三教工作團」有關。中共方面後來也承認，正是在「三教」運動中，「發生了不少階級鬥爭擴大化的問題……破壞了黨的民族政策和宗教信仰自由政策」（摘自《西藏革命史》）。一位藏人知識分子指出，「三教」其實就是文化大革命的開頭。

那麼，大昭寺也要搞「三教」嗎？或者說，那天在砸大昭寺時，「三教工作團」就在現場嗎？是的，不但就在現場，而且在學生和居民進入大昭寺之前已駐紮寺中，並開始用軍車將珍貴的法器、供具和古老的經書、唐卡等運出寺外，至於運往何處誰也不知道。有人還清晰地記得，「三教工作團」的團長名為李方（音譯），後任城關區的書記，曾將供奉在大昭寺主供佛釋迦牟尼佛像前的一盞用黃金打製的供燈（藏語為「龍東司恭」）占為己有。另外，在這些照片中，一五七頁圖片的畫面上是「革命群眾」捧著標題為「熱烈祝賀立新大街的誕生」的大字報，署名是「三教二團全體革命……」，這表明，「三教工作團」至少在一九六六

年的八月底依然存在，依然活躍於更名爲「立新大街」的帕廓街。

　　所以，一位當過紅衛兵的拉中學生委屈地說：

　　　　一九六九年，除了在文革之前進校的新生班，拉中其他學
　　生全都被趕到鄉下當知青去了（據記載，一九六九年九月二十七
　　日，拉薩中學首批一三二名知識青年到農村安家落戶）。我們是
　　西藏最早的知識青年。當時拉薩的老百姓都說這是報應，因爲最
　　早是我們去砸大昭寺的，這下革命革到自己頭上來了，活該。拉
　　中低年級的學生也抱怨說，拉中的那些老一批的學生，把大家都
　　連累得抬不起頭來。其實我們都是替罪羊，被人家當槍使。我們
　　十八九歲的孩子懂什麼？從這方面講，我們是犧牲品。

　　曾經當過八角街居委會主任的久系（化名），看到這些照片
的反應耐人尋味。她先是承認說，是的，大昭寺被砸了。但又趕
緊說，那都是學校裡的孩子們幹的，是拉中的學生，不過他們都
是小孩子。我問她，沒有居民嗎？聽說有很多居民參加了。她飛
快地眨眨眼說，可能有吧，我不知道，我沒有進去，但我知道是
學校裡的紅衛兵去砸大昭寺的，後來可能有居民也去砸了一點，
可當時只有學生敢這麼做，其他人哪裡敢啊。那麼，你當時在場
嗎？我問。我當時，她說，我們當時聽說砸大昭寺了，都跑去看，
但沒進去，不知道裡面砸成什麼樣了，後來我們又跑到「松卻繞
瓦」那兒去看，當時跑來看紅衛兵砸寺廟的人很多，從哪裡來的
都有，本來有的在轉街，有的在轉經，聽說有這樣的事情都圍過
來看。那時還有人轉經嗎？我問。有，她說，紅衛兵是突然來的
嘛，紅衛兵什麼時候要來誰也不知道，所以還有轉經的、磕頭的，
這些都有。不過像這些舉小紅旗的，喊口號的，這就是組織起來
的，是居委會組織起來的。她指點著照片。那你們看見這種場面
時，心裡是什麼想法呢？我問。她遲疑了一下說，怎麼說呢？心
想就這樣把這些都砸了嗎？可是，想說什麼的話也不敢說，對
吧？不然就會扣帽子，對吧？誰也沒有這個膽量啊。可是，她有
些激動地說，如果不是毛主席「炮打司令部」的大字報，然後這樣
動員那樣動員的話，那些學生怎麼會去幹這種事情呢？因爲在這
之前，他們一次都沒去砸過寺院（有意思的是，在這段話裡，像
這幾個詞：「組織」、「事實」、「扣帽子」、「炮打司令部」，
她都是用很標準的漢語說的）。

二〇〇三年初，在一位長輩的介紹下，我找到了強巴仁青老人，聽他講述他的文革故事。

從小出家爲僧、一九五九年至文革時期當過居委會民政委員、紅衛兵、民兵和造反派、文革後復又皈依佛教的強巴仁青也算得上是「積極分子」，但他當時確實是把宣傳「爲人民服務」的共產主義當作另一種宗教去接受、去聽從、去行動的，所以在他的回憶裡有許多矛盾和困惑，反倒凸顯出一個普通人眞實的思想和經歷：

……不久我們又參加了一個會議。會上，勝利辦事處（下轄八角街、沖賽康等四個居委會）的張書記說……要砸爛「蘇西」（拉薩老城四個方向的頂角，以矗立的經幡旗杆爲標誌）和「厥西」（四個護法神像：布達拉宮、大昭寺、丹傑林寺的護法，還有一個護法，強巴仁青說忘記了）。說這些都是「四舊」，是四個舊東西。還說，「蘇西」和「厥西」在哪個居委會的地盤上，就歸哪個居委會去砸。

我們沖賽康居委會的任務是砸「嘎林果西」。「嘎林果西」是在帕廓北街「朗孜廈」和「嘛尼拉康」旁邊的一座白塔，有四個門。歷史很長，差不多有五百多年了。很多人都說是一個大商諾布桑波修建的，所以在這塔裡供著他的遺體。

當時我是民兵裡面的小幹部，相當於班長。我們的頭頭是崗珠，他現在還在，是沖賽康居委會的書記。他帶著我們到了「嘎林果西」跟前，讓我和一個叫索朗的小夥子（他現在已經死了）爬到佛塔上去了。反正當官的讓我們做什麼，我們就得做什麼，所以我們就爬到塔上面了。塔的頂是那種有月亮和太陽的裝飾。我和索朗用十字鎬挖，挖不動，因爲釘得很結實。又用繩子套在上面使勁拉，這下拉倒了，露出裡面的很多寶貝，有九眼石、綠松石、珊瑚、翡翠等等，還有金子和銀子。我就用哈達包起來，還告誡同伴說，不要拿啊，然後就把哈達交給居委會的一個頭頭羅羅拉。其實我心裡並不是滋味。不管怎麼說，我過去是僧人，現在做這種事情，這是有罪孽的，可是不

革命又不行，所以我就默默地許了一個願：但願我的來世投生在一個很富有的家庭，修一座跟這一模一樣的塔。這時候，拉薩中學的學生來了，敲鑼打鼓的，還喊了很多口號，說是要大破「四舊」。

不過我們沒有砸完這個塔。因為城關區建築隊的頭頭來了，說這個塔不是屬於沖賽康的。所以砸塔的任務就由他們接管了。他們還把諾布桑波縮得很小的遺體拿出來遊街示眾，然後不知扔到哪裡去了。塔裡面的所有寶貝也被他們拿走了，不知道是上交了還是私吞了，總之再也找不到了。就在這天，大昭寺被砸了，主要是八角街居委會幹的。因為大昭寺是屬於八角街居委會的。

木如居委會的居民洛桑曲珍也回憶說：

有一天居委會通知我們，第二天一早，所有人要穿上盛裝去開會，要帶上鋤頭、十字鎬和背兜，家裡一個人也不准留下，也不准請假，誰要是不去的話，就取消戶口和糧卡。於是早早地都去了，也不知道要去做什麼。居委會挨家挨戶地點人數，看人來齊沒有，然後開會，宣布要「破四舊」。然後讓所有人排隊出發。

那麼到哪裡去呢？原來是把一部分人帶到「赤巴拉康」，一部分人帶到「居麥」，一部分人帶到「希珠拉康」。「赤巴拉康」在小昭寺的隔壁，是一個佛殿。「希珠拉康」是吉崩崗附近的一個小佛殿。「居麥」是下密宗學院，又叫木如寺。它們都是屬於木如居委會的。居委會的紅衛兵和積極分子衝在最前面，把兩個佛殿和「居麥」都給砸了，我們這些人就把砸碎了的佛像裝在背兜裡，去倒在路上和街道上。把經書也一張張地撒在馬路上。居委會就是這樣安排的。我也是其中背著背兜倒佛像的人。不去是不行的，不但會挨罵，而且還會受到更嚴重的處罰，那就是取消戶口和糧卡。所以全部人都去了，沒有一個人膽敢不去。很多人都是出於恐懼不得不去這樣做的。除了那些積極分子以外，沒有一個人願意這麼做。

二居（吉崩崗居委會）的任務是砸小昭寺。小昭寺裡供奉的「覺仁波切」是當年尼泊爾公主帶來的，是金屬做的，不像其他佛像是泥塑的，砸爛以後可以倒在路上，所以就被鋸成了

兩半，扔在拉薩的一個倉庫裡。文革結束後竟然在北京發現了上半身，班欽仁波切（十世班禪喇嘛）派人送回拉薩，跟下半身重新拼湊在一起，又供奉在小昭寺裡面了。

由此看來，在「破四舊」的風潮中，各居委會扮演的是貫徹、組織和實施的角色。可是，如果沒有來自上級甚至上級的上級的指示和安排，各居委會敢於擅自主張嗎？正如一位居委會的幹部所說：「居委會這麼做也是城關區安排的。城關區的上面是拉薩市，拉薩市的上面是自治區……」當然學校所起的作用也很大，曾經深受毛澤東喜愛的紅衛兵正是出自中學和大學，學生紅衛兵因而具有某種神聖的地位，不論怎麼做也是「造反有理」。

另外，很多人還補充說，在砸寺院的運動中，最早確實是學生紅衛兵或居民中的積極分子很踴躍，後來則經常逼迫寺院的僧侶去拆寺砸廟，這是因為「你們自己塑的『牛鬼蛇神』你們自己去砸」。幾乎每個人都說雖然心裡並不情願，但不服從是不可能的，不然就會挨鬥甚至進監獄，那種氣氛實在是可怕極了。

必須肯定的是，那大權在手的始作俑者，或遠在北京的天安門城樓，化身為向全國人民揮手致意的毛澤東；或近在咫尺，化身為執掌西藏軍政的第一把手張國華或者城關區的某某書記、居委會的某某主任等等。但我們同樣能夠肯定的是，無論自覺與否，無論盲從與否，無論被迫與否，儘管那些參與者終究都是被蠱惑、被操縱、被利用的工具，但有很多本地人，而這些人裡面，既有學生紅衛兵，也有居民紅衛兵、工人紅衛兵、農民紅衛兵、牧民紅衛兵，還有普通老百姓即所謂的一般群眾，這應該是不容置疑的、確曾有過的事實。

為什麼會這樣呢？這裡面有多少人是因為在充滿美好許諾的新思想的鼓動下或者說洗腦下，帶有某種理想主義色彩投入到渴望建設一個新世界的變革之中？又有多少人是因為在極權統治所製造的紅色恐怖氣氛的威懾下，並不心甘情願地捲入到來勢兇猛的、欲要顛覆一切的潮流之中？這二者，到底是非此即彼，還是兼而有之？

有必要仔細研究四十九頁圖。令人印象深刻的是，在大昭寺的頂上，與西藏宗教截然不同的異類或者說異教符號——毛澤東的畫像；五星紅旗——占據了原本所豎立的以「祥麟法輪」（藏

傳佛教的一種標誌，法輪居中，二麟安臥左右，以示釋迦牟尼成道之後初轉法輪）爲佛教象徵的位置，顯示了千百年來在西藏大地上從未有過的一個意味深長的現象。而這一切，其實是由原本屬於這一塊土地上的子民，那些已經脫下藏袍、扔掉念珠和轉經筒而換上軍便服、臂戴「紅衛兵」袖章、手拿紅纓槍的年輕藏人，以一種與其祖祖輩輩同樣強烈的宗教感情去實踐的。當他們把毛澤東的畫像抬上舊日宗教的殿堂，是否意味著，在他們的心裡，毛正是一位威力無比的新神？

所以，在照片上，大昭寺門前數不清的雲集於此的人們，在這一時刻被定格爲這樣一群仰望者。但在過去，在同一個地方聚攏的卻是無數虔誠地匍伏在地的信徒，在事隔半個多世紀後的今天也同樣聚攏著眾多的磕著等身長頭的信徒，這裡面有多少相同，又有多少根本上的不同？在這些男男女女都穿著千篇一律的彼時流行全中國的軍便服的人群中，唯一一個面目清晰的男人，以這樣的服裝以及統一的髮式讓人無法辨認得出他是藏人還是漢人（實際上他是半漢半藏），但這種辨別已毫無必要，因爲在這一特殊的歷史時期，相當一部分藏人，與中國各地的漢人以及其他民族一樣都有了相同的信仰，他們堪稱眞誠的心中都有了同一個神：毛澤東。

——這是什麼原因呢？爲什麼會如此呢？難道是因爲突然之間發生的劇變，使得改天換地，新桃換舊符，新神替代了舊神？對於西藏人來說，拋棄自己的神靈應該不會是他們自己所希望的，而是自從一九五〇年尤其是一九五九年以來的事實，證明了外來的全新的神靈之強大，足以將本土的古舊的神靈打敗，他們可以說是目瞪口呆地、驚心動魄地看著眼前發生的一切，而終於在文化大革命如風暴襲來時被捲入其中。所以，大昭寺被砸了，「神靈轉換」發生了。

從中國各地進藏的紅衛兵

除了本地紅衛兵，有沒有從中國各地進藏的紅衛兵？或者說，那些從中國各地進藏的紅衛兵，在拉薩破「四舊」的運動中又起了多大作用呢？

首先要指出的是，正如陶長松所說，拉薩紅衛兵的成立其實跟中國各地紅衛兵的到來「沒有多大關係。內地紅衛兵當中，從

如今的布達拉宮，仍然仿若淨土顯現，卻密布滄桑巨變的創痕。對於依傍著它度過人生年華的藏人來說，原本固有的生活場景已被改變。拍攝於二〇〇三年二月。

北京來的那些人只是影響比較大，但當地紅衛兵的成立跟他們關係不大。」

當年從北京回來的紅衛兵達瓦次仁也說，內地紅衛兵所起的「主要也就是鼓動作用……我們來的目的也就是這個：鼓動。但具體的像成立什麼組織都跟我們沒有關係」。不過他承認，「在最初，這種鼓動確實起很大的作用。」

前面說過，達瓦次仁和低他一個年級的同學阿旺次仁是一九六六年八月初返回西藏的。他倆都是清華大學精密儀器系的學生，為了把文化大革命帶回自己的家鄉，從北京坐火車到了甘肅省柳園（當時是青藏線上連接西藏與中國各地的一個很重要的中轉站，在此鎮設立有西藏辦事處），再從柳園坐汽車到了拉薩，然後住在當時的自治區政府第二招待所裡。這個簡稱「二所」的地方，原本是十四世達賴喇嘛家族的府邸，名為「堯西達孜」或「堅斯廈」，文革期間成為專門接待從中國各地到拉薩串連的紅衛兵的住所，在兩派出現以後成為「造總」的總部。

達瓦次仁說，剛開始來的紅衛兵「基本都是藏族……大部分都是在內地、在北京上學的藏族學生……西藏民院（設在陝西省咸陽市的西藏民族學院，今更名西藏民族大學）來的最多，中央民院（設在北京的中央民族學院，今更名中央民族大學）來的也不少」。起初，「漢族來的少，後來就多了，但他們待的時間比較短……我們在的時候大概有一兩百

這片藏式建築是今世達賴喇嘛家族的府邸「堯西達孜」或「堅斯廈」，在文革時是「二所」即西藏自治區第二招待所、造反派「造總」總部，一九八〇年代是西藏大廈的職工宿舍。拍攝於二〇〇三年二月。（註：日漸廢墟化，二〇一八年被拆，在原址上重蓋類似原貌的建築，卻是對當代黑暗歷史的抹除。）

吧。但要說陸續來的，住上幾天就走的，這樣的挺多的，不過我估計都加起來也可能不到上千人。」如今是西藏自治區社會科學院當代西藏研究所所長的阿旺次仁（註：已故）依憑記憶，給我介紹了來拉薩鬧革命的中國各地幾個學校紅衛兵的概況，有北京八十中、清華大學、北京地質學院、北京航空學院、北京第二醫學院、北京大學、北京科技大學、北京師範學院、北京工業學院、哈爾濱軍工大、內蒙古交通學校等，基本上都是漢人，人數與達瓦次仁說的差不多。

他倆就讀的清華大學不但是全中國紅衛兵的搖籃，還出過名噪一時的紅衛兵司令蒯大富，有意思的是，文革結束後被關進秦城監獄、後來在深圳經商的蒯大富，居然認識他倆並且印象深刻。二〇〇三年，蒯與北京幾位學者聚會時，對其中在座的王力雄說，達瓦次仁是回拉薩發動文革的，當時一起去的還有清華大學的幾個漢族學生，後來達瓦次仁從拉薩回北京，還送給他一把「五四」手槍。不過這一饒有趣味的細節在我採訪中並未聽達瓦次仁提及。但是阿旺次仁說，他倆是「造總」司令陶長松與蒯的聯繫人，進而溝通中央文革小組的渠道。

我採訪過西藏民族學院的紅衛兵，名叫閻振中，河南人，回族，退休前是當時我任職的《西藏文學》雜誌社的主編。他是這麼講述那段經歷的：

我第一次進藏是一九六六年十月，當時我是西藏民院學生，二十二歲……我們應該說是西藏民院進藏的第一批紅衛兵。人不少，好幾百，光是漢族就差不多兩百，藏族也多，但想不起來有多少了。我們是從柳園坐車進藏的。坐的是大卡車。我們到拉薩的時候，北京紅衛兵早已經到拉薩了，有好幾個學校的。北京來的紅衛兵中也有不少藏族。

我們剛到的時候住在功德林那個寺院裡，不久就搬到二所了。二所以前是達賴親屬居住的大宅院，這時候是紅衛兵接待站，包括北京紅衛兵和我們這一幫。我們的主要活動也就是寫大字報，集會，另外就是衝擊區黨委和軍區這一類單位。

那時候我們跟拉薩的紅衛兵接觸不算多，多是自個兒學校的在一起，但只要是造反派，就是戰友，比親兄弟甚至比父母還要親，相互之間分享的都是自己最好的東西。那時候的紅衛兵也沒有錢，可以說身無分文，走到哪吃到哪。

……我喜歡跑，到拉薩沒多久，就和兩個男同學去了日喀則。當時扎什倫布寺已經被破壞了，佛殿都被砸了，佛像呀經書呀等等堆得滿地都是，都是破破爛爛的，不過裡面也有好東西，像小金佛或者肯定是年代很久的佛像……我只撿了一個木頭的裝飾品，揣在兜裡……我們是一九六七年一月底走的，在拉薩待了差不多三個月。

　　中國各地紅衛兵的進藏路線，除了從柳園經青藏線到拉薩，還從成都沿川藏線到拉薩。如今五十八歲（註：現已七十多歲）的程德美在二〇〇五年出版的自傳《高山反應》中，記載了他與六個男生組織「首都繼紅長征隊」，於一九六六年十二月出發，歷時將近三個月，步行五千里川藏線抵達拉薩的經過。他是北京四十七中的高三學生，其他六人則是北京清華附中學生、北京工業大學學生等。他們在《進藏宣言》中宣稱要「在五千里的川藏公路上，在海拔幾千米的高原上，播撒文化大革命的火種，讓毛主席親自點燃的文化大革命的烈火燃遍高原燃遍全國，讓文化大革命的洪流衝擊到每一個角落，讓共產主義思想的火種遍地開花」，從中可以窺見紅衛兵竭力「鼓動」沿途的「革命群眾」投身文化大革命的充沛激情。事實上他們也是說到做到的。雖然回憶並非光彩的往事，作者多的是自我粉飾和緬懷，少的是自我反省和懺悔，但他還是透露，身為「首都紅衛兵」的他們，在那些一聽說北京就像聽見毛主席一樣萬分激動的邊疆民眾中，到底還是掀起了「破四舊」的洶湧浪潮。

　　另外，程德美轉錄同伴的日記中有一句，在走到進入四川藏區的二郎山林場時，「看見了來自全國的好幾支長征隊」，這表明，當時從川藏線進入藏地發動文革的紅衛兵並不在少數。何況整個藏地還包括已經併入新的行政區劃如四川省、雲南省、甘肅省和青海省的那些「自治州」、「自治縣」等，也因此，不計其數的、各種各樣的「四舊」，有不少確實毀於這一撥撥「大串連」的紅衛兵之手，而由他們「鼓動」起來的當地革命群眾「破四舊」的熱情更是不可小覷。固然，從中國各地進藏的紅衛兵不如本地紅衛兵眾多，但中國各地紅衛兵尤其是「首都紅衛兵」的影響力卻是巨大的。

　　對於拉薩本地的青年學生而言，如久松所說，拉薩的紅衛兵

都比較服中國各地來的紅衛兵，特別服首都來的紅衛兵，因為他們帶來的是黨中央的精神。而所謂的「服」，應該是包含了「服從」和「信服」的含義。

大昭寺被砸成什麼樣了？

事過境遷，對大昭寺在一九六六年八月二十四日那天究竟被砸成什麼樣，顯然說法很多。但無論哪種說法，且讓我們根據這些在當時當地所拍攝的照片，來試著瞭解當天發生在大昭寺的一幕。

比如四十六頁圖，再真實不過地呈現了大昭寺被砸的事實。滿院被砸成破爛的諸多佛教象徵物是否正是從二樓露臺上扔下去的？通過採訪，獲知情形確實如此。細看遍地狼藉，勉強可以辨認的有：護法班丹拉姆的法衣，「囊廓」（大昭寺的轉經迴廊）道上的嘛尼輪，用木材製作的壇城，點酥油供燈的架子，「祥麟法輪」，等等。大昭寺就這樣慘遭橫劫，面目全非。歷經磨難的民俗學家德門·德慶卓嘎（已故）對我說：「看見這幅照片，我害怕。『貢覺松』（向佛法僧三寶發誓）！我看著都害怕。真不敢想像這照片是怎麼拍的！」

不知道是否在這堆破爛中混雜著這麼一尊珍貴的佛像——曾經位於佛殿一樓左側「土幾拉康」的十一面千手千眼觀世音菩薩？藏人稱之為「土幾欽波」，據說是吐蕃君王松贊干布採集各大聖地之土親手所塑，有一千四百多年的歷史。在藏文典籍中有松贊干布和尼泊爾布里庫蒂公主、中國唐朝文成公主的魂識一起融入這尊佛像的神話記載。文革結束後，關於這尊佛像留下了一個富有象徵意味的故事，是說在砸寺廟的革命群眾中也有虔誠的信徒混入，冒著生命危險將其中五個頭像的殘面、數支折斷的佛指和一些散失的「聳秀」（佛像內裝置的金銀珠寶、靈丹妙藥、甘露香料、五穀雜糧等，又稱「裝藏」）悄悄收藏起來，冒著難以想像的危險翻越雪山，輾轉帶往印度，奉獻給藏人尊奉為觀世音菩薩化身的達賴喇嘛。一九七〇年，有「小拉薩」之稱的印度達蘭薩拉修建與拉薩的大昭寺一樣的佛殿，其中也塑有一尊十一面千手千眼觀世音菩薩的純銀造像，達賴喇嘛特別要求工匠將那五個頭像殘面的其中三個安置於重塑的造像之首，而將另兩個頭像殘面放置於重塑的造像旁邊，以示對文革浩劫的警示。並將那

些散失的「聳秀」放入重塑的造像內部，折斷的佛指則由達賴喇嘛親自珍藏。從此達蘭薩拉的大昭寺裡也有了拉薩大昭寺裡的佛像的魂識，珍貴的精神被艱難地保存下來。

從境內藏地流亡達蘭薩拉的研究者跋熱·達瓦才仁（註：曾為台灣達賴喇嘛西藏宗教基金會董事長，現為藏人行政中央西藏政策研究中心主管），給我來信證實了這個故事，並進一步補充，當「紅衛兵摧毀這一切時，有個藏尼混血的『卡擦拉』（專指與尼泊爾籍人士結婚後生下的子女）原為下密院僧人，還俗後成為紅衛兵，他在一次行動中悄悄地將佛像的頭顱藏在家中——因為他是『卡擦拉』，不是西藏人，因此不會搜查他們的家，他們在西藏享有比西藏人更多的特權或優惠……這個人身分雖是外邦，卻忠誠於自己的信仰，他後來設法把佛像頭顱帶出國境後獻給嘉瓦仁波切（藏人對達賴喇嘛的尊稱，意思是法王），目前供在達蘭薩拉的大昭寺」。

值得一提的更有釋迦牟尼十二歲等身佛像。作為承蒙佛陀在世時親自開光加持的這尊佛像，自被迎入藏地起就為藏人虔信並成為藏人的精神支柱，不僅是大昭寺也是拉薩乃至全藏的魂繫所在，但在文革中也備受凌辱。很多人認為在「破四舊」之後，整個大昭寺最後只剩下這尊佛像，但也被紅衛兵用十字鎬砍過。拉薩中學初六六級的一位學生進一步指認，用十字鎬在「覺仁波切」腿上砍了一個洞的是他的一位同學，後為當局官員，據說對當年的「革命行動」依然不悔，至少在表面上是這樣。

這就是供奉在大昭寺的釋迦牟尼十二歲等身像。注意看佛像盤著的左腿上有一個深深的洞孔，至今清晰可見。僧人認為這是紅衛兵砍擊造成。也有人認為是西元九世紀中期吐蕃末代君王郎達瑪滅佛時期砍下的，而在旁邊原來還有一個洞孔，才是紅衛兵第一次去砸大昭寺時砍下的，後來被修補，但輕輕敲擊的話還可以聽見「空、空」的響聲。拍攝於二〇〇三年一月。

據大昭寺的幾位老僧回憶，有一段時間，釋迦牟尼佛像被戴上高帽，高帽上寫有種種侮辱性的語言，但滿身的金銀珠寶、綾羅綢緞全都不翼而飛，連身上和臉上塗的金都被刮淨。甚至鑲嵌在佛像眉心間的一顆無與倫比的寶石，垂掛在佛像兩耳邊的古老黃金耳環，供奉在佛像前的數盞純金供燈和純金淨水碗等，也被神祕之人搶走。砸過白塔「嘎林果西」的強巴仁青老人

說，包括這尊佛像在內的所有佛像體內的裝藏之物皆被掏走，其中的青稞被運到糧食局倉庫，磨成了糌粑。「覺仁波切」就這樣帶著傷痕，赤裸裸地跏趺盤坐在被玷污的蓮花座上。所幸頭頂的華蓋原是純金打製，因蒙受多年香火燻染得漆黑，未能認出，故而獲存。後來被一度設在大昭寺內的拉薩市政協放在辦公室裡，直至寺院重新開放送回「覺康」，經反覆刷洗才露出黃金本色。（補充：在二○一八年二月十七日發生於大昭寺的火劫中燒毀）

釋迦牟尼佛像原本還有五套用純金和寶石製作的五佛冠頭飾，價值難以估量，分別為宗喀巴大師、貴族夏扎家族、五世達賴喇嘛、貴族擦絨・達桑占堆和一位稱作格拉美的喇嘛商人所供奉，歷時五百多年或者數十年不等，據說在「三教工作團」進駐大昭寺期間全部失蹤，如今所佩戴的頭飾雖亦貴重卻非原物，而是其他佛像的頭飾，稍微顯大。

當年的積極分子、文革後長期任沖賽康居委會書記的崗珠告訴我，他曾給駐紮在大昭寺裡的軍隊送過糧食，親眼見到「覺仁波切」周圍的佛殿都變成了豬圈，裡面養著臭氣熏天的豬，樓上的佛殿則改為軍人的宿舍，樓上和樓下之間還搭了一個梯子。居住在木如居委會的洛桑曲珍的原話是：

> 我們奉命去大昭寺送豬飼料時，看見裡面豬多得很，當兵的還在殺豬。整個寺院除了「覺仁波切」，一個佛像也沒了，全都被砸光了。「覺」身上所有的裝飾都被拿走了，除了厚厚的灰塵，什麼也沒有。「覺」的膝蓋上有一個洞，本來不大，但因為經常有人拿著勺子又挖又掏的，所以那洞好像變得有點大了。從那洞裡掏出來的是一種像黑炭一樣的渣滓，我後來才知道那是很珍貴的藏藥，叫「佐臺」。當時我和大貴族拉魯・次旺多吉在一塊兒勞動，他叮囑我，去大昭寺送飼料時，記住要帶勺子。我問他，帶勺子幹什麼？他說可以從「覺」腿上的那個洞裡掏出「琴典」（法藥），加持力很大。拉魯屬於勞動改造對象，也去大昭寺送過豬飼料，他說他每次去都要帶上勺子，掏些「琴典」來吃。

除了砸，就是燒。比如五十二、五十三頁這四幅照片，所展現的都是在「松卻繞瓦」焚燒經書、經幡、轉經筒的情景。「四舊」

的東西實在太多，能砸的就砸，能燒的就燒，砸不完、燒不完的就扔，扔在大街上，扔在廁所裡，扔在河水中。我母親看了這些照片後對我說：

> 有一件事情給我的印象很深，那是我生了你以後第一次出門，從軍區後門到帕廓東邊的魯固汽車站，一直到攝影站的一路上，不知道是不是又在砸大昭寺還是砸附近的幾個佛殿，過去放在寺院裡的經書被扔得滿街都是。地上撒滿了經書，一頁頁，比樹葉還多，走在上面發出「嚓、嚓」的聲響。我心裡還是有點害怕，覺得踩經書是有罪孽的，可是沒辦法呀，地上全是經書沒法不踩上，躲也躲不過。車也從經書上面輾過，那些經書已經又髒又破。那時候是秋天，風一吹，破碎的經書就和樹葉一起漫天亂飛。這件事情給我的印象實在太深了。

如今已年過花甲（註：現已年過八十）的洛桑曲珍也心有餘悸地說：

> 把砸碎了的佛像裝在背兜裡，倒在路上和街道上，還把經書一張張地撒在路上。心裡面害怕得很。每次去扔佛像的時候，每次踩著經書和佛像走路的時候，心裡面的那個害怕啊，實在是說不出來。但是沒有辦法呀。天哪，那時候還把夾經書的木板拿去蓋廁所。那木板上面還刻的有經文。「貢覺松」（佛法僧三寶）！在上面拉屎撒尿，罪孽太大了。這樣的廁所在木如寺那裡蓋了一個，在小昭寺那裡蓋了一個，在木如居委會那裡也蓋了一個。人們都害怕去那裡拉屎撒尿，可是不去的話，居委會的幹部要罵。

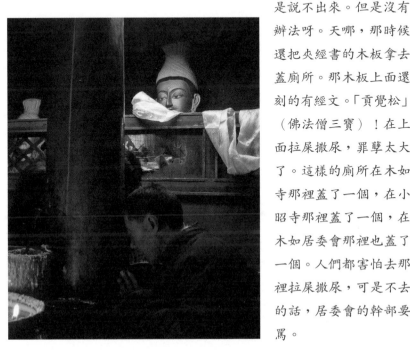

位於大昭寺佛殿一樓右側緊靠門口的法王殿，藏語稱為「突莫拉康」，因為存放層層疊疊的座墊，被遮擋的這尊松贊干布塑像才得以倖存。拍攝於二〇〇三年二月。

當時拉薩滿大街都扔著破碎的佛像和撕碎的經書，許多信教的老人都特別難過，悄悄地說，人活這麼大年紀幹什麼？活的年紀太大了，連菩薩的死都看見了，還有比這更不幸的事情嗎？我幼時的保母，虔誠信佛的老人嬤益西啦，搖著白髮蒼蒼的頭歎息道：「難道不是這樣嗎？文化大革命的時候，連菩薩也被整死了……」

究竟誰才難辭其咎？

事實上，整個藏地被搗毀的寺廟豈止大昭寺一座。從一九五〇年代中期開始，在西藏周邊的康地和安多兩大藏區就有不少寺廟在炮火中淪為廢墟，那是一種名為「平息反革命叛亂」的軍事行為，中共軍人為了鎮壓「叛亂分子」而將寺廟作為「叛亂」的堡壘和據點予以摧毀。

之後，在接踵而至的「深入基層、改造思想」的各種政治運動中，由不計其數的工作組發動起來的「翻身農奴」捲入革命的具體目標之一——拆寺廟。也即是說，所謂的拆寺廟，早在「民主改革」（是中共於一九五九年之後在西藏實行的對西藏傳統經濟的革命，其核心內容是把原來屬於上層社會的土地牲畜等按平均方式分給底層百姓，從而摧毀莊園經濟和寺廟政治等傳統社會結構，簡稱「民改」）之前，並在「三教」、「四清」（一九六三年至一九六六年，中共在全國城鄉開展的社會主義教育運動，在農村中是「清工分、清帳目、清倉庫、清財物」，在城鄉中是「清思想、清政治、清組織、清經濟」）期間一直都有發生，十世班禪喇嘛在一九六二年向中共遞交的「七萬言書」中就說：「民改前西藏有大、中、小寺廟二千五百餘座，而民改後由政府留下來的僅只有七十多座，減少了九十七％還多……」

對此，當局的態度如何呢？據《中共西藏黨史大事記》上記載，一九六六年三月二日，西藏自治區黨委向中央西南局和中央統戰部報告「群眾」要求拆寺廟的問題，聲稱：

> 西藏有些地方群眾要求拆寺廟。區黨委統戰部提出，對於保留寺廟和邊境、城鎮、交通要道上的寺廟應該說服群眾不要拆掉，群眾願居住的可分給群眾居住，對於非保留的偏僻寺廟或將要倒塌的寺廟，如實在無用，多數群眾又積極要求拆的，

經縣委批准，可由貧協負責，有組織地拆。

這是一份值得重視的檔案，從中不但並未發現有任何竭力制止「群眾」拆寺廟的意圖，而且有鼓勵之嫌。另外，處處可見的「群眾」究竟是些什麼人？又有多少人呢？何以早沒有，晚沒有，偏偏就在「解放」之後，出現了拆寺廟的「群眾」？一九八七年，西藏自治區副主席普窮次仁在一次記者招待會上承認，在一九六六年文革的前夕，西藏自治區境內只有五五〇座寺廟開放；在一九五九年時，則還有二千七百座有宗教活動的寺廟。而當文革正式開始，拆寺廟已蔚然成風，那五五〇座寺廟究竟還剩下幾座？據有關資料透露，從一九五九年至一九七六年，西藏自治區原有二千七百座（實為二七一三座）廟宇僅只剩下八座。

我在調查拉薩破「四舊」的情況時，屢屢耳聞中國總理周恩來的名字。如大昭寺最初被砸，周恩來下達停止的指示；一九七二年，周恩來批示修復大昭寺。又如按照各居委會須得砸爛各自地盤上的「四舊」的安排，位於布達拉宮下面的雪居委會的積極分子原本已衝上宮殿，領頭的據說就是迄今仍擔任居委會書記且為數屆全國人大代表的洛桑，又是周恩來下令禁止，在全副武裝的解放軍士兵的阻攔下，舉世聞名的布達拉宮雖有不計其數的珍貴文物不知去向，古老的精美壁畫被覆蓋上毛澤東的語錄，積攢數百年、財富不可估量的兩大金庫被搬空，但總算是未遭滅頂之災。

那麼，周恩來在西藏文革中扮演的是一個搶救西藏文化的角色嗎？由海外學者宋永毅等編纂的《中國文化大革命文庫光碟》中，收錄了周恩來一九六六年十月十五日在北京接見中央民族學院幹訓班西藏學生時的談話紀要，其中有這樣一段：

　　西藏的宗教是一個長期的問題，但政教一定要分開，喇嘛制度一定要打碎，因為喇嘛制度嚴重妨礙了民族發展。為什麼解放前西藏、內蒙的人口逐漸減少？就是喇嘛宗教制度的影響。這次文化大革命是思想大革命，就是要把喇嘛制度徹底打碎，解放小喇嘛。但是，破除迷信則是長期的，迷信思想在沒有新思想代替之前，是一下子消滅不了的，這是長期改造的事。現在，西藏正在破「四舊」，打廟宇，破喇嘛制度，這都很好，但廟宇是否可以不打爛，作為學校、倉庫利用起來。佛像，群

眾要毀可以毀一些，但也要考慮保留幾所大廟，否則，老年人
會對我們不滿意。

　　這說明，之所以制止紅衛兵和積極分子砸大昭寺和布達拉
宮，並不是出於對西藏傳統文化的珍視，否則，整個藏地那麼多
寺院被砸，何以不去阻止？況且相當部分的寺院是陸陸續續在幾
年之內，甚至早在一九五○年代中期起就被陸續砸毀。如果真要
阻止，至少已經有效地使用過那種由上至下的指示，加上荷槍實
彈的軍人是完全可以做到的。應該說，真實的原因並不是因為「老
年人會對我們不滿意」，而是出於別的顧忌，如中國在國際上的
形象等等，周恩來才趕緊下令阻止繼續破壞大昭寺和布達拉宮，
因為誰都明白這兩處象徵著什麼。或者，我們可以不去探究周恩
來與西藏文革的關係，雖然在文革期間，為解決西藏發生的問題，
他先後十六次接見西藏軍隊、地方負責人和群眾代表，做了很多
重要講話和指示，但他畢竟遠踞北京的廟堂之上，比較而言，他
的作用遠不如坐鎮拉薩的中共官員更大。
　　意味深長的倒是今天西藏官方的態度。採訪中，一位藏族學
者對我說，在二○○二年西藏社會科學院舉辦的《格薩爾》史詩
千年紀念學術研討會上，西藏自治區黨委書記郭金龍（後調任北
京市委書記）到會講話，談及「達賴分裂集團」在國外宣稱西藏
的傳統文化遭到破壞，非常生氣地說：國外總說我們破壞了西藏
文化，砸了多少寺廟，可是，難道是我們嗎？是解放軍去砸的嗎？
是漢族去砸的嗎？哼，現在不過就是拿文化的問題說事嘛。
　　聽上去這話振振有詞，言者也理直氣壯，可若要深究，難道
確實是這樣嗎？明明是生殺予奪的當權者，卻如此洗刷自己，儼
然置身其外，究竟是誰才難辭其咎呢？
　　一位住在帕廓街上的普通居民說：

　　　「說藏族人自己砸寺院，有沒有這種人呢？有。不過很多
　　人是被迫的。總的來說，這個責任還是在於政府。政府若要制
　　止的話是完全可以制止的。比如像阿沛（阿沛・阿旺晉美，西
　　藏噶廈政權中唯一一位為中共接納的貴族官員，時任西藏自治
　　區主席，文革時被紅衛兵的大字報披露於一九五○年代期間加
　　入共產黨，遭到批鬥，後被中共專機接到北京，二○○九年壽
　　終正寢），群眾要鬥他，但是中央要保他還不是保下來了。所

80

以只要想保護的話完全可以做到。你有那麼多軍隊，你派軍隊去守著，誰敢去砸寺院啊？誰也不敢去！事後放馬後炮誰不會放啊。」

一位仍在職的當局官員（藏人，現已退休養老）對我說：

「是的，如今說起當年的那些人砸寺廟，鬥喇嘛，會覺得那些人太壞了，可是，在當時沒有人會認為這樣做很壞，當時是鼓勵這樣做的，人們聽說必須這麼做才算是革命，就這裡去砸那裡去鬥的。當然，在過去是不會有人這麼做的。自己家裡都有佛龕和佛像，沒有哪個人會想到有一天把這些全都砸了的。可是，政策下來了，從自治區、拉薩市、城關區到居委會，政策就這樣一層層下來了，如果不這樣動員的話，怎麼會亂成那個樣子呢？沒有一個人的心裡會想到要去砸這些的，心裡是不可能有這些想法的。至於說如果不是中央下令保護早就砸光了之類的話，若真的要保護就應該派軍人，當老百姓去砸的時候告訴他們這是被保護的，不能砸，那麼，有誰還會敢衝進去砸呢？誰都怕解放軍啊。一九五九年解放軍一開槍不是就『平叛』了嗎？可是並沒有這麼做嘛。而且要知道，大昭寺在文革時變成了解放軍的豬圈，這都是我們親眼看見的。」

客觀地說，鑒於當時在中國大地上所發生的各種類似事件，如漢傳佛教的寺院、道教的道觀、儒家祖廟、基督教和天主教的教堂都被視作「四舊」而遭搗毀，其他少數民族的宗教場所也屬於革命的專政對象，如蒙古人的寺廟，回族、維吾爾人的清真寺等，應該說，「破四舊」是一場把所有非共產主義的文化都當作舊文化而加以清除的運動，西藏傳統文化更是被視為舊得不能再舊的「腐朽文化」，自然難逃此劫。但是，不同於許多民族的是，在藏傳佛教的傳統中，那種對於宗教聖物、法器、供具的重視不僅僅出於滿足普通信眾的「偶像崇拜」，更是提升修行者在具體實踐中不可缺少的輔助物，為此，在全藏地，往往是寺院裡積累了千年來不斷增加的財富，這些財富都體現為那些不計其數的聖物、法器和供具，凝聚了一代代藏人虔心向佛的精神。雖然藏地人口並不多，但一九五〇年前，藏地全境（即包括分布在今西藏自治區及四川省、雲南省、青海省、甘肅省各藏區）的六千餘座

寺院中不計其數的寶藏卻相當可觀。可以這麼說，從「物質」方面的損失來看，可能沒有哪一個民族會比西藏民族因為革命而遭到的摧毀更大。僅舉一例，文革時期，拉薩設有兩個巨大倉庫，專門堆放從周圍寺院沒收的各種「四舊」，一位曾在西藏軍區汽車修理廠工作的藏人告訴我，為了給軍隊的汽車配製零件，汽車修配廠曾從其中一個倉庫一次提取了四噸金屬佛像、金屬法器、金屬供具等，將之熔化、鍛造。

被砸之後的大昭寺

在大破「四舊」之後，具體地說，在一九六六年八月二十四日之後，遭受重創的大昭寺又是怎樣的命運呢？

從時間上來看，根據採訪和有關資料獲悉，大昭寺曾被這些機構所占據：

一九六六年八月被砸至一九六七年以前，被設為「紅衛兵破四舊成果展覽辦公室」，全拉薩在「破四舊」時收繳的部分「四舊」集中於此，由拉薩市公安局局長帶領工作組在此駐紮數月，寺院裡的經版、經書、唐卡等成為做飯燒茶的燃料。對此，曾在「紅衛兵破四舊成果展覽辦公室」工作過的葉星生與我有這樣的對話：

葉：那時候是一九六六年秋季，九月、十月的樣子……當時我是展覽小組的成員，我是搞美工的，畫連環畫……我記得很清楚，當時辦公室是在大昭寺二樓上的一個大倉庫，肯定是一個大經堂，堆滿了「破四舊」的那些東西。

唯：都有些啥東西呢？

葉：……哎呀其實亂七八糟的，還有唱片、留聲機之類。這些不是大昭寺的，是全拉薩「破四舊」時收繳的東西都堆在那裡。一句話，都是抄家抄來的東西。

唯：……確實是把經版扔到火裡去燒嗎？燒了很多東西嗎？

葉：燒哦。尤其明顯的是我們那個工作組，就把那些經版跟柴禾一塊兒碼起在那裡燒。就在做飯的時候燒。不過我沒有發現帶有圖案的那種經版。燒的都是帶文字的經版……哦，我發現過。我把它抽出來了，偷走了……我還悄悄地拿走了幾張唐卡。還有版畫。版畫就是那種經卷一樣的畫，一卷一卷的。還有就是藏經版，我也撿了幾塊。

大昭寺三樓朝向帕廓街的一角為佛殿，與原本是達賴喇嘛在法會時下榻的日光殿相連，文革初期成了「造總」的廣播站。拍攝於二〇〇三年二月。

一九六七年六月，西藏軍區派一個連的兵力進駐大昭寺，原西藏軍區司令員陳明義在多年後的回憶文章中稱之為「對該寺重要佛像實施了嚴密的保護」，事實上，彼時除了被剝得精光的釋迦牟尼十二歲等身佛像，凡是金屬佛像、金屬法器、金屬供具等皆被運走，凡是泥塑佛像皆被倒入滔滔的拉薩河中。不知軍隊駐紮的時間有多長，但在一九六九年以前，大昭寺先是成為「大聯指」的據點之一，後來又成為「造總」的主要據點，其廣播站就設與達賴喇嘛下榻的日光殿相連的佛殿，並有數十名「造總」成員住在寺內。這期間，所剩無幾的大昭寺繼續遭到破壞。

一九六九年至一九七〇年代初，大昭寺被拉薩警備區司令部所占據。正如前述，中心大殿一層的數十間佛殿都是豬圈，連如今喇嘛們舉行法會的壇城殿也是豬圈，臭氣熏天的豬到處亂拱亂叫。只有釋迦牟尼佛殿沒有變成豬圈，毫無任何裝飾且遭受創擊的釋迦牟尼佛像，盤坐在漆黑的「覺康」深處默然無言。中心大殿二層的數十間佛殿則成了軍人們的宿舍。一位當時送過豬飼料的老僧說：「他們把大昭寺的一角闢成茅廁，我們可以看見他們把尿撒在地上；大昭寺的另外一部分，則被改造成牲畜屠宰場。」一位當年的紅衛兵、「造總」成員也說：「大昭寺除了被當作豬圈，還作過屠宰場，在裡面殺豬拔毛。」

而達賴喇嘛在祈願大法會期間下榻的日光殿，滿牆的壁畫上有許多佛或菩薩的臉都被刀子一類的利器亂刻亂劃，留下深淺不一的痕跡，至今可見。大昭寺的僧人告訴我這是文革時住在這裡的軍人幹的。他指著凹凸不平的地板說，由於他們經常隨地潑水，地板早已變形。他還見過一位中央組織部的老幹部參觀大昭寺，當年是西藏軍區的軍官，故手指日光殿，得意地說自己就在「達賴的屋裡住過」。

一九七〇年代初期，大昭寺被改成拉薩市委第二招待所。畢業於西藏民族學院的閻振中，對這時期他每次從墨竹工卡縣出差來拉薩都住在那裡的往事記憶很深。許多殿堂都改成招待所的房

這是我父親在文革前拍攝的照片。笑容滿面的班丹拉姆（又叫白拉姆）塑像在「破四舊」時被砸爛，之後這個地方被改成男女廁所。班丹拉姆是大昭寺也是整個拉薩的守護神。

間，牆上的壁畫被燒酥油茶的火苗和水汽給燻得破損不堪。從各地區和附近各縣來拉薩的幹部和普通百姓皆可投宿，有男有女，有藏人也有漢人或別的民族，閻就是回族。最初〇‧一三元一個床，後來〇‧三元一個床。服務員也是有男有女，多爲藏人。整座寺院看不見一個穿袈裟的僧人。閻說，當時拉薩城裡下午三四點就已經沒什麼人了，六七點以後簡直空無一人，空城一座。如果是十點返回招待所，那已是相當晚了，須得使勁拍打寺院沉重的大門，撕破了嗓子喊，好半天才會有人來開門。

大昭寺的一位老僧說：「在『覺康』上面的金頂那裡，曾經蓋過一個廁所。在護法神班丹拉姆塑像那裡，用木板隔了男女兩個廁所，是招待所的廁所。班丹拉姆的塑像早就被砸了。」

另一位老僧說：「都叫這個招待所是『二所』，文革後搬到市政府旁邊去了，人們叫它『招待瑪波』，意思是紅色招待所。一九八一年，我重返大昭寺時，看見一樓和二樓那些佛殿的門框上都寫著號碼，是招待所房間的號碼。」

當時，拉薩市委還在大昭寺的大殿內召開三級幹部會議。前院「金戈」一度是放映革命影片的露天電影院。一些僧舍被設成拉薩市政協的辦公室。

一九七二年，周恩來在接見西藏軍政官員時指出，隨著中美關係的改善和中日建交，全國將採取有領導的開放，西藏也不例

外。隨後批示修復大昭寺。傳聞這是因為當時被北京收留的柬埔寨國王西哈努克希望來拉薩朝拜大昭寺。然而修復者並不清楚空空如也的殿堂裡應該安置哪些佛像，佛像裡面又該裝置哪些聖物，所以祕密請教德高望重的十世德木仁波切。而曾被當作「牛鬼蛇神」慘遭批鬥的德木仁波切重病在身，記憶模糊，瀕臨人生的最後階段，只能依憑五世達賴喇嘛於一六四五年成書的《大昭寺目錄》，艱難地指導工匠和畫師復原完成了第一層佛殿。

一九七四年，修復大昭寺的初期工程告一段落。從靠近拉薩市公安局的一個倉庫——那裡堆積著從很多寺院沒收的佛像，挑選了不少佛像送到大昭寺，重新裝藏、修補。又從色拉寺、甘丹寺和哲蚌寺調來數個老僧。逐漸地，被當作「四舊」砸過的大昭寺又允許香火繚繞，禱告回響。儘管當時流傳著這樣一句看似幽默的笑話：「拉的確涼，規尼北依拉」（在藏語裡，「拉」的意思是佛，「規尼」的意思是管理寺廟的僧人，「北依拉」是對回族的稱呼。而「的確涼」是當時流行的面料，既不是純毛料，也不是純棉布，用以比喻不純粹的東西），意思是，佛像不是原本的佛像，而管理寺院的人是外道（一位姓馬的回族當時作為宗教局的領導管理大昭寺）；儘管法國記者董尼德在一九八五年獲准訪問拉薩時，面對大昭寺裡「嶄新的菩薩塑像及剛完成的壁畫」，「感到震驚與不安」，認為自己「就像是置身在歌劇院的舞臺布景裡似的。倉卒地整建、翻新、維修的結果，只是把幾乎毀滅一種文化的政治風暴所造成的破壞情景，加上越描越黑的註解而已」，但無論如何，堪稱幸事的是，廣大佛教信徒重又見到了劫後餘生的釋迦牟尼佛那悲憫眾生的微笑。許多曾經充當那場革命的急先鋒的積極分子追悔莫及，渴望洗心革面。

二〇〇三年三月，在大昭寺，一位曾被囚禁七年、勞動改造十三年，直至一九八一年才回到大昭寺的老喇嘛圖登仁青（已故），含著熱淚對我說：

> 文革結束後，重新修復的寺院再次開放。經過了那麼多年不准信仰宗教的歲月，人們已經很多年沒進過大昭寺了，所以來朝佛的人特別多。當時曾向信徒售票，就在今天信徒磕長頭的大門口還架著欄杆，每天只賣兩千張票，每張票一毛錢，所以很多人從夜裡就開始排隊，常常排隊一晚上，睡覺就睡在地上。那時候大昭寺整天開放，天黑了，如果不趕緊關門的話，

還會有很多人進去朝佛。「寧傑」（可憐）啊，那麼多的藏人，已經有那麼多年沒見過「覺仁波切」了。很多人都哭。邊哭邊說，想不到這一生還能有機會見到佛，沒想到啊，還會有這麼一天。後來班欽仁波切（指十世班禪喇嘛）回到拉薩，在大昭寺舉辦法會給信徒摩頂時，排隊的人都排到了郵電大樓那裡，有幾公里長。有一個人還被擠死了。信徒是那麼多，突然間，一下子冒出來那麼多，不光是老人，還有很多年輕人，這是文化大革命時候不敢想像的，就像是被堤壩攔住的大水一下子沖出來了……

於是，從此以後，大昭寺再度成爲佛教聖地中的聖地，人間煙火中的煙火。（註：如今還添一個功能：以中國遊客爲主的旅遊景點）

在大昭寺前，每天都能見到從藏地各處來朝聖的藏人，此起彼伏地磕著等身長頭。拍攝於二〇〇三年二月。但如今這裡，花盆擺成一圈，信徒在裡面磕長頭，中國遊客或在外面拍信徒，或裝扮成野蠻人（他們以爲的藏人）拍寫真。不但有公安的崗哨，還有武警持槍巡邏。各個方向的高處裝有監控攝影機。大昭寺對面兩邊的樓頂上設有武警崗哨。

這是二〇〇三年藏曆一月初八的大昭寺。朝佛的人流排成長隊，一旁是遠地寺院趕來修佛的僧侶。此情景如今已不允許有。

鬥「牛鬼蛇神」

在拉薩，第一次遊街批鬥「牛鬼蛇神」是一九六六年八月二十七日。這天，在當局統一指揮下，拉薩市各居委會組織積極分子和普通居民沿街遊鬥各自轄區內的「牛鬼蛇神」，然後在大昭寺的講經場「松郤繞瓦」集中批鬥。

在這組照片上，形形色色的「牛鬼蛇神」主要包括宗教界人士、舊政府官員、商人、舊軍官和農村中的「領代分子」（指莊園主及管家等），分別以在群眾大會上集體批鬥、遊街批鬥和各居委會組織群眾分批批鬥等規模不等的方式吃夠苦頭，時間是一九六六年八月底至九月期間。正如當時流行的政治術語所形容的，這是一種以群眾專政的方式來顯示無產階級專政的強大威懾力，足以令所有藏人都受到深刻「教育」。

事實上，連續批鬥的時間長達三四個月之久，後來因派性鬥爭輾轉於兩派之間繼續挨鬥，並歸入「牛鬼蛇神」小組，在各自居委會長期勞動和學習，其結果是瘋的瘋，病的病，死的死──照片上的部分人死於這時期，部分人死於文革後，迄今倖存的不多。而在倖存者當中，有的人離開西藏去了國外，留在西藏的重又成為可以享受高官厚祿的「統戰對象」，分布在政協、人大和佛協，卻無一不是擺設的花瓶或御用的喉舌，為自保而唯唯諾諾地苟活。

人山人海。大昭寺的講經場「松卻繞瓦」成為批鬥「牛鬼蛇神」的大會場。這樣的情景當時常有。仔細檢視左圖,可以發現多個細節:在高台正中,掛著毛澤東的畫像及一條橫幅;毛像兩邊用漢文和藏文豎寫、橫寫「偉大的領袖毛主席萬歲」、「偉大的中國共產黨萬歲」;橫幅上用漢文和藏文寫「鬥爭大會」;橫幅旁邊及下方置有多幅毛畫像;高台上正在批鬥的「牛鬼蛇神」是四位舊日的貴族官員,每人被兩位紅衛兵按壓;被鬥者前面至少有兩人在拍攝,一人在錄像,一人在攝影。

更重要的是，在照片左上角，與講經場相連接的寺院建築的二樓拐角，至少站著三個頭戴帽子（不知是不是解放軍軍帽）、身穿制服（是解放軍軍裝？）的男人，正看著批鬥現場。其中一人背手站立，有著中共官員當權者的姿態。所以，與其說他們是在注視批鬥現場，不如說他們是在指揮、控制、監視批鬥現場。

如今也是攝影家的德木·旺久多吉清楚地記得父母第一次被遊鬥的時間，正是羅布林卡改名為「人民公園」的前一天——一九六六年八月二十七日。他的父親，德木·洛桑絳白隆多單增加措，乃著名的十世德木仁波切。

德木仁波切屬於藏傳佛教轉世高僧傳承中相當重要的一支，拉薩有名的丹傑林寺的寺主，其六世、七世和九世均當過西藏的攝政王（代理達賴喇嘛管理政教的最高權威）。十世德木仁波切還是西藏歷史上最早的、也是西藏迄今最優秀的攝影家之一。

照片上，六十五歲的德木仁波切頭戴高帽，上面用藏文寫著「徹底打倒反動農奴主單增加措」，掛在胸前的相機是他的「罪證」，用來暗示他是一個裡通國外的反動分子。其實那架上海五八II型一三五相機屬於兒子旺久多吉，雖然被德木夫人藏在裝糌粑的口袋裡，仍在居委會紅衛兵抄家時給抄出來了，而德木活佛自己的好幾套高級相機早已被工作組沒收，理由是相機為特務的作案工具。其中一架蔡司伊康，被一個姓閻的工作組組長私吞，再不歸還。

四十七歲的德木夫人穿戴的是舊時拉薩貴族夫人的華麗裝束，雙手捧著盛有金銀珠寶的托盤。德木·旺久多吉回憶說：「每次遊街，他們都讓我父親穿上我們家的護法神——『孜瑪熱』的法衣，讓我母親穿上貴婦的盛裝。後來，我父親對我說，『當時抓我遊街的時候，我很擔心他們逼我穿袈裟，這樣我會羞死的。還好，他們要我穿的是跳金剛法舞時孜瑪熱的法衣，這倒讓人有一種演戲的感覺。而且在遊街的時候，除了一個小男孩衝著我說老實坦白，圍觀者中沒人打我、罵我，還不錯』。」然而，德木夫人卻在經歷了抄家、遊街批鬥等公開羞辱以及被居委會長期單獨關押之後精神崩潰，僅僅一年便從瘋顛走向死亡。六年後，德木仁波切圓寂了，卻不被允許為他舉行與他身分相稱的西藏傳統葬禮。

這是丹傑林居委會組織的遊鬥隊伍。押解德木夫婦的兩個積極分子爭相揮舞著拳頭，表達了他們對「牛鬼蛇神」的痛恨。左邊那人名叫扎西，原是一個馬車夫，文革期間當了居委會副主任。在抄德木家時，他以破「四舊」為名，不僅搶走了衣物和珠寶，還搶走了當局在「贖買」（在一九五九年之後的「民主改革」中，對未參加「叛亂」的貴族、莊園主和寺廟的財產實行贖買政策，發放贖買金支付券，憑券到銀行領取贖買金）中發給德木仁波切的存摺，後在旺久多吉的堅持索要下不得不歸還，但已被他取走二百元，這在當時不是一筆小數目。扎西後來是布達拉宮前門的看門人，二○○三年二月，我原本打算採訪他，卻聽說他已於不久前病故。

右邊的那個穿著破衣爛褲的人名叫單增，是「牛鬼蛇神」小組的組長，據說他最能鬥「牛鬼蛇神」，德木夫人就被他狠狠打過。他早已亡故。

丹傑林居委會組織的遊鬥隊伍正經過今大昭寺對面的大街，當時尚空曠許多，而非如今擠滿了熙熙攘攘的行人、車輛和攤點。照片上的那片藏式建築今已為「德克士」快餐店及銷售旅遊工藝品的商店所代替，過去是由哲蚌寺管理的名為「其迭林」的佛殿，歷史悠久，文物眾多，但在武鬥期間變成造反派的據點，據說曾在樓上架著機槍往下掃射，後來被拆。

實際上，當時丹傑林居委會的「牛鬼蛇神」裡，還有昌都強巴林寺第十一世仁波切、如今任全國政協副主席的帕巴拉·格列朗傑，他也曾被如此遊鬥過，但此番遊鬥不在其中。照片上的這些「牛鬼蛇神」都穿戴著代表過去身分和地位的裝束，以表明他們是「封建農奴制」下反動的「三大領主」，為此他們頭上的高帽和胸前的紙上都寫著種種污辱性的語言。

走在德木仁波切後面的「牛鬼蛇神」被辨認出是拉敏·益西楚臣。他是九世、十世班禪喇嘛的親信官員，作為十世班禪喇嘛的代表，於一九五六年擔任剛成立的西藏自治區籌委會副主任，以後還擔任過自治區政協副主席、全國政協常委。但好景不長。一九六四年，班禪喇嘛因為勇於向毛澤東遞交反映整個藏地民情民意的「七萬言書」，結果在張經武、張國華主持的西藏自治區籌委會第七次擴大會議上，被當作「最大的反動農奴主之一」遭到批判，拉敏·益西楚臣等人被打成「班禪叛國集團」的成員。但在批鬥班禪喇嘛時，拉敏·益西楚臣的六弟拉敏·索朗倫珠（曾為班禪內庫祕書）、扎什倫布寺的一位轉世喇嘛生欽·洛桑堅贊、曾經擔任過十四世達賴喇嘛侍讀經師的江措林仁波切等人表現最為積極，做出了許多對班禪喇嘛最致命的誣衊性指控，為此他們很快獲得提拔重用，這無疑是對他們批判班禪喇嘛的獎賞，以至於在西藏民間對這些靠鬥爭班禪喇嘛起家的人有一個專門的稱呼：「班巴爾」。如今拉敏·索朗倫珠仍舊是自治區政協副主席（註：於二〇一三年病故），而拉敏·益西楚臣在經歷了多次的批判後積勞成疾，於一九七八年病逝。

走在拉敏·益西楚臣後面的那位一手執金剛鈴一手捧「曼扎」（佛教供器的一種，象徵佛化世界）的僧人，經辨認可能是色拉寺的高僧拉尊仁波切，已年過八十，在隨後一次抄家時，居委會的紅衛兵把沒收來的金剛杵砸向他的頭顱，老人當場流血不止，第二天就圓寂了。當時不准搞傳統的習俗活動，包括西藏文化中處理死者的特殊方法和儀式，只能草草地把老人的遺體送到天葬臺餵了鷹鷲。

在這幅照片上，押著拉敏·益西楚臣的女積極分子名叫白珍，曾住在德木仁波切家的宅院裡，是傭人。而在拉敏·益西楚臣與另一個「牛鬼蛇神」之間的女積極分子是積極分子單增的情婦，名叫拉姆，過去是一家貴族的傭人，據說已死。

而那圍成一圈的繩索，既將「牛鬼蛇神」與群眾隔離開來，以示一種不可逾越的分界線，又將積極分子凸顯出來，以表明革命的徹底性或覺悟性，以及由此獲得的與眾不同的資格。

丹傑林居委會組織的遊鬥隊伍正在經過帕廓街，走過了「桼其廈」（為現存建築中最古舊的房子之一，原屬色拉寺阿桼倉，曾為民居，現為商鋪），走過了「朗孜廈」（原為「甘丹頗章」政權時的拉薩市法院，第一層做監獄，第二層為辦公地，現列為「文物保護單位」和「愛國主義教育基地」），走過了已被紅衛兵和積極分子推倒的白塔「嘎林果西」，走過了「甘丹塔欽」（立於帕廓東北角，「塔欽」的意思是大經旗杆。帕廓有四根大經旗杆，至少兩根被當做「四舊」砸毀）……最後將要到達講經場「松卻繞瓦」，在那裡與其他居委會遊鬥「牛鬼蛇神」的隊伍會合，聯合舉行批鬥大會。有趣的是，遊鬥隊伍是從帕廓北邊的入口處沿順時針方向右繞而行，這其實是西藏佛教信徒履行佛事的一種方式，當屬該破除的「四舊」，「革命群眾」理應反其道而行之才是。

就在這條街上，也曾有過這麼多的人群在飄揚的旗幡和悠長的法號中激動地奔走。但那是一個宗教的儀式，也是一個民間的儀式，是每個藏曆新年正月二十五日舉行的祈請未來強巴佛早日降世的儀式，屬於祈願大法會「默朗欽莫」的重要主題之一。或許，照片上這些圍觀遊鬥甚至押著「牛鬼蛇神」遊街的人叢中，就有當年五體投地的信徒。然而此時，強巴佛像已為毛澤東畫像所代替。緊隨其後的是高舉的紅旗和喧天的鑼鼓。年輕的孩子充任旗手和鼓樂手，他們都是革命的新生力量。

遊鬥隊伍正經過帕廓東街。那一片極有氣派的藏式建築，昔日是大貴族索康‧旺欽格勒的宅院（「索康」的意思是位於拐角的房子，因其坐落於帕廓街東南交接處而得名，建於十七世紀，一九九三年被拆除，改建為「賽康商場」），緊挨一旁的是護法班丹拉姆的「擦擦康」（模製的小泥像龕，與索康宅院的東壁相連接），此時已被泥巴糊滿，跟前的香爐已被砸毀。用文革話語來說，索康這個在舊西藏政府擔任高官的貴族，也是一個罪大惡極的反革命分子，如果不是在一九五九年逃亡印度，他必定會被「革命群眾」揪出來遊街示眾，再踏上一隻腳，叫他永世不得翻身！

仔細再看這幅照片，在兩個女子抬著的毛澤東畫像的左側，走著一個穿深色中山裝、頭髮黑亮的男子，一看就是漢人幹部。而且在人群中有這麼幾個人：一個是掛著相機滿臉堆笑的男人，一個是湊上前在給「牛鬼蛇神」拍照的背影，還有一個人手拿相機正扭頭觀望。他們是誰？記者嗎？經辨認，據說那個滿臉堆笑的男人是《西藏日報》的一位記者，那個扭頭觀望的男人是新華社駐西藏分社的一位記者。

當時西藏有這麼幾個新聞機構：新華社駐西藏分社、《西藏日報》、西藏軍區主辦的《高原戰士報》、西藏人民廣播電臺和中央新聞紀錄電影製片廠駐西藏記者站，是西藏文革期間相當活躍的媒體。但在當時的報紙上，我們卻看不到一幅批鬥「牛鬼蛇神」的照片。

這個被畫了大花臉的人是誰？從他身上的袈裟可以看出他是一位僧人。身穿袈裟的他雙手捧著一個小佛龕，脖子上掛了一對金剛鈴，當他被兩個積極分子押著走過大街小巷的時候，從那漫畫似的臉上依稀可見他痛苦的眼神。

這個被醜化的僧人頭戴的高帽上寫著他的名字，不過只能看出「牛鬼蛇神」和「……嘉措」的字樣。但他還是被認出，是色拉寺的高僧仁布仁波切（又寫瑞胞仁波切），全名「仁布．阿旺嘉措」。文革結束後，他離開西藏，去了印度，如今定居在美國紐約，已有八十高齡（註：於二○○六年初在印度色拉寺圓寂）。

在法國記者董尼德著述的《西藏生與死：雪域的民族主義》一書中，其中就西藏在文革中經受的苦難，特別採訪了一位叫日布特的活佛，從一些事實對照來看或有可能就是仁布仁波切：「經歷了三十五場大大小小的『鬥爭會』……在鬥爭會時間，我必須要戴上長長尖尖的帽子，我也必須要披上袈裟，好讓群眾知道我是屬於黑五類。他們在我的袈裟上，掛上各式各樣的法器、徽章來愚弄我，曾經有兩次，我在喇叭、銅鑼與紅衛兵嘲笑聲的引導下，被迫在拉薩市區遊行。鬥爭會一般是在下工後，晚上八點到十一點間舉行。白天我得做工：我被指派參加建築工程和敲石頭。控訴我的人很自然地是個漢人，他叫郭祥志。我記得非常清楚。他是我居住那一片區的負責人。他控告我和達賴喇嘛有祕密聯繫，和『外國反動分子』接觸，圖謀組織西藏的獨立運動。他們逼著我當眾低著頭爬在地，然後對我施行批評與毆打。有一次，他們用槍托在我的右耳上，狠狠地撞擊，以至於到現在為止，我還有聽覺障礙。經過毒打後，我只看得到那些劊子手的腳而已。事實上，我是拉薩喇嘛中，受罪受得最少的一個。我現在還活著能夠為這件事做見證，就是一個證據。」

前面提及，小昭寺主供佛即尼泊爾公主帶來的釋迦牟尼八歲等身像，在「破四舊」時被革命群眾鋸斷，上半截被帶往北京，下半截扔棄拉薩。文革結束後，班禪喇嘛從北京某工廠的倉庫裡找到那上半截塑像，由專程赴北京尋找西藏宗教聖器的仁布仁波切等人帶回拉薩，再和下半截塑像拼接，如今供奉在小昭寺。據董尼德記載，仁布仁波切「他們發現在北京市中心的故宮裡面，至少堆積著有二十六噸的西藏宗教聖器。這些雕像及禮儀法器，總共裝成一六三只木箱，被運回西藏物歸原主。另外還有六噸的宗教聖物，則是在北京的孔廟裡被找到；這些也裝成上百的木箱運回西藏。他們總共動用了六百個木箱，把一三五三七尊的佛像運回西藏。然而這些也只不過是被偷或是被打壞的寶藏的一小部分而已」。

照片上，那兩個揪著仁布仁波切的脖子大步行走的積極分子，左邊戴著鴨舌帽的是曾經如此揪著德木夫人遊街的單增，右邊戴著軍帽的是丹傑林居委會的治保委員益西，他因為脖子是歪的，又叫「益西則覺」，意思是「歪脖子益西」。此人後來在武鬥中當了「農牧民司令部」的副司令，屬於兩派中「大聯指」這一派的骨幹成員，文革後離了婚，開了一個小小的甜茶館度日，幾年前病故。

這組批鬥隊伍正經過何處？據看過照片的藏人說，可能是由策墨林寺至小昭寺的巷子。

戴著高帽子的「牛鬼蛇神」，在紅衛兵和「革命群眾」的押解下繞拉薩城遊街。其中就有被畫上大花臉的仁布仁波切，以及揮舞拳頭的積極分子單增和益西。

這個被畫上兩撇小鬍子、左耳掛著「索金」長耳墜（貴族和官員的標誌）的人，全名是平康·次仁頓珠。其父當過一九四○年代的「噶倫」（噶廈政府主管官員，共四人，一僧三俗），其兄是錫金國王的女婿，其妻是貴族擦絨家族的小姐。本人是一個少爺，當過四品官員，一生平庸無為。他又被稱作「堯西」平康。而「堯西」，意為「國父之莊園」，專指歷代達賴喇嘛的家族。平康家族中誕生過第十一世達賴喇嘛，故獲此尊號。

頗有意思的是，照片上的平康除了被裝扮得像小丑，雙手還捧著一個盛有西餐刀叉的盒子。這大概是為了顯示他這個剝削階級的腐敗生活，居委會的革命群眾專門勒令他如此被遊街。可為什麼偏偏在那麼多的剝削罪證裡挑中了一套刀叉？是不是因為「翻身農奴」從未見過這麼好看的刀叉，結果從一堆金銀珠寶中抓出了這麼一盒晃花了眼睛的西餐刀叉，押著拉長了臉的平康走街串巷？這倒是為這場批鬥「牛鬼蛇神」的遊街活動平添了幾分喜劇色彩。

又有人說，這是因為平康家族素來與西方人關係密切，所以特意挑選這麼一套西餐刀叉讓平康捧著遊街，以此作為他裡通外國的證據。

平康也是丹傑林居委會的「牛鬼蛇神」。

文革結束後，他獲得平反，被安排為西藏自治區政協副主席、全國政協委員。他是一九九○年前後去世的。

如今位於帕廓老街北面的平康大院被視為值得保護的古建築，據說有一百多年的歷史，於二○○三年維修，住在裡面的是居委員會安排的居民和花錢買下房屋的康區藏人。在十一世達賴喇嘛住過的房子和平康家過去的經堂，還能看見極其美麗的往日壁畫，柱子和簷頭都雕有花朵（註：平康大院現已被漢人商人改造成酒店和工藝品商店）。

如此同仇敵愾的批鬥場面在當時實在常見。無數攥緊的拳頭、無數憤怒的叱責從四面八方如暴風驟雨一般砸向人群的中心，使這幅照片在視覺上有一種急流回轉的效果。而那個落入人民群眾汪洋大海的漩渦之中、正低頭彎腰接受批鬥的「牛鬼蛇神」是誰呢？是西藏最著名的女性仁波切──桑頂·多吉帕姆·德欽曲珍，年僅二十四歲，剛生下第三個孩子才一個多月。就在不久前，鑒於一九五九年原本追隨達賴喇嘛流亡印度的她很快又返回西藏，她被視為「棄暗投明」的「愛國主義者」，成為共產黨的座上賓，受到毛澤東的接見，享有很高的政治地位和優厚的物資待遇。

多吉帕姆是河壩林居委會的「牛鬼蛇神」，批鬥她的「革命群眾」都是河壩林居委會的居民，批鬥現場在多吉帕姆的府邸，位於帕廓東街的清真大寺一帶。多吉帕姆的前夫噶雪·倫珠朗傑（曾任《西藏文藝》主編、西藏作家協會副主席，著名詩人，二〇一七年病故）接受了我的採訪。他感慨萬千地說：「這些照片人家看見的話會說什麼呢？本來多吉帕姆當時，五九年從印度回來的時候，正是因為中國向全世界宣布了『四不』政策，也就是『不殺，不關，不判，不鬥』。」

回憶當天的情景，他的語氣沉重：「那是八月底的一天，下午兩三點的樣子，我們正在家裡忙著照顧剛生不久的兒子，突然聽到院子外敲鑼打鼓的聲音，喊口號的聲音。不一會兒，一群人闖進我們家裡，一進來就抄家，又是砸又是燒，然後把多吉帕姆趕到院子裡開始批鬥她。但馬上來了幾個解放軍和城關區的官員，他們阻攔說不能把多吉帕姆帶到街上去遊鬥，因為她是自願回國的，棄暗投明，和其他『牛鬼蛇神』不一樣，要特殊對待，不然會在國際上造成不好的影響，所以只能在院子裡批鬥，也不能戴高帽子。」

「這是我們家的院子，」他指著照片說，「你看右邊的那棵樹，左邊的窗戶……噢，阿媽幾拉在這裡，」他指著右上角站在樹後的女人意外地叫道。「她當時就住在我們院子裡，是個一般的老百姓，她沒有鬥過多吉帕姆，只是在旁邊看……噢，阿尼拉珍也在這，她是居委會的主任，她鬥得最兇。治保主任邊巴次仁也在這。積極分子普布次仁也在這。他們現在都死了……那個女人，挨著毛主席畫像左邊的那個高高的女人是康區藏人，住在清真大寺西面的『恰不嘎桑』，現在可能也死了。噢，次拉姆也在這兒。」倫珠朗傑認出了不少當年的熟人。

耐人尋味的是那幅被高高舉起的毛澤東畫像，他那冷峻的表情和凝視遠方的眼神，似與如此激烈的群眾場面並不協調，但又更有那種高瞻遠矚、指揮一切、勝利在握的權威感，要求所有人必須臣服。

這個頭戴圓帽、身裹僧衣、手捧寶瓶的年輕女子就是中文習慣稱女活佛的多吉帕姆。站在她身邊的兩個滿面愁雲、戰戰兢兢的老人是女活佛的父母。

多吉帕姆的父親名叫仁增加布，是一戶貴族家族的總管家，母親是商販出身。因為女兒的特殊身分，父母也隨著一榮俱榮，一毀俱毀。據說她的父親，因為在「平叛」期間給解放軍帶路，傳遞情報，充當內線，被認為是真正的「愛國人士」。可就是這位「愛國人士」，不但跟著女兒被揪鬥，兩個月後還被關進了監獄。

倫珠朗傑說：「其實他根本沒有罪。但是他的罪名比較嚴重，這是因為有群眾反映，他在喝醉時說『毛主席夾巴索』，意思是毛主席去吃屎吧，所以多次批鬥他。鬥得非常慘，把肩膀都打骨折了。從監獄裡放出來後，給他戴上『四類分子』的帽子，交給群眾監督改造。監督小組十天半月鬥他一次，打得他滿臉是血，還威脅說不准對別人講打過他，如果說了，以後會更慘。

「文革時候是這樣，一九七六年毛澤東去世後還是這樣。記得那天居委會的幹部們又來了，在桌子上看到一張紙，上面是多吉帕姆的父親平時隨手寫的一些字，像我們家裡今天吃肉了，我們家裡今天喝酥油茶了，等等，都是寫著玩的，結果他們一看就吼道：你寫什麼反動字？呵，毛主席死了，你很高興嘛，還吃肉，還喝酥油茶，你是一個現行反革命分子！於是又把他帶走了，鬥得一塌糊塗。

「他後來很後悔自己過去的『愛國』行為，也就是『平叛』時的那些經歷。一九七七年還是一九七八年，他去世了。至於多吉帕姆的母親，是個膽子很小的女人，每天老老實實地去參加勞動改造，一句話也不敢多說。」

那麼，作為女活佛的丈夫有沒有也跟著挨鬥呢？「我沒有被鬥過，不過聽說要鬥我，還要把我送到監獄裡，但終究還是倖免了。至於那天，」倫珠朗傑多少有點慚愧地回憶說，「當時這些人不光自己抄家，還命令我們把家裡的東西扔到院子裡。我抱了一堆瓷碗，砸了幾個，這時候我突然想起我有一部關於西藏古典詩歌的經書，是我父親送給我的，屬於我們家族祖傳，我趕緊找出這部書，悄悄地帶到廁所裡扔了。現在想起來太後悔了。當時主要是太害怕了，我怕得很，就待在廁所裡不出來，把門插上，一直待在裡面，不敢出來。也沒有人找我，就這麼躲過去了。現在看到這些照片，我覺得太可惜了，如果我不躲在廁所裡，這照片上肯定有我。我那時才二十一歲。」

於是我問他，那你有沒有想過多吉帕姆在外面多可憐？「唉，」他歎道，「她不是一個人，她和她的父母在一起。」我又問，那孩子呢？他說，「孩子都很小，都在屋子裡哭，沒人管他們，也管不上他們了，哭也好，餓也好，沒時間管了。」我繼續問，那個小男孩呢？那時他才是個嬰兒啊。他說，「是啊，他才生下來一個多月。後來我和多吉帕姆勞動改造時，就把孩子裝在背土、背石頭的筐子裡，放在地頭。打場的時候灰多，青稞的刺多，怕落到孩子的眼睛裡，我們就拿一塊頭巾蒙住他的頭。多吉帕姆常常為此掉眼淚。」

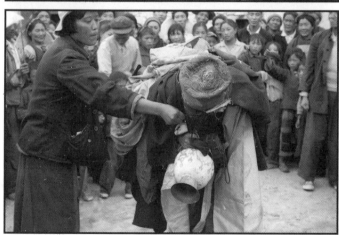

衝著女活佛的臉揮舞拳頭的年輕女人，人們都叫她「阿尼拉珍」或「河壩林阿尼」。據說她來自藏東康地的察雅，很早以前朝佛到了拉薩，一直住在河壩林一帶。因為穿袈裟，剪很短的頭髮，也沒有男人和孩子，於是都把她當作尼姑。據說她靠討要施捨為生，或者給「卡其」（藏語對穆斯林的稱呼）家裡當傭人。文革前在合作社裡種過菜，也在屠宰場裡洗過腸子。文革一開始就特別踴躍，尤其是批鬥「牛鬼蛇神」時非常厲害，成為當時聲名大噪的人物，很快被任命為河壩林居委會的副主任、主任，並加入了共產黨。她還是「造總」下屬的「造反公社」的頭頭，武鬥時頗能衝鋒陷陣。

無法知道阿尼拉珍與女活佛桑頂‧多吉帕姆是否有過節，但不論依照宗教傳統還是民間習俗，這樣的可能並不存在。然而在這三幅照片上，阿尼拉珍憤怒的拳頭逕自砸向深深低俯的女活佛，看上去像是懷著不共戴天的深仇大恨！多麼難得，僧團中有人（如果她真的是尼姑）站出來揭批素來被視為是「人中之寶」的佛教上師，她正是新政權所需要的那種人。看來她的行動教育和感化了周圍的群眾，連小孩子也舉起了幼小的拳頭。

文革後期，隨著「造總」的逐漸失勢，阿尼拉珍不再得意，因為涉嫌一樁貪污事件，入獄一年多。但也有人說她是遭人誣告，其實她十分廉潔。還有說法認為真正的原因是，作為「造總」頑固分子的她站錯了隊伍，如果她見風使舵，反戈一擊，改入得勢的「大聯指」，那麼她極有可能依然風光招搖，即便果真貪污又算得了什麼？出獄不久，阿尼拉珍就死了。大概是一九八五年，她大約六十多歲。

至今在拉薩老城區一帶還有很多人記得她──漢式上衣下面裹著僧裙的阿尼拉珍，都說她是一個十足典型的「忽准巴」（積極分子）。很多人都用厭惡的口吻講述她的許多故事。但也有人說她的好話，認為她一心為公，從不利己，依然懷念她。當我問及阿尼拉珍對宗教的態度時，這人說：「她不信。雖然她剪了頭髮，人們也叫她『阿尼』，但她是不信佛的，至少在表面上是一點兒也不信的，因為我們畢竟不知道她的心裡在想什麼。可能她信的就是共產黨吧，所以她要入黨。」

看得出對女活佛的批鬥已逐漸升級。為了充分展示女活佛的剝削罪證，她的背上堆滿了綾羅綢緞，壓得瘦弱的她一副不堪重負的樣子。而圍觀的人群中，那幾個站在前面揮著拳頭的小孩子有沒有朝她扔過石頭？

值得一提的是她頭上所戴的黑色法帽，在照片上看起來亂糟糟的，其實法帽的周圍原本不但綴滿金絲和小小的金佛像，還鑲嵌的有數不清的珍珠，可謂價值連城，十分美麗。但在批鬥之前，帽子上的珍珠和金佛像就已悉數拆盡，被銀行用很低的價格收購了。倫珠朗傑說：「在居委會的監督下，我記得當時付給多吉帕姆的錢好像才兩千元人民幣。可是，別說那些金佛，光是被拆的珍珠就裝了滿滿一個臉盆那麼多。」

據說整個西藏只有兩頂黑色法帽，一頂是噶瑪噶舉法王噶瑪巴的黑帽，一頂是香巴噶舉主要寺院桑頂寺的主持多吉帕姆的黑帽，在宗教密義上都被認為是十方空行母以自己的頭髮編織而成的黑色金剛寶冠，具有不可思議的加持力。因此，這頂法帽對於多吉帕姆的這一轉世傳承、對於她的寺院都具有極其珍貴的意義。倫珠朗傑說：「多吉帕姆在一九五九年逃亡印度時就隨身帶著這頂法帽，從印度回來時也隨身帶著這頂法帽，但是這頂帽子，據說在這天就被革命群眾扔進火堆裡燒成灰了。說起被毀的東西裡面，最可惜的就是這頂法帽。」

照片上，多吉帕姆手中的寶瓶叫作「朋巴」。「朋巴」在西藏的民俗中十分重要，內裝五穀雜糧以及各種宗教聖物，放置於家裡或埋藏於山上地下水中，一般用以祈福、招運等。多吉帕姆的「朋巴」據說是很多種「朋巴」中的極品「央朋」，歷史悠久，製作十分精美，但在批鬥後就消失了，從此不知下落。

在這幅人頭攢動、拳頭揮舞的照片上，我們只需要注意一個細節：那個頭戴鴨舌帽的男青年正伸手撥動著寶瓶上的「嘎烏」且全神貫注地凝視著。那麼，他的舉動只是出於好奇嗎？或許不然。因為在「破四舊」當中，除了「打」和「砸」，更多的是「搶」，而這也正是積極分子層出不窮的原因之一。

「嘎烏」是藏人用來安放佛像或其他宗教聖物的小型佛龕，是隨身攜帶或珍藏家中的護身符。上好的「嘎烏」通常用金銀製成，並飾以珠寶，十分貴重。女活佛的「嘎烏」肯定即屬此類，不同於一般信徒的普通「嘎烏」。

有趣的倒是周圍群眾的神情，有的翻白眼，有的皺著眉頭，有的張著嘴好似正在喊口號，有的卻奇怪的不知看著哪方胡亂揮著拳頭，也有人低首垂目，滿面惶恐，不知在想什麼。而那個翻看「嘎烏」的男青年，後被認出是一個回族，是在河壩林一帶居住的回族群落中的積極分子，名叫玉魯斯，後來成為「大聯指」屬下的「農牧民司令部」的司令，我在採訪時聽說他在家設麻將賭場，過著頗為富裕的生活。他旁邊的女人叫次卓瑪，也是一個積極分子，在合作社裡做鞋子，已故。站在次卓瑪身後舉著小紅旗的老婦素來老實巴交，可能是被居委會叫來助陣的。站在多吉帕姆右側的那個剪短髮的小女孩名叫薩瑪，也是一個回族，如今是家庭主婦。

現場批鬥會已從院內轉移到了大院門口，院門上還掛著一個小喇叭。人物雜亂，一片狼藉。

下圖，在多吉帕姆身後出現的那個頭戴鴨舌帽、一隻手高高舉起相機的人，經仔細辨認，才認出他是今天被中國官方媒體稱為「新中國攝影史上的重要人物，二十世紀五十年代至七十年代西藏攝影的代表人物」藍志貴，一九五〇年隨中共軍隊進入西藏的隨軍攝影記者。實際上我父親與他非常熟悉，他們都在西藏軍區工作，共同拍攝過一九五六年的珞巴人群像、一九六二年的中印戰爭。而在文革中他也同樣拍攝過許多照片，正如這張批鬥女活佛的照片所顯示的，他也在現場，手裡高舉的是 120 祿萊福萊克斯相機。然而，直到他於二〇一六年去世，他的有關西藏文革的攝影，只是在近年的中國網站上見到過三張，屬於群眾場面，並無具體場景，部分圖說沿用了我在《殺劫》第一版的相關圖說。

那個用奇怪的姿勢盯著多吉帕姆的男人叫多吉次仁，也是居委會的積極分子，已故。不知是在這次還是哪一次的批鬥會上，一個名叫次仁旺姆的女積極分子突然伸出手指，其兇狠的姿勢就像是要挖掉多吉帕姆的眼睛，使多吉帕姆驚嚇不已，回到家後放聲大哭。

在這些照片中，多吉帕姆從來沒有抬起過頭，直起過腰，凌亂的頭髮遮住了她的臉，我們無從體會她當時千頭萬緒的複雜心情。還有別的任何一種方式更能夠羞辱那些過去備受信眾尊奉的佛教上師嗎？顯然沒有。革命就是如此實現了它的許多目的中的一個：用一部分人羞辱另一部分人，使另一部分人的尊嚴喪失殆盡，實際上也使得每一個人都沒有尊嚴。今天，桑頂・多吉帕姆・德欽曲珍仍健在，擁有自治區人大副主任、自治區佛協副會長（註：現為全國政協常委、全國婦聯副主席）等等一堆官銜，經常出現在電視新聞裡的各種會議上。我曾在一個政府官員女兒的婚禮上見過她，是一個走路一瘸一拐、低眉順眼且穿一身拉薩婦女日常裝束的老太太。我很想訪問她，給她看這些照片，卻被告知最好不要這麼做。據說她經常閉門念經，每年至少回桑頂寺一次。那是一個從前盛大而今狹小的寺院，從她的房間憑窗望去，可以看見宛如碧玉一般美麗的羊卓雍湖，在陽光下閃動著粼粼的光芒。

這位身裹袈裟、垂首接受批鬥的僧人是江措林‧土登格桑仁波切，原是昌都地區邊壩縣江措林寺仁波切，也曾是十四世達賴喇嘛的侍讀經師。一九五九年達賴喇嘛出走印度之後，並未隨行的江措林仁波切即在隨後開展的揭批「達賴叛國集團」的運動中表現積極。一九六四年在十世班禪喇嘛遭到圍攻批判的大會上，據說其中尤以這位江措林、扎什倫布寺的生欽‧洛桑堅贊和班禪堪布會議廳的官員拉敏‧索朗倫珠等人最為踴躍，也因此討得新主人的歡心。一位曾在中共政權裡擔任過要職的藏人，看到這幅照片時不住唏噓，透露說江措林在侍奉達賴喇嘛時，就從西藏軍區聯絡部領取特殊薪水，充當線人。

一九六五年，江措林‧土登格桑當上了西藏自治區政協副主席、自治區佛協副會長、全國佛協常務理事等，但沒想到僅僅一年就有了這樣的下場，看來他並沒能夠「將功贖罪」，並沒有獲得黨的信任。據說他的罪名是「裡通外國」、「支援邊壩叛匪物資」、「破壞文化大革命」等，他被戴上「反革命分子」的帽子，屢遭批鬥。文革結束後，「上層愛國人士」重又討得寵幸，但他已在一九七四年去世，雖有幸被平反，卻未來得及享受世俗的安逸生活，不過他的活佛名號的繼承者，如今又成了向黨表忠心的獻媚者，無疑是神奇的輪迴。

從照片上看，批鬥會場是「松卻繞瓦」，看來這是一次比較大的批鬥會。淪為鬥爭對象的江措林‧土登格桑的臉上浮現出一種奇怪的表情，似笑非笑，兩眼卻發直。站在他旁邊一塊兒挨鬥的是另一位上層人士邦達多吉。而他們身後，既有很像是居民的藏人女紅衛兵，也有背著手很像是主持者的漢人幹部。

這個表情悲苦的女人，至今拉薩還有一些老人認識她，記憶中，她是曾經享有榮華富貴的貴婦人，更是主動放棄這一切出家修行的尼姑。她性情溫和，潛心侍佛，與世無爭。人們都叫她「阿尼斯塔啦」。

但在批鬥會上，她被戴上只有在法會上才允許使用的「五佛冠」，雙肩各綁上一隻供奉「曼扎」時所用的供器，一隻「革命群眾」的手正抓著她的脖子。她究竟有什麼罪過，竟也要蒙受如此羞辱？仔細辨認，她胸前的大字報上用藏文（有不少錯別字）寫著「反革命分子斯塔，她是反動分子夏格巴的家屬，叛亂後她緊緊抱住反動分子達賴和班禪的大腿，寫一些歌詞對他們歌功頌德……」，頭上的高帽只能看清楚「夏格巴的……」幾個藏文字。那麼，夏格巴又是誰呢？

夏格巴，全名夏格巴．旺秋德丹，西藏政府的權威機構「孜康」（財稅局）的「孜本」，四品官。因參與許多重大的歷史事件，是西藏現代史上不可或缺的重要人物，由於堅持同中共對抗的立場，是流亡藏人社會中有名的「分裂分子」。他還是一位卓越的學者。他所著述的《十萬明月：高階西藏政治史》（藏、英兩種版本），被國際藏學界推崇為近代西藏史的開山之作，卻被中共詆毀。他還著有《大昭寺目錄》一書，可以說是五世達賴喇嘛所著的《大昭寺目錄》的續篇，不但對大昭寺的歷史講述更為全面，而且在時間段上截至當今為止，其中寫到大昭寺在文革中被洗劫一空，所有佛像蕩然無存，包括釋迦牟尼十二歲等身像，當然在這一點有誤。他於一九八九年在美國去世，終年八十二歲。

夏格巴與阿尼斯塔是兄妹關係，因此，在「血統論」盛行的年代，阿尼斯塔不但出身「三大領主」，而且因為有一個「罪大惡極」的哥哥，她本人又是代表封建、迷信、反動的宗教團體中的一員，這樣的人不可能不挨鬥。不知道大字報上所寫的「叛亂後她緊緊抱住反動分子達賴和班禪的大腿，寫一些歌詞對他們歌功頌德……」是什麼意思。當時她正在色拉寺附近山上的靜修洞裡閉關，一心唯讀佛書，但不久卻被關在學習班裡接受批判，強迫改造思想。事實上，從一九五九年開始，她再也不可能因為她的宗教信仰繼續她獨善其身的修行。她被迫返回世俗世界所遭受的種種苦難，全部凝聚在這幅照片上淒涼的神情中，令人不忍再睹。據說有一次她正在倉宮寺裡悄悄地做佛事，突然有人闖入要揪鬥她，她非常害怕，當即就用刀子砍自己的頭。她甚至在監獄裡度過了整整八年，直到文革結束才獲得「寬大」釋放。一旦離開監牢，她又重返當年曾經修行的山洞，繼續中斷近二十年的閉關靜修，但噩夢般的過去使她難以安寧，終於在一九八一年藉探親之機去印度定居，二〇〇〇年以一位宗教修行者的身分在達蘭薩拉去世，年過八十。

照片上，站在阿尼斯塔後邊那個戴禮帽的男人是一本地大商的管家，名叫次仁平措，綽號夏爾巴列巴，列巴是家務總管的意思，夏爾巴指他是夏爾巴人。他是八角街居委會的居民，當局線人。

這位被鬥的老人是一位與影響近代西藏時局的數起歷史事件密切相關的重要人物，但凡研究西藏近代史都不能不提及他；而且，幾乎一致的是，均對他無甚褒獎。如美國藏學家 M.C. 戈德斯坦在《現代西藏史：一九一三至一九五一：喇嘛王國的崩逝》中，詳細講述了他參與其中的「龍廈事件」、「熱振事件」、「驅漢事件」等的經過，揭示了拉薩貴族及官員之間的內訌，是導致雪域佛國隨黑夜降臨而崩逝的原因之一。

他的名字是噶雪·曲吉尼瑪，又稱「噶雪巴」。當歷史進入一九五〇年代，當過噶倫又被革職的他積極向新政權靠攏，擔任過一九五六年修成的當雄機場（西藏第一座機場）的副總指揮長。一九六〇年代，他是西藏自治區政協的常委。但不久便遭厄運，被當作「牛鬼蛇神」受盡屈辱和折磨。正如照片上，他頭戴的高帽上用藏文寫著：「牛鬼蛇神、最愛奪權的壞人噶雪·曲吉尼瑪，徹底消滅」。他身穿舊時的錦緞官服，脖子上掛著女人用的金銀首飾和一大摞西藏紙幣，右手則拿著一個兩面鼓——這是一種繫著鼓槌可以兩面敲打的小鼓，藏語叫作「達瑪茹」。據一位當時參加批鬥會的人說，「是一個老頭兒硬塞給噶雪巴的。」這是因為早在一九四〇年代，拉薩街頭盛傳關於噶雪巴的歌謠，把他比作「達瑪茹」，以諷刺他是一個善於投機的兩面派。

他被鬥過很多次，曾經在河壩林居委會連續被鬥十四天。白天去打場上勞動，晚上一直被鬥到深夜，從始至終都得低頭彎腰，俯首帖耳，不能有任何不滿。不過噶雪巴確實是一位罕見的意志堅強的人物。儘管如此淪落，他還是熬過了文革十年，重又成為統戰人士，當上了全國政協委員、西藏自治區政協副主席。一九八六年，以八十三歲的高齡在拉薩去世。

然而，在他的四個兒子（普遍說法認為他們不是噶雪巴的親生兒子，而是他弟弟的兒子）中，卻有一個未能像他那樣經受住突然降臨的打擊。那是他的長子噶雪·頓珠，一九六〇年代曾任西藏日報社的副總編輯，文革時被揪鬥多次，不堪忍受，於一九六六年十二月自殺，年僅四十四歲。噶雪·頓珠曾是噶廈政府的四品官員，更早時在印度一所著名的貴族大學就讀，具有語言天賦，為此擔任過達賴喇嘛的英文翻譯。他的妻子是貴族擦絨·達桑占堆的三女兒，名為噶蘇·索朗卓瑪，居住拉薩，我曾拜訪過，是一位氣質優雅的老婦人，孀居至今，依然保存著噶雪·頓珠在一九五六年，以西藏愛國青年聯誼會副主任委員的身分，隨中國共青團代表團赴布達佩斯參加世界青年聯歡節的照片，那是一個儒雅俊秀、意氣風發的年輕貴族藏人，也是中共的合作者，卻最終毀於對方之手。又，多次接受我採訪的噶雪·倫珠朗傑是噶雪巴的四子。

照片上，押著噶雪巴的兩個積極分子，左邊的那個年輕女子名叫格桑卓瑪，她的父母過去住在女活佛多吉帕姆的宅院裡，是比較貧窮的傭人；她的母親後來是居委會「牛鬼蛇神」小組的組長；她本人現在還活著，眼睛似已失明（註：現已死）。右邊的那個戴著紅衛兵袖章的男人名叫格桑班覺，也是居民，他的右臉頰上有片黑色的胎記，據說已死。

從這幅照片的背景來看，批鬥地點和前一幅照片不同，經辨認可能是城關區的批鬥會場。被鬥者還是噶雪巴。裝束還是老樣子，脖子上掛著的幾串女人的飾物和一摞摞藏幣很明顯。他的頭被高高提起示眾。他緊咬牙關，表情很憤懣。

兩邊押鬥他的人已替換。左邊那個咬牙切齒的年輕女子名叫次仁旺姆，是河壩林居委會的一個相當活躍的積極分子，參與過批鬥桑頂‧多吉帕姆、霍康‧索朗邊巴等「牛鬼蛇神」，絕不心慈手軟。

次仁旺姆出身貧寒，她的母親過去是做鞋子的工匠，一家人住在貴族霍康‧索朗邊巴的大院裡。文革前，次仁旺姆和她的母親在河壩林居委會辦的合作社（後改名為拉薩鞋帽廠）做鞋。文革時她率領積極分子抄大貴族霍康的家，除了拿走霍康家的財物，還把西藏當代大學者更敦群培遺留給霍康保管的許多手稿沒收，有些當場燒毀，有些去向不明。在我採訪時，一位藏人劇作家憤慨地說：「這是對西藏歷史和文化犯下的最大罪過。這麼珍貴的手稿現在哪裡去找？無法彌補了。所以像次仁旺姆這些人在歷史上起了很大的破壞作用。」

次仁旺姆既是紅衛兵，又是「造總」成員。據說在一次武鬥中，她被支持另一派的解放軍軍人的子彈打傷脖子。後來她成為居委會的幹部，一度擔任過河壩林居委會的黨支部書記，但在二○○二年換屆後退居副主任。二○○三年藏曆新年前夕，我在採訪河壩林居委會時見到了她，是一個滿臉橫肉的老太太，正忙著擦拭辦公室的水瓶，一提起文革的話題，眼神立即充滿戒備，拒不接受採訪和拍照，而且再不露面。居委會的其他人都稱她是「老書記」，說她之所以退位副主任，原因是「年紀大了」。

一位當年被她鬥過的「牛鬼蛇神」說，「現在我們有時在街上碰到，她很不好意思的樣子，頭埋得很低，一個勁地『格啦』（先生）『格啦』的。」

右邊那個也咬緊牙關的男子名叫沃洛，是鐵崩崗居委會的幹部，好像是個主任，後來又當過合作社和馬車隊的負責人、吉日旅館的經理。有人說他過去是貴族擦絨的司機，也有人說他是江孜農民。現已死。

一九六六年八月底的某一天，河壩林居委會的一群革命群眾，衝進帕廓東街的一座大宅院裡，於是，在這些照片上留下了這樣的情景。那個頭戴狐皮帽、身穿皮衣的男人是貴族霍康·索朗邊巴，其裝束正是西藏噶廈政府四品以上官員的冬裝，時值拉薩雖不十分炎熱但也是盛夏的八月，卻讓他穿上厚厚的冬裝，顯然非常難受。據說當時從他家抄出皮帽和皮衣，硬被說成把這樣的裝束留在家裡是「夢想復辟封建農奴制度」，所以勒令他穿上。身裹綾羅、頭戴傳統頭飾「巴珠」的女人是他的妻子卓瑪央宗。另外一個藏軍軍官裝束的老年男人是他的岳父。

這三人的姿勢很奇怪。兩個男人雙手各自展開一張裝飾性很強的布幅，有人認為是藏軍的旗幟；有人以為與中國文化中的「八卦」有關，其實都不是。霍康·索朗邊巴的兒子霍康·強巴旦達告訴我，這種布幅叫作「洛布格幾」，是因為那圓形符號乃西藏的傳統吉祥圖案「洛布」（寶貝），通常是過去的大戶人家在節日時掛在房頂上，或貼在門柱上，有驅邪避難的作用。可為什麼要讓他倆如此展示「洛布格幾」呢？是為了表明這也屬於封建迷信之類的「四舊」嗎？而女人一手扶著頭，像是免得三角形狀的頭飾掉下來。

霍康·索朗邊巴乃西藏貴族世家中甚為著名的霍康家族第十代傳人，十九歲時步入仕途，從七品官升至三品官，還擔任過藏軍軍官。一九五〇年「昌都戰役」時曾被解放軍俘虜，不久被「統戰」，任昌都地區人民解放委員會委員。西藏被所謂的「和平解放」以後，任西藏軍區幹部學校教務處處長、西藏自治區籌備委員會參事室參事等。霍康·索朗邊巴還是西藏貴族官員中與中共合作的典範阿沛·阿旺晉美的表弟，一九五九年三月的「拉薩抗暴」之後，他被阿沛接往西藏軍區受到保護。文革初期阿沛自身難保，與夫人在群眾大會上被批鬥，不過較輕，雖次日即被中共派專機接往北京保護，但也無法再對霍康施予援手了。

霍康淪為「牛鬼蛇神」，多次被揪鬥。他與西藏當代大學者更敦群培的深厚友誼是他的主要罪證之一。作為更敦群培的施主和弟子，霍康多次於危難之中傾力相助，更敦群培為此在臨終前把很多著作的原稿都贈予霍康保存。令人惋惜的是，在「破四舊」時，大多數手稿被河壩林居委會的積極分子抄走並毀損殆盡。幸而有些著作留有手抄本和複印件，在文革結束後，霍康將陸續找到的文稿整理為三冊《更敦群培著作》出版，是目前研究更敦群培最主要的文獻。霍康本人也是一位學者，在歷史研究、文學、文法方面頗有建樹。

一九九五年，任西藏自治區社會科學院顧問、自治區政協副主席的霍康·索朗邊巴病故，享年七十七歲。

他是霍康‧索朗邊巴的岳父，至今還有很多人記得他，稱他「比西波啦」（「波啦」是對男性老者的尊稱）。比西是日喀則地區白朗縣的一戶貴族世家，不過比西波啦只是一個普通的莊園主。他有一兒一女，兒子留在莊園繼承家業，女兒嫁給了霍康家族的少爺索朗邊巴。一九五九年前，比西波啦帶著妻子來拉薩朝佛，但從此沒有再回老家，因為「民主改革」把土地分給了「翻身農奴」，把他的領主兒子也鬥爭了，所以他和妻子一直跟女兒一家人住在一起。

從比西波啦的裝束來看，無論是掛在頸項上的繩索還是圓形帽子，都是過去藏軍軍官的配飾，據說仿照的是英國軍人的裝束，其實這身穿戴是女婿霍康‧索朗邊巴過去當藏軍軍官時的軍服，存放在箱子裡，被「革命群眾」翻出來強迫他穿上的。比西波啦這時候年過六旬，看得出來，革命已經使他萬念俱灰，呆若木雞。這與他身後興高采烈地呼喊口號的「翻身農奴」形成了鮮明的對比。幾年後，比西波啦在拉薩去世。

仔細看這幾幅照片，可以發現在批鬥霍康一家的群眾中，不少人在批鬥女活佛桑頂‧多吉帕姆時也出現過。

這幅照片讓我想起第一次見霍康‧強巴旦達時,他的劇烈而無聲的哭泣,以及他的沉痛訴說。是的,他這樣說,當年我父親曾說過在批鬥時他看見有人在拍照,我當時不在拉薩,還以為我一輩子也不會見到這樣的情景。

而照片上的比西波啦,霍康‧強巴旦達的外公,他呆滯的目光緊盯著鏡頭,與身為解放軍軍官的我父親在瞬間對視。

在西藏噶廈政府的官職中，「米本」一職雖然只是四品官（也有認為是五品官），但卻相當具有實際權力。M. C. 戈德斯坦在《現代西藏史：一九一三至一九五一年──喇嘛王國的崩逝》中，將其定義為「拉薩市長」。

照片上，被鬥者察第·次旦多吉即是一九五○年代以前的「米本」。當時他與另一位貴族共同擔任「米本」一職，他被稱為「察第米本」，主要負責管理「朗孜廈」的事務。而「朗孜廈」這個政權機構，主要職能是市政府的法院和監獄。

察第·次旦多吉出身於拉薩的普通貴族，其實他應該是我母親的舅舅，因為他與我母親的母親是同母異父的兄妹，不過我母親對他沒有太多記憶。他的妻子是阿沛·阿旺晉美的夫人的姐姐。他們沒有子女，將保母收為養女。一九五九年「拉薩抗暴」之後，因察第沒有參加「叛亂」，被認為是「愛國上層人士」，曾一度遷往西藏軍區受到解放軍的保護。但在一九六六年，察第被當作「牛鬼蛇神」遭到批鬥。據說他住在魯固居委會一帶，所以他是屬於魯固居委會的「牛鬼蛇神」。

他頭戴的高帽上用藏文寫著「察第米本」。與其他「牛鬼蛇神」比較，他的扮相更為特別的是，在他的脖子上套著一個類似項圈的東西，其實那是從前給犯人戴的一種刑具，叫作「項枷」，用藏文寫著「屠殺勞動人民的劊子手」。掛在胸前的大字報上也寫著「屠殺勞動人民的劊子手，暗藏的反革命分子，從前的『米本』──次旦多吉」。他的手裡還拿著皮鞭和鐐銬，以表示這些都是他過去殘害勞動人民的刑具。

據說察第是「牛鬼蛇神」中被鬥得最慘、最苦的一個，不僅在批鬥會上挨打，還被逼著當眾強行吞嚥一種很難吃的東西。一位當時就在臺下觀看批鬥「牛鬼蛇神」的老人說，他親眼看見居委會的紅衛兵們，壓著察第的頭，把一坨像大便一樣黑乎乎的東西，硬往他的嘴裡塞。察第很難受，堵在嘴裡半天也吞不下去。霍康·強巴旦達也說，逼著察第吃的是糌粑團裡混雜著青稞上面的刺，過去是犯人吃的食物，甚至連犯人也不肯吃，因為很難吞嚥下去。察第當年管理「朗孜廈」，肯定得罪不少人，所以要讓他來受這個罪。後來他過早死亡也是這個原因，據說他的胃被青稞的刺所傷。他是在文革後期去世的，不久他的夫人也病故了。

照片上，察第的嘴角似沾著一些東西。

正在揪鬥察第的兩個男紅衛兵是魯固居委會的紅衛兵，在其中一人的胳膊上，可以清楚看見神章上寫著「城關區紅衛兵」的字樣。在察第左邊挨鬥的女人據說是貴婦傑達巴德確。正在鬥她的女積極分子被認出是格桑，當時人們都叫她「勒幾巴格桑啦」，意思是「幹部格桑啦」，後來她確實當上了居委會的幹部，現已死。

這兩幅照片上，一位頭戴軍帽的年輕女子，正在十分激動地聲討察第‧次旦多吉的罪行。她被稱作「魯固阿佳」（魯固大姐），是魯固居委會很有名的積極分子，名叫倉決，一九五九年以前是乞丐，故又叫「魯固邦過」（「邦過」是乞丐的意思）。文革結束後她靠做小生意為生，曾經收養過一個孤兒，送到印度求學。據說如今她天天轉經朝佛。

站在她身後的老婦也十分貧窮。

批鬥現場是在大昭寺的講經場「松卻繞瓦」，寫有「立新廣場」的牌子掛在大昭寺的紅牆上。

給「察第米本」掛在胸前的大字報看上去特別地長，拖到地上老遠。

這個涕泗橫流、狼狽不堪的人，名叫桑頗‧才旺仁增，他的家族因為誕生過第七世達賴喇嘛而變得顯赫，被歸入西藏貴族等級中最為尊貴的「堯西家族」。按照西藏的傳統，這個十五歲就步入仕途的貴族男子，擔任過西藏噶廈政府的一系列官職。一九五〇年代，他是藏軍總司令，因與中共合作，而獲得西藏軍區副司令員的虛職和中國人民解放軍少將軍銜，如同垂掛在他身上的空槍套和長脖纓，乃無用的名頭。

然而，桑頗‧才旺仁增被載入史冊並非他那一堆讓人記不住的官名，而是他在西藏的命運出現大轉折之前發生的一個意外事故。據《中共西藏黨史大事記》記載，一九五九年三月十日，「早晨，拉薩市民開始向羅布林卡湧去，十一時，商店紛紛關門，群眾搶貯飲水，並傳出謠言說：『軍區要毒死達賴喇嘛』、『軍區準備了直升飛機，要把達賴喇嘛劫往北京』等。十二時左右，愛國進步人士帕巴拉‧索朗加措（現全國政協副主席帕巴拉‧格列朗傑即十一世帕巴拉波切的兄長）在羅布林卡門外被叛亂分子打死……同時，上千人手持小白旗在街上遊行，呼喊『西藏獨立』、『漢人滾回去』等口號。接著，西藏卸任噶倫、軍區副司令員桑頗‧才旺仁增在羅布林卡大門前被叛亂分子用石頭打傷，汽車被打壞。」

因為桑頗受傷，他與另一位未跟隨達賴喇嘛逃離西藏的噶倫阿沛‧阿旺晉美被視為「愛國上層人士」的傑出代表。桑頗再次被封官進爵，提拔為軍事管制委員會副主任，在「平叛」期間，那些由新政權公布的包括鎮壓「叛亂分子」的通告上都有他的簽名。為此，拉薩市民流傳這樣一句話：「桑頗頭上挨的不是石頭，而是『諾多』（寶貝石頭）。」

但在一九六六年八月，桑頗卻成了「牛鬼蛇神」，他挨鬥的情景有這幅流鼻涕的照片為證。他的罪名是「組織叛亂、裡通外國和反黨反無產階級專政」。據說他和他的妻子被多次批鬥，財產也被全部沒收。一九七三年，他鬱鬱而死。不久，桑頗夫人也去世了。

照片上，桑頗穿著華麗的「卡卡蘇」（蒙語），據說這是四品以上俗官的服飾。但他的帽子卻不與這服飾配套。這種帽子叫作「將達」，專在夏季所戴，還飾以金絲銀線，並在帽頂綴有寶石。他左耳上掛著長耳墜「索金」，是貴族和官員身分的象徵。他胸前掛著馬脖纓「瓦咚」，是只有四品以上官員的座騎才能佩戴的裝飾品。

正在揪鬥桑頗的兩個積極分子，經辨認，都是繞賽居委會的居民。左邊的年輕人名叫土登，因為一隻眼睛是瞎的，又被稱作「土登夏過」，「夏過」意為瞎子。一九八七年以後他調到八角街居委會任治保主任，現已故。一位熟悉他的人這樣評說：「他積極得很。他太積極了，所以早早就死了」。

右邊的那個人叫波次仁，也已故。

一九六六年八月，被揪鬥的桑頗·才旺仁增六十二歲。從照片上可見，他已經過早地用上了拐棍。他背上還壓了兩根木棍，據說是一種刑具，用來夾手和腳的。跟他一起挨鬥的是他的夫人，看上去也頭髮花白。

桑頗夫人是西藏大商、康區人邦達揚培的女兒，是桑頗的第二個夫人。顯然這些居民紅衛兵最為「厚待」桑頗夫人，不但要在她身上掛滿金銀珠寶，還要讓她雙手捧著堆滿了法器的托盤，還要在她的背上壓上一口箱子。這是一種衡量糧食的傳統容器，叫作「博」，一般藏人家裡都有。這箱子一定很沉重，不然桑頗夫人不會被壓得幾乎快要伏地。她呆呆地看著地面的眼神，稱得上絕望。而那個鬥爭桑頗夫人的年輕人，據說名叫強巴曲吉，是拉薩房建隊的木工。右圖左邊站立的紅衛兵，名次旦，是八角街派出所警察，已死。

從上圖看不出桑頗夫婦是在什麼地點挨鬥，但在右圖，批鬥的地點據說是「下覺」馬車隊。「下覺」即是東城區，文革時叫作「東方紅辦事處」。「下覺」馬車隊在清真寺附近，與河壩林居委會馬路相隔，當時屬於該辦事處合作社的所在地，也經常用來充當批鬥會場。又有人說是在「繞交林卡」即牛角林園，過去回族屠夫將宰殺後的犛牛角棄置此處，被砌成圍牆，內有菜地等。不管怎麼說，桑頗夫婦是被押往各處接受「革命群眾」的批鬥。

在桑頗的六個子女中，長子桑頗·登增頓珠是一個重要的歷史人物，他是一位「代本」（藏軍高級軍官，相當於團長，四品官），曾是一九五一年去北京簽定《十七條協議》的西藏代表團中五名成員之一。正因為他是軍人，所以他不可能不參與一九五九年三月的「拉薩事件」，也就不可能幸免不被鎮壓的命運。他在監獄中度過了近二十年，獲釋後去了印度。桑頗的第三個兒子於一九七〇年以「叛國分子」的名義被公開審判槍斃，原因是與幾個年輕人準備逃亡印度，結果在路上被抓獲，當時他不足二十歲，還是個瘸子。又據說這幾個年輕人成立了一個反對中共的反抗組織，但遭到了告密。桑頗其餘子女至今仍在拉薩，有的是政協高官，也有因吸毒成癮敗了家的。桑頗·才旺仁增這位合作者可謂家破人亡。他還是貴族霍康·索朗邊巴的表哥、崔科·頓珠次仁的叔叔。

據說當時批鬥桑頗‧才旺仁增，要求「翻身農奴」上臺揭發批判，有一個他過去的僕人很有意思，跳上臺後不知該揭發什麼，想來想去說了這麼一段話：有一次我從你的窗子下經過，聽見你在說你晚上做了一個夢，你要交代你做的是什麼夢，反正你做了一個夢是吧，你得說說你做的是什麼夢……這番關於「夢」的揭發，使全場譁然。

從批鬥現場來看，四個在當時頗為高級的話筒十分醒目，顯然這是一次重要的批鬥大會，所以在大昭寺的講經場「松卻繞瓦」舉行。那個被鬥的人雖然彎著腰，低著頭，看不見面目，但從其服飾上可以看出是桑頗‧才旺仁增。而揪鬥桑頗的兩個男紅衛兵，在桑頗左邊那個挽著袖子的人是有名的積極分子、沖賽康居委會的紅衛兵崗珠；在桑頗右邊那人，有人說叫班覺格伍，是八角街居委會的紅衛兵，以後是居委會的頭頭，為人「很壞」，已死；又有人說叫旺堆多吉，是八角街居委會的幹部，專門負責管理治安，前些年「沖拉亞歲」（西藏傳統上紀念達賴喇嘛誕辰的日子）時去砸位於拉薩東郊沖拉村（今塔瑪村即紅旗村）供奉尊者出生之神的小寺廟，結果沒幾天就暴亡，被認為是報應；但又有人說這人還活著，過去是八角街居委會的幹部，相當積極，現在卻天天轉經。

八角街居委會和沖賽康居委會都是勝利辦事處下屬的居委會，所以開大會、學習時，辦事處的四個居委會都得聚在一起。尤其是鬥「牛鬼蛇神」，用八角街居委會原主任的話來說，「這裡揪出一個，那裡揪出一個，然後把他們弄在一塊兒鬥」。

從後面匆匆經過的人是繞賽居委會的主任扎西次仁，這是一個又「紅」又「左」的人，在「破四舊」和鬥「牛鬼蛇神」中相當積極。他是手藝人出身，過去專門給大喇嘛做鞋子，當了主任以後還經常幹些給鞋墊子裡裝草的活。一九八二年，西藏自治區組織少數民族國慶參觀團赴中國各地，其中有各居委會的主任、寺院寺管會的主任等，扎西次仁也是成員之一，能夠享有這份榮譽的人顯然都是黨信任的積極分子。然而，有意思的是，這個扎西次仁後來卻變成了一個十分虔誠的佛教徒，但有一次，他在轉經的時候被車撞死了。

正在發言的老婦是繞賽居委會的居民。

這個深深彎腰、接受批判的人是崔科・頓珠次仁。他的高帽上寫著：「徹底打倒牛鬼蛇神、米艾崔科・頓珠次仁」（「米艾」是壞人的意思）。批鬥地點是在十四世達賴喇嘛家族的府邸堯西達孜（堅斯廈）前面，今北京中路。

崔科家族是日喀則地區的貴族世家。但照片上的這位崔科，並不是崔科家族的人，而是貴族桑頗・才旺仁增弟弟的兒子，因娶了崔科家的女兒為妻並且入贅而繼承了崔科之名。

用一位貴族後代的話來說，「這個崔科啊，他可是對共產黨大有功勞的一個人。」早在一九五〇年解放軍發起的「昌都戰役」中，崔科作為噶廈政府駐昌都的祕書，與昌都總管阿沛・阿旺晉美及四十多名僧俗官員被俘，不久接受中共的統戰，積極與中共合作，成為噶廈政府裡主張和談的官員，也曾被西藏軍區授予大校軍銜。在一九五九年「平叛」時，崔科因不「參叛」被視為「愛國上層人士」，並被授予拉薩市市長、自治區人民委員會的副主席等官職。但文革時他被鬥得很慘。他和桑頗・才旺仁增、邦達多吉、江措林四人被認為成立了一個小集團之類的反動組織，張國華還專門寫了一份報告，要求把他們交給人民群眾，從此對他們的批鬥升級。一九七八年，崔科・頓珠次仁病故。一九七九年獲得平反，中共表態，認為他是「西藏著名愛國進步人士，為和平解放西藏做出重要貢獻」。

可能因為崔科曾有過解放軍大校的虛名，所以在被揪出遊鬥時，他身上掛上了空的槍套、皮的馬鞍和一個望遠鏡。另外加上長串念珠、噶廈官員的服飾等，五花八門，無奇不有。

他沒有後代，只有一個養子。他是河壩林居委會轄區內的「牛鬼蛇神」。

這個頭戴高帽、胸前牌子上寫著「牛鬼蛇神」的人，名叫色迥‧旺堆仁青。「色迥」是衛地的一貴族世家，曾經出過四個噶倫，其中一位是十三世達賴喇嘛時期的首席噶倫，具有舉足輕重的地位。

身穿華美官服的色迥‧旺堆仁青是三品官，「雪巴」是他的職務，是位於布達拉宮下面「雪」城的行政長官，和拉薩行政長官「米本」的權力相似。在過去，拉薩有兩個監獄，一個在「朗孜廈」，一個是「雪列空」。其中「雪列空」位於布達拉宮下面的夏欽角，由「雪巴」管理。帕廓街後面的河壩林一帶、魯固一帶也都由「雪巴」管理。

另外，「雪巴」還要管轄衛地十八個縣糧食的收租情況。所以，照片上的色迥‧旺堆仁青左手提著兩個方形木盒，叫作「普居」，是過去收青稞時用來衡量青稞的器皿；背上背著「博」，是裝青稞的箱子；右手握著的棍子是租青稞時，先把青稞裝在「博」裡面，再用這根棍子把青稞抹平。這種收租方式，在全藏區都很普遍。

色迥‧旺堆仁青有六個兒女。他是沖賽康居委會轄區內的「牛鬼蛇神」，於一九七〇或一九七一年去世。

站在色迥右邊壓著他脖頸的那個臂戴「紅衛兵」袖章的人，是沖賽康居委會也是當時整個城關區最有名的積極分子崗珠，曾出現在鬥桑頗的照片上。一九六六年八月二十六日的《西藏日報》在報導拉薩的學生紅衛兵掀起破「四舊」高潮時，也提到了他：「建工處油漆工人崗珠下班後，還未脫掉工作服，也顧不上回家，懷裡揣著剛剛發的《毛主席語錄》藏文版，激動地來到『紅衛兵』的宣傳地點聽宣傳。他說：革命小將們做得對，做得好！給我們做出了榜樣，我回去後一定發動群眾，向一切舊思想、舊文化、舊風俗、舊習慣開火。」

如今的崗珠經常出現在《西藏日報》和西藏電視新聞上，被介紹為「一個長年在基層默默奉獻的平凡的好書記」。攝影家德木‧旺久多吉評論道：「有些人無論什麼時代都是臺上的演員。講階級鬥爭的時候很積極，不講階級鬥爭了也很積極。所以他什麼時候都很紅，都是緊跟時代的鋒頭人物。」

二〇〇三年藏曆新年前，我在沖賽康居委會辦公室見到了崗珠。他不同於其他幾個在文革中乘勢鵲起卻不願接受採訪的積極分子，相反他不但欣然接受採訪和拍照，而且講話緊跟形勢，不時穿插「三個代表」、「奔小康」等新辭彙。他還著重強調自己是一個「在舊社會做雕刻活的窮木工」，雖然也談到文革，但有擇選和迴避，看得出他不是一般的「基層幹部」。

採訪中，我考慮過是否給崗珠看這些照片，很想瞭解當他看見那個鬥志昂揚的紅衛兵正是他的青年寫照時有怎樣的感受，但轉念又想，崗珠至今依然是居委會的書記，恐怕他並不願意有人如此當面揭自己的老底，雖然那可以找到許多理由搪塞或者推卸，可畢竟不光彩，所以最終還是沒給他看這些可能會刺激他的照片。

聽說他現在也信佛，私下裡也做很多佛事。

這是由八角街居委會組織的現場批鬥會。地點在丹傑林寺附近的巷子裡。三個戴高帽且被圍攻的大花臉是拉薩有名的民間醫生「娘絨廈」（房名，位於帕廓東街）一家，所以在他們的脖子上掛滿了沉甸甸的小袋子，那些小袋子是藏醫傳統中專門裝藥的藥袋，叫作「門庫」，通常每個藥袋上還拴著一個小小的勺子。垂掛在老者胸前的一疊疊紙是印度錢幣，是他當年去印度時病人付的治療費。

老者就是被拉薩人稱為「娘絨廈醫師」、「娘絨廈先生」的措結‧仁增‧倫珠班覺，一八九八年出生在尼木縣一個叫如門巴倉的藏醫世家，代代醫術高明。他不但行醫有方，還自辦傳授包括醫方明在內的學館，是過去西藏非宗教性的學校裡規模最大、教育最好的私塾，很多貴族都在那兒學習過。一九五九年「拉薩抗暴」之後，私塾被解散。他的父親曾為十三世達賴喇嘛當過醫生，母親是貴族瑪朗巴家的小姐。他有六個兒女，繼承醫業。

照片上，攙扶老人的年輕女子是他的三女兒赤白，現仍住帕廓（已病故）。二○○三年，六十六歲的她接受了我的採訪，指著照片說：「當時我剛生女兒才三四天，血還沒有流乾淨，在逼著我彎腰低頭接受批判時，我看見血流了一地。向三寶發誓，那時候那些人連一點憐憫心都沒有。他們把我們遊街，還強迫我們去砸『嘛尼拉康』（『朗孜廈』旁邊的佛殿）。那些人就跟法西斯一樣。」

老人左邊的男子是他的二兒子昆九，前些年離開拉薩到印度，曾擔任達賴喇嘛的私人醫生，後來病故。老人的其他四個兒女也都是醫生，有的在藏醫院工作，有的在自家診所行醫並聞名拉薩。老人因在文革中遭受毒打，一直臥床不起，一九七九年辭世，享年八十二歲。據說在去世那天，他還看了十七個病人。

照片上，在高呼口號的人群中，右下角戴眼鏡和帽子的男人名叫洛桑，是八角街居委會的副主任，過去是大貴族堯西朗頓家的裁縫（關於他，後面還會提到）。那個戴著墨鏡、手持木棍並夾著煙的男人名叫洛桑益西，安多人，當時是八角街居委會的治保委員，第一個衝進娘絨廈抄家，用斧頭把箱子、櫃子上的鎖砸壞，然後把裡面的東西一搶而光。他還給「牛鬼蛇神」取外號，在他們的臉上亂塗亂畫。文革結束後他回到青海，已死。

站在昆九後面的那個穿藏裝的女人，名叫拉巴，關於她有這麼一件有趣的事，是說毛澤東去世時居委會召開追悼會，這女人哭得很厲害，還倒在地上像是昏過去了，可一出居委會，她左看右看，以為沒人注意，就拍拍屁股上的土，一溜煙跑回家了。

另外，在批鬥圈外，還有解放軍軍人、黨的幹部或駐足或路過。

這三個被勒令站在「松卻繞瓦」講經場上臨時搭就的主席臺前示眾的「牛鬼蛇神」，右邊那人是流鼻涕的桑頗‧才旺仁增，中間那人是掛空槍套的崔科‧頓珠次仁。看得出他倆的裝束有所改變，說明這又是一輪新的批鬥。老桑頗戴上了紙糊的高帽，崔科的前胸後背全貼上了大字報，頭上的高帽寫著「徹底消滅反革命分子崔科‧頓珠次仁」。不過他倆的裝束儘管不是配套的，胡亂穿上的，畢竟還是舊時政府官員的裝束，而不像左邊那人宛如小丑。這可能是因為對於一個既不是舊政府官員也不是僧侶的商人來說，找不到一件足以揭露其本質的服裝，那就從他家供奉的保護神的身上扒下衣服給他穿上吧。

他就是西藏著名的康區大商家族「邦達倉」的代表人物邦達多吉，據說其家族中曾出現過一位「薩迦巴姆」（薩迦寺的魔女），以後被奉為本家護法，為此，邦達多吉被勒令穿上了「巴姆」的法衣——一套有手有腳的緊身衣，還斜挎上了兩個護心鏡和兩個乳房、三個眼珠形狀的圓球。他的帽子上寫著「徹底消滅反革命分子邦達多吉」，胸前的大字報上也是一樣的內容。

邦達多吉還有兩個哥哥：邦達揚培和邦達繞嘎，三兄弟均是政治、軍事、商業兼顧的豪傑人物，在整個藏地實屬罕見，並以個人行為在衛藏和康的現代史上寫下鮮明的一筆。如何評價他們呢？那顯然需要很多篇幅和筆墨，在此只能簡單地說，他們代表了一種有著變革傾向的新生力量。他們的康區藏人背景、他們與噶廈內部那些無所作為且心胸狹小的拉薩顯貴們的交往，又使得他們一直懷有「康人治康」的政治企圖，並決定了他們對更大的左右時局的政治力量帶有機會主義色彩的擇選，但這也是他們既成於此亦敗於此的原因所在。

以邦達多吉為例，一九五〇年因積極協助解放軍進軍西藏，在昌都「和平解放」後，被任命為昌都地區人民解放委員會副主任，以後還擔任過自治區政協副主席等職。然而，文革時他的罪名卻是「組織策劃叛亂」、「一貫反對改革」，在飽經折磨之後於一九七四年病故，一九七九年獲得所謂「平反」。又比如老大邦達揚培，曾是一九五〇年代末西藏反抗中共運動的積極參與者，並於一九五九年一月去了印度，與流亡印度的噶廈政府官員共同規劃最初的工作，但不知何故，於一九六四年返回拉薩，在遭遇了文革之後（據說受到中共當局的保護，未被批鬥），於一九七六年病故。老二邦達繞嘎，據說是孫中山的追隨者，並將有關三民主義的小冊子譯成藏文，一九三九年在印度參與創建西藏革命黨，以後長期羈留印度噶倫堡，至死未還鄉。

堆在架子車上的東西，是從邦達多吉
家裡搜查到的「剝削罪證」。

一九五〇年代，邦達家族將位於帕廓南街的有
著三百多年歷史的老宅院（原為貴族擦絨家族
府邸，因搬遷新房售予邦達倉並不久），賣給
進入西藏的中共軍隊，而遷至拉薩河畔的波林
卡一帶新築的宅邸，因此邦達多吉是河壩林居
委會轄區內的「牛鬼蛇神」，必須接受河壩林
居委會的批鬥。在這幅照片上，身穿另一套
「薩迦巴姆」法衣的人還是邦達多吉。看來「薩
迦巴姆」有黑白（有的說不是白色，而是粉色）
兩套衣裳。據說這衣服很小，緊緊地裹在已經
發胖的邦達多吉的身上，顯得很滑稽。邦達多
吉顯得蒼老許多，神情十分沮喪。

照片上的環境與崔科‧頓珠次仁單獨挨鬥的環
境相同，是在十四世達賴喇嘛家族的府邸堯西
達孜（堅斯廈）前面，今北京中路。正揪著
邦達多吉脖子的女子，有人說她叫次卓瑪，在
前面鬥多吉帕姆的照片中出現過。

那個頭戴草帽的男人，是當時河壩林居委會的
主任，名叫赫比，人們習慣叫他「哥哥赫比」，
現已故。他是一位穆斯林，確切地說是「加卡
其」，意思是漢回民。在拉薩的穆斯林，按照
其不同來源和不同的居住地分為兩部分，一部
分來自鄰國，主要是尼泊爾王國和印度（主要
是喀什米爾地區），被稱為「喀什米爾卡其」，
一般居住在帕廓街一帶；另一部分來自漢地如
青海、陝西、雲南等地，被稱為「加卡其」，
一般居住在河壩林一帶。拉薩穆斯林在文革中
的情況與藏人相比較為平靜，因顧忌設在拉薩
的尼泊爾領事館，凡與國外有關係的穆斯林，
所屬清真寺的宗教活動並未受影響。

河壩林一帶的穆斯林不僅捲入到文革當中，所
屬的清真大寺據說在大昭寺被砸那天，紅衛兵
和「革命群眾」也衝進去欲砸之，但環顧四周，
發現空空蕩蕩的清真寺沒什麼可砸的，只好在
牆上寫了些革命口號就走了。不過，清真大寺
後來還是被砸過，據說是以居委會的積極分子
為主，有藏人，也有回族，但砸得不厲害，因
為裡面沒什麼東西可砸。清真大寺的禮拜殿被
用作開會、唱歌、跳舞的場所，後成為河壩林
居委會的所在地。阿訇被說成是「小達賴」，
遭到批鬥和抄家。

觀看現場批鬥會的「群眾」們，多為河壩林居委會的居民，其中也有手持紅纓槍的學生。圖中那個雙手握著草帽的年輕女子是一個居民紅衛兵，她的姐夫是從色拉寺還俗經商的康區德格人，為防止中共軟禁甚至傷害達賴喇嘛，於一九五九年三月初與成千上萬的藏人去羅布林卡保衛達賴喇嘛，而被中共以「叛亂」名義進行鎮壓。赤手空拳的他中槍被俘，並被關進囚車驅逐出拉薩，遣送康區勞改，不得不與他在拉薩的已經懷孕的妻子分離，兩人相愛很深，但從此天各一方，再無團聚。

這三幅照片展現的正是河壩林居委會遊鬥「牛鬼蛇神」的場景。上圖：遊鬥隊伍正經過宇妥路。被遊鬥的人除了走在前面的崔科‧頓珠次仁，還有邦達多吉和邦達晉美兩父子，各扮一黑一白的「薩迦巴姆」緊隨其後，被戴上紙糊的高帽，穿上原本給護法神穿的法衣，拉著堆滿剝削階級「贓物」的木板車，垂頭喪氣地被遊街。邦達晉美是阿沛‧阿旺晉美的女婿，據說阿沛‧阿旺晉美的女兒原本也在圍觀的群眾中，突然看見自己的丈夫穿著「薩迦巴姆」的一套淺色衣服被遊街，嚇得不輕。旁邊的人悄悄說，你趕快走，別待在這裡，不然等會兒也會把你揪出來，於是她趕緊跑回家。

中圖：遊鬥隊伍正經過十四世達賴喇嘛家族的府邸堯西達孜（堅斯廈），當時為大片樹林圍繞，現已改為北京中路。在樹林旁邊的平房是一九五〇年代蓋的郵電局（現已拆，改建郵電賓館）。

右上角一幢方形房子，兩三層高，一面牆上有四扇小小的沒有藏式裝飾的窗戶，被認出是西藏軍區的碉堡，建成於一九五〇年代，位於今天的賽康商場對面。當時解放軍在拉薩城裡建有多個碉堡，藏人並不知道是幹什麼用的。一九五九年三月「拉薩抗暴」期間，解放軍把玻璃窗推開，露出了機關槍，這石頭房子就成了軍用碉堡，打死了很多藏人。走在崔科左邊那個身背草帽的積極分子，是鬥過噶雪巴的格桑班覺。

右圖：是在大昭寺講經場「松卻繞瓦」。圍者如雲，一副爭相目睹、拍手稱快的情景。大都是藏人，也有回族，如前兩張照片上，走在前面的積極分子玉魯斯，在批鬥多吉帕姆的照片上出現過。左邊三層高的藏式建築即葛如廈大院，原屬於噶廈政府所有，租借給商人和居民。大學者更敦群培一九五一年辭世前曾在三樓的某房間居住，現設成「根敦群培紀念館」，他的一生被改塑為追求進步的「愛國志士」，而「愛國」指的是愛「新中國」。

這位正在挨鬥的女人，被認出是貴婦傑達巴德確。頭戴傳統「巴珠」頭飾，脖子上掛滿了沉甸甸的珠寶，胸前的大字報上給她羅列了幾條罪狀，第一條看不清楚，第二條寫著：「……造謠」，第三條寫著：「名義上說自己是積極分子，但是她把反革命分子的物品隱藏起來了」，第四條寫著：「把金銀財寶賣給外商」，另外還有「文化大革命活動」的字樣，大概是說她破壞文革吧。

「傑達」是衛藏之衛地一貴族家族。傑達巴德確與貴族拉魯·次旺多吉的夫人是貴族吞巴家族的兩姐妹，是傑達家的兒媳，住在位於帕廓南街的老房子「拉章寧巴」（曾為十五世紀的宗喀巴大師、十七世紀的五世達賴喇嘛居住的古建築，之後，來自尼木地方的被認為是藏文規範者吞米·桑布扎後人的吞巴家族入住；一九五九年至一九九五年為八角街居委會辦公室，及多戶居民入住的大雜院；一九九七年至一九九九年由德國建築學家安德烈·亞歷山大創辦的西藏文化發展公益基金會，以修舊如舊方式較為完好地維修），似已病故。其他不詳。

揪鬥她的兩個女子，右邊的名叫朋炯，是八角街居委會的一個據說「很兇」的積極分子，已中風。左邊的也是八角街居委會的積極分子，後來做了裁縫，但也有人說她是拉薩中學的學生，出身鐵匠家庭。在傳統西藏，鐵匠與屠夫等職業因與殺生有關，素被歧視，但在「新西藏」成了「翻身農奴」，一度似乎揚眉吐氣，不過如今又同從前一樣，再度被歧視。

這兩個正在挨鬥的人，女人是貴婦傑達巴德確，她頭上的高帽寫著：「牛鬼蛇神德確」。而那個男人，從他頭戴的高帽和胸前的大字報來看，其名為莫建章，其罪行為：一、由青海多次偷運槍枝子彈來西藏支援叛亂，在青海盜竊國家大洋三十多箱運往印度支持叛匪。二、勾結達賴集團以種菜為名進行叛國活動，勾結班禪集團與拉敏等叛亂頭子一貫搞叛亂活動。三、一貫囤積居奇抬高市價偷稅漏稅抽逃資金勾結幹部盜竊國家經濟情報糾集幾個壞分子搞資本主義復辟活動。四、……

不知道為何要把莫建章和傑達巴德確放在一塊批鬥，這兩人是什麼樣的關係呢？注意看他倆背上綁著卸下來的窗戶，那窗戶上糊著大字報，這倒是與眾不同。

他倆都住在帕廓街上，因此都是八角街居委會的「牛鬼蛇神」。

還有一點不同，莫建章的「罪名」都是用漢文書寫的，難道他是一個漢人嗎？經瞭解，莫建章是來自青海的商人，他過去在帕廓街開有小百貨商店，他的藏名是加米次仁，意思是漢人次仁。很多人還記得莫建章的女兒叫莫玉珍，她就在她父親的小商店裡賣東西。據說文革後，她和她的父親一起回老家青海了。

那個揪著傑達巴德確的男子名叫邊久，他手裡攥著的是石頭還是帽子？據說他過去是個小偷，後來成了八角街居委會的積極分子，早已死。而在喊口號的婦女中，那個嘴巴張得大大的女人，其實是一個啞巴，名叫拉姆姆拉，還活著。不知道啞巴可以喊出什麼樣的口號來？

從人物的裝束和遠處的景致來看，批鬥場景顯然不是在拉薩城裡，而是在附近的農村。

不知道這是一九六六年八月的哪一天，正在低頭接受批判的老婦一手捧著小型佛龕（內裝有護法神班丹拉姆、袞布等的「擦擦」泥塑像），一手拿著法鼓。有人說她可能是一個代言神巫。下圖被鬥男子手持法器，應是專修密法的雲遊僧。

對於農村和牧區來說，類似的這類人物通常是當地的精神象徵，他們所起的作用很大，構成了普通百姓根深柢固的許多觀念。但是革命卻把他們當成批判的目標，用各種輕蔑的語言來污辱他們，說到底，就是向曾經深深依賴他們的普通百姓，宣布他們是騙子，是吸血鬼，是害人蟲。這樣一種公開化的批鬥，足以使這類人物所象徵的傳統遭到最大的嘲弄和詆毀。

這是在居委會的會場批鬥「牛鬼蛇神」的場景。光線很暗，所以看不出來是哪個居委會的會場，也不知道批鬥的是誰。

看見這幅照片，一位藏人說：「我又像是回到了那時候，我也常常坐在這中間。」

另一位藏人則感慨道：「你看，這些窗戶是破破爛爛的，這孩子的衣服也是破破爛爛的，還拿著別人給他的發言稿，他知道是什麼意思嗎？這周圍的人恍恍惚惚的，任人擺布似的，這整個就是西藏的文化大革命。」

那個正在激動地呼喊口號以致脖子上血管凸出的紅小兵，有人說他的名字叫阿旺格列，長大後當了民兵隊長，如今已老，天天轉經朝佛。旁邊那個穿著背上打補靪的衣服、正扭頭看著男孩的男人，被認出是河壩林的一個修自行車的老漢。男孩身後的那個頭上包著頭巾的女人是個回族，後來常在帕廓街上擺攤賣餅子。

注意看，邦達多吉也坐在人群中，正是男孩背後那個戴著遮陽圓帽子、露出上半身的男子，滿面愁雲，呆呆地注視著批鬥現場，隨時準備被點名，然後被揪出去鬥爭一番。一代豪傑竟也如此落魄！

注意那個滿面笑容的人，看上去有著一副典型的漢人形象，而且有著一副共產黨幹部的架式，顯然是這場批鬥會的主持者。

他微微後仰著身子，那不屑地指點著垂首挨鬥的喇嘛的手指，即使放下來也像是隨時準備伸出去。

他的笑容是這些批鬥「牛鬼蛇神」的照片中唯一的笑容。而在「翻身農奴」的臉上，卻不見如此輕鬆、暢快的笑容。他們的臉上更多的是激動、激昂和激憤，但又略帶緊張和不敢相信眼前突變的迷惑。那個把手搭在喇嘛肩上的藏人紅衛兵，其姿勢和神情不但不兇悍，竟奇怪地又吐舌又彎腰，好似不自覺的誠惶誠恐。只有他在笑。只有這個漢人幹部開懷地笑著。這是一個新主人的笑容。

他是誰呢？

有人說他像曾當過「三教工作團」團長和城關區書記的李方（音譯）。據說此人不但霸道而且貪婪，後來在返回漢地時私自帶走不少珍貴文物，但車在半路上翻了，他受了重傷，拿走的東西滾落一地，這才暴露無遺。不過照片上的這個人究竟是不是有一臉落腮鬍的「書記加烏啦」（「加烏」意為大鬍子，指李方）？有些人又說不是。儘管我們只能揣測，而無從確鑿地得知，但不能忽略他以及他的笑容。這個人滿面得意的笑容其實具有象徵性。

我們也不能忽略站在講經場的高臺上的那一排人，他們或抄手或扠腰，不是軍人就是幹部，都是西藏的新主人。

而那位高帽上依稀辨認得出「……嘉措」字樣的喇嘛同樣具有象徵性。包括垂掛在他胸前的一摞珍貴的經書。包括他面前的那輛堆滿了法器、唐卡等等宗教物品卻被視作「四舊」的木板車。有人說他是大昭寺管理釋迦牟尼佛殿的「規尼本拉」，有人說他是哲蚌寺的四大堪布之一──格巴喇嘛，也有人說他是色拉寺或甘丹寺的高僧。其實我們又何嘗不可以把他看作是被勒令穿上護法法衣遊街的德木仁波切，或者是被紅衛兵用金剛杵打死的拉尊仁波切？

至於那麼多圍成幾圈的看客（其中還有一個頭戴高帽的女人渾身掛滿了鞋子，這是什麼意思呢？）裡面，有多少人是出於被解放的歡欣鼓舞，有多少人是出於恐懼和惶惑，有多少人是出於為己盤算的心計，我們也一樣無從知道。但我們知道一點，那就是，實際上，奴隸依然是奴隸。當面帶如此笑容的新主人出現時，當昔日用以傳播佛法的地點變成不公正的法庭時，當一個人被莫須有的罪名加以羞辱性的審判時，那些老老少少、男男女女的圍觀者，或許還構不上幫兇的角色，但至少在表面上顯得那麼馴服的他們，已淪為奴隸，所謂的「解放」反而使他們喪失一切。

「松卻繞瓦」在這個時刻喪失了它原本滲透的宗教精神。這個時刻，不，這個時代，這個被藏人稱為「人類殺劫」的時代，把太多的恥辱深深地刻在了鋪滿講經場的每一塊石頭上面。「松卻繞瓦」從此成為一九六六年開始的那場暴力革命的見證。

西藏的「牛鬼蛇神」

　　「牛鬼蛇神」，最早出現在中國古代詩詞裡，原意是指在宗教儀式上戴著面具化裝遊行的一些角色，但在文革中「古為今用」，用以指代「階級敵人」。藏語裡並沒有「牛鬼蛇神」這個詞。有著眾生平等和萬物有靈等宗教傳統的藏人，很難理解把這四種各具稟賦的眾生放在一起的隱喻。當然，這個難題最終還是解決了。「牛鬼蛇神」被命名為「拉這頓格」，「拉」與「這」是「神」與「鬼」的意思，而「頓」與「格」就抽象多了，意味著災難。實際上「拉這頓格」並不與「牛鬼蛇神」對稱，勉強直譯的話就是「神鬼神鬼」。

　　因此，儘管好不容易在藏語中有了「牛鬼蛇神」的專用稱呼，但在口語裡，很多藏人都學會了用漢語來念誦這個詞。似乎是，與其用藏語說一個不知所云的「牛鬼蛇神」，還不如去學陌生而拗口的漢語要輕鬆得多。一位不會講漢語的天文曆算大師談他在文革中的經歷，笑著說「那時候我是一個『牛鬼蛇神』」，而「牛鬼蛇神」這個詞他正是用漢語來說的。

　　在西藏，「牛鬼蛇神」的成分不像中國那樣複雜，主要指的是以噶廈官員、貴族、仁波切（喇嘛）為代表的「三大領主」，耐人尋味的是，這些「牛鬼蛇神」相當一部分是中共在一九五〇年代至文革之前被當作「統戰對象」的上層人士，更因為他們在一九五九年的「叛亂」中並未跟隨「達賴分裂集團」「叛逃祖國」或「棄暗投明」而為中共另眼相看。用「參叛分子」拉魯・次旺多吉（當過噶倫，因擔任一九五九年三月「拉薩抗暴」的「叛軍司令」被關押六年，一九六五年特赦後曾下放農村參加勞動改造）的話來說，「牛鬼蛇神」都是「愛國人士」，而他這樣的「參叛分子」是「敵對反革命分子」，他們當屬兩個不同的陣營，但是洶湧而至的文化大革命卻出乎意料地混淆了這一界線。拉魯在他的回憶錄中不無嘲諷地寫道：「以前我覺得他們愛國人士過著幸福生活，而我呢，在一九五九年叛亂中犯了錯誤，被改造。但現在覺得他們愛國人士也被拉來遊街，和我們沒有什麼區別。」也就是說，這時候，不管「愛國」不「愛國」，「參叛」不「參叛」，他們的命運都是一樣的，都要戴著「牛鬼蛇神」的高帽子，低下頭來接受「革命群眾」同仇敵愾的批判，這無疑是莫大的諷刺。

　　紛紛被打倒的宗教人物之眾多是怵目驚心的。在西藏的傳統

裡，喇嘛是「三寶」（即佛、法、僧）之一，擔負著引導眾生尋求解脫之道的任務，喇嘛其實就是整個西藏的靈魂。然而，在共產黨的說教中，宗教是剝削階級用來麻醉窮苦人民的精神鴉片，僧侶階層是不勞而獲的寄生蟲，西藏宗教遭到了空前的詆毀和踐踏，足以在革命中全部覆沒。

　　隨著文化大革命的不斷深入，一些為了中共政權浴血奮戰大半生的政府官員、高級將領，被認為是「走資本主義道路的當權派」，也成了人人喊打的過街老鼠。

　　當然，「牛鬼蛇神」中還有大批的民間藝人、民間醫生、民間畫師、大小商人、遊方僧人、苦修行者等等傳統社會之精華。

　　有意思的是，文革結束後，「參叛分子」拉魯·次旺多吉與「牛鬼蛇神」桑頂·多吉帕姆等人的命運再度戲劇性地相似，均在西藏自治區政協或自治區人大擔任副主席或副主任之類的職務，在大大小小的會議上又一次充當政治花瓶，至今依然。

文革結束以後，重又進入自治區政協的拉魯·次旺多吉（左）、霍康·索朗邊巴（中）和貢巴薩·土登晉扎（右）（圖片提供者：霍康·強巴旦達）。

形形色色的「積極分子」

　　而這時候，被一言以蔽之的「紅衛兵」，其成分發生了很大的變化，迅速擴展到整個社會的許多階層，由最初的學校蔓延到各機關單位、居委會、工廠和農村。這樣的人在當時另有一個稱呼：積極分子，藏語叫作「忽准巴」或者「忽准兼」。

　　積極分子的產生由來已久。早在一九五〇年中共進軍西藏，便在許諾建立一個「光輝燦爛的新西藏」的同時，著力於精神上

的「洗腦」和物質上的施惠，吸引了不少底層藏人從此追隨，甚至還有上層藏人中的逆反青年。甚至可以說，中共之所以能夠在西藏建立起「群眾基礎」，正是因為「洗腦」教育的成果，如反覆灌輸「剝削」和「壓迫」的含義，以及對佛教中「來世」和因果觀念的否定，等等。一九五九年「平叛」結束之後，通過「民主改革」，中共在西藏既劃分出了「三大領主」，也劃分出了「積極分子」。這以後，歷次的運動如「三教」、「四清」，直至一九六六年文革開始，已經成功地培養了相當一批積極分子。

正如在這些鬥「牛鬼蛇神」的照片上，顯而易見，人物之間出現了兩個階級截然對立的兩大陣營，而不是過去的那樣一種關係：雖然有貧富之分，卻是同一個民族；雖然有僧俗不同，卻是同一種宗教。但如今兩個階級的界線不但被劃分得一清二楚，而且在西藏歷史上，從未有過地，底層階級第一次向上層階級，尤其是向上層階級中素來被視作「珍寶」（藏語稱為「仁波切」）的高僧大德舉起了拳頭，發出了怒吼。為什麼會這樣？

王力雄在《天葬：西藏的命運》一書中對此的分析是：這是因為西藏的新統治者中共明白，「由於沒有階級鬥爭，傳統西藏社會是凝聚為一個整體，統一在宗教和民族旗幟下的。那兩面旗幟都舉在西藏上層社會手中，外來的漢人是無論如何搶不到手的。因此要想分化西藏社會，爭取底層藏人，中共必須另外樹起一面舉在自己手中的旗幟。那就是在藏民族中發動階級鬥爭。」而「階級鬥爭是共產黨的專長。如果變成以階級劃分世界，西藏的民族與宗教的一體性就被打破。」為此，毛澤東意味深長地指出：「民族問題的實質是階級問題」。

然而，積極分子當中有不少類似流氓無產者的人。一位藏人劇作家說：「有些人品行很不好，『平叛』時沒收『參叛』人家的過程中就手腳不乾淨，而他們都是過去受壓迫、受剝削的『差巴』、『朗生』（即支差者和屬民）這樣的人。」一位從城關區機關退休的藏人說：「一些居委會幹部以破『四舊』的名義，拿走了寺院和貴族家裡的很多東西。砸寺廟的是那些人，抄家的是那些人，發財的也是那些人。」

但「也出現過假裝積極分子，假裝造反派，實際上是保護自己民族的文化的人」，一位多次挨過批鬥的「牛鬼蛇神」如是說。儘管這樣的人並不算多，卻難能可貴。據聞文革期間，日喀則出

了一位有名的造反派頭頭，當十世班禪喇嘛在文革後第一次返藏，早已做官的此人痛哭流涕，拿出幾個麻袋，裡面裝著歷代班禪殘缺的法身和其他一些極為珍貴的文物，這批珍藏成為後來五世—九世班禪合葬靈塔的主要裝藏之寶。

　　當然，在積極分子裡面，真誠的、堅定的、熱情的投身於革命之中的不乏其人。在文革中家破人亡的攝影家德木·旺久多吉深有感觸地說：

> 　　在那樣的年代，有不少人是真的出於熱愛共產黨和毛主席而去那樣做的，也有不少人是別有用心。實際上前者更多。還有不少人完全被迷惑。我在文革當初也對毛主席的語錄迷信得不得了，認為他的每句話都是「放之四海而皆準的真理」，但至於有沒有說錯，以至於跟著做錯，這在當時，很多人是想也不會想到的，只有過了很久以後才會有所醒悟。我發現很多在文革中的積極分子，以後變得很痛苦，甚至有個別人走向了另一個極端。

　　是的，相當多的積極分子在文革結束以後發生了轉折性的變化，紛紛念經、轉經、朝拜寺廟，很多人形容他們重又信仰宗教的程度就跟當年毀滅宗教的程度一樣強烈。有一個居委會的主任，據說在砸寺院、鬥「牛鬼蛇神」時非常積極，以至於那些挨整的人表示，即使骨頭生銹了也忘不了他，前些年卻耗費數十萬元，將日喀則著名的夏魯寺毀於文革中的一座佛塔重新修復。我還聽說拉薩附近的一個鄉黨委書記，快要退休時開始去轉經，有人提意見，他不高興，向上面遞交了一份退黨報告，聲稱年輕時忠心耿耿為黨工作了，年紀大了，宗教這個東西丟不了，但共產黨員是不能信教的，所以想退黨。雖然他的要求沒有被批准，但類似思想的「基層幹部」其實很多。

　　為何會有這麼大的變化？如何理解這當中深藏著的精神壓力和懺悔之情？當年的積極分子強巴仁青的解釋是：

> 　　起先我們認為革命會帶來很好的生活，跟以前完全不同的生活。不是說讓我們當家作主嗎？那意思是不是說我們也可以當官，也可以有很多錢？總之肯定將會有一個特別不一樣的生

活吧。可是越到後來才發現並不是這麼一回事。人在這一世有什麼樣的生活其實是因果決定的,都是前世的因才有了今天的果。有福氣的人照樣有福氣,沒有福氣的人照樣沒福氣,這都是「勒」(因緣)。再加上年紀大了,離死亡越來越近了,人要到快死的時候才會想起宗教,可是以前年輕,不懂事,做了那麼多破壞宗教的事情,真是罪過啊。趁現在還沒死,趕緊懺悔,不然以後去天葬臺連鷹鷲都不會吃,那才真可憐。

「松卻繞瓦」曾經是批鬥「牛鬼蛇神」的會場,如今常常有鄉下來的農民在此出售自己編織的氆氌(補充:如今「松卻繞瓦」已被封閉,不得進入,是駐大昭寺工作組的休息地和停車場)。拍攝於二〇〇一年七月。

對此,一位飽受折磨的老喇嘛寬容地說:「有很多人,過去是積極分子,現在變成了很虔誠的信徒。從佛教角度來講,這是懺悔,這很好。只要出於真誠,這麼做,也許可以抵消他們當年所犯下的過錯。因為很多人當年都是無知,無明。」但在採訪中,我發現很多人都相當反感當年的積極分子,一提及就厭惡地說:「他們幹的壞事太多了,所以早早地就死了,這是報應!」為此在民間盛傳許多現世遭報的故事,如有一個砸過大昭寺裡千手千眼觀世音菩薩塑像的人,在武鬥中恰巧被打死在佛殿門前。

的確有不少積極分子今已亡故,這用因果報應的觀念來解釋無疑令人安慰,但還活著的也不少,活得依然很風光的也不少,活得越來越風光而且絲毫不悔當年行為的也大有人在。天網恢恢,難道偏偏會對這樣的人網開一面嗎?善有善報,惡有惡報,

這只是遲早而已，否則天理不容。

令人生畏的居委會

　　說到城市中的積極分子，不能不提到居委會這樣一種基層組織形式。這是一個頗具中共特色的基層組織，實際上是黨的最小的職能機構，但卻不可小覷，它深入每個社區，監察民情，傳遞政治思想，以群眾監督的方式來管理每一個居民，其影響力和控制力之大，遠遠超出一般權力性機構，如同一張疏而不漏的網絡，牢牢地掌控著普通人的命運。對於西藏來說，成立於一九五九年「平叛」之後的居委會，是西藏從未有過的新生事物，在藏語裡簡稱「烏勻能康」。

　　當時拉薩市的社區組織——城關區——由三個社區構成：東城區、南城區和北城區。文革期間，每個區是一個辦事處，分別叫「東方紅辦事處」、「勝利辦事處」和「衛東辦事處」。每個辦事處下面又各設有四個居委會，共有十二個居委會。如東方紅辦事處下屬居委會有：河壩林、鐵崩崗、八郎學、吉日；勝利辦事處下屬居委會有：八角街、沖賽康、魯固、繞賽；衛東辦事處下屬居委會有：木如、策墨林、丹傑林、雪。這些居委會在文革當中紛紛改名，如「立新」、「衛新」、「永新」、「向陽」之類。另外，每個居委會的轄區內都有寺院、佛殿、佛教聖物等等，如大昭寺就處於八角街居委會的轄區，這些都屬於各居委會各自要破的「四舊」。文革後期，居委會多有變化，合併或者分設。隨著近年來人員增多、建築增加、地域擴大，如今拉薩市共計有二十八個居委會（補充：至二〇二二年，拉薩市城關區下轄十二個街道辦事處，五十二個社區居委會，不包括其他七個縣或區，如柳梧新區、堆龍德慶區、尼木縣、墨竹工卡縣等）。

二〇〇三年三月，在沖賽康居委會（左）、丹傑林居委會（中）、河壩林居委會（右）的辦公室，為現任居委會全體成員立此存照。圖左中間戴禮帽和眼鏡的老者就是當年的積極分子，如今仍在當書記的崗珠（補充：現已退休，據說由其子繼任）。其他人都是居委會的新人。

居委會的成員，用曾經當過八角街居委會主任的久系的話來說，都是「選拔出來的基層幹部」。她介紹說，居委會的編制通常爲七人，一個主任二個副主任，還有四個委員：治保委員，婦聯委員，衛生委員和團委員。每個居委會都有黨支部，通常是書記兼主任（如今基本上不再兼任）。主要負責人每月有工資，其他成員有補貼。如今每個居委會都有各種隱形收入，如攤位收入、地皮收入、三輪車收入、計程車站收入等等，聽說有的居委會頭頭其暴富、奢華和腐敗程度，遠遠超過舊西藏的「三大領主」（補充：現如今，幾個大的居委會書記退休，竟由其子女接任，成了「世襲製」）。這說明，無論在政治突出的時代還是經濟爲主的時代，居委會始終都是近水樓臺先得月。

　　至於文革時期，居委會最主要的職能是「裂民而治」。具體而言，即首先「排隊」，把居民分爲四種：依靠對象，團結對象，保護對象，打擊對象。其次，用「糧食」和「戶口」相威脅。也就是說，若有不聽從者，則予以取消糧食供應以及吊銷戶口的懲罰，使其成爲被剝奪了生存權的「黑人」。這是相當厲害也相當有效的一招，沒有誰對此不懼怕的。木如居委會的居民洛桑曲珍

今天，西藏各居委會的會場依然高掛毛澤東的畫像，置身其間，文革氣氛撲面而來。老積極分子崗珠今天仍舊很「紅」，面對採訪，各種時興的政治名詞脫口而出。我專門爲他照了這樣一張相。拍攝於二○○三年三月。

說：「當時我們每個人每個月只有二十六斤糧食，其中十斤灰麵，十六斤糌粑。如果不聽從居委會的安排，把糧卡取消了，沒有糌粑吃了，還有什麼比這樣的懲罰更厲害？」互相監視，互相揭發，互相鬥爭。「這些手段太殘酷了」，一位藏人老作家這樣總結：「居委會是真正執行『極左』路線的一個典型，在文革中比任何一個機關單位都過分。誰不參與居委會組織的活動，不是打成『反革命分子』就是說立場不堅定。那些居委會的頭頭都是『土皇帝』，權力很大。」當年因出身不好而備受歧視的仁增堅參是鐵崩崗居委會的居民，也回憶說：

> 「居委會的權力很大。那時候，只要是成分不好的人家裡，小孩子哪怕穿了一件新衣服也會被幹部們質問，為什麼你們有新衣我們沒有？家裡打酥油茶，也會被質問，你們的酥油是從哪裡來的？為什麼我們沒有你們有？炒個菜，鍋裡倒一點油發出『嚓』的聲音，被他們聽見了，又要盤問，你們炒菜的清油是從哪裡弄來的？那種日子啊，想起來就害怕。」

事實上，如今談起居委會，仍然有很多人消除不去畏懼之心。有位出身貴族的中學教師當年還是幼稚孩童，在我採訪結束後反覆叮囑，千萬不要寫是她指認了照片上的哪幾個積極分子，「不然的話，他們知道了肯定會報復。」突然浮現在她眼中的恐懼，一下子把我帶回到早已遠逝的文革時代。

換新名

　　改名字也是屬於「破舊立新」的重要標誌之一，摒棄舊的名字，更換新的名字，這是建立一個新世界所需要的必要形式，改名成為風尚。不但街道改名，商店改名，鄉村改名，甚至人人都要改名。我母親次仁玉珍回憶說：

　　「當時要求人人改名字，說藏族人的名字屬於『四舊』，有封建迷信的色彩，必須改名換姓。我們是由公安廳統一改名字的，每個人的新名字都要上報政治部批准，不是姓毛就是姓林，有的就叫高原紅。我先選了一個名字叫毛衛華，但公安廳裡已經有人叫毛衛華，我想漢族的名字裡也有叫玉珍的，乾脆我就叫林玉珍吧，跟林副統帥一個姓。可是，雖說要求新名字都得用，但除了軍代表點名，平時都沒人喊，好多人都忘記了。我的一個同事小達娃叫高原紅，但每次點她的新名字她都沒反應，我們就趕緊捅她，『達娃啦，在叫你呢』，她才慌不迭地連聲說『到、到、到』。想起來簡直好笑。」

所謂「立新大街」，指的是拉薩老城著名的宗教街和商業街——帕廓，漢人稱其為「八角街」。「帕廓」的意思是中圈，指的是環繞大昭寺的第二條轉經道，被認為「帶有封建迷信色彩」，必須改名。

據《西藏日報》一九六六年八月二十九日報導：「昨天，拉薩市城關區的八百名革命群眾，在拉薩影劇院舉行了破舊立新大會。大會在八角街革命群眾的倡議下，決定把帶有封建迷信色彩的『八角街』（藏語意思是轉經街），改名為『立新大街』」。

照片上，在厚實的石塊疊砌的高牆和藏式窗戶跟前，用藏漢兩種文字書寫著新街名的大牌子與哈達纏繞的毛澤東畫像一樣醒目；幾張全是漢文的大字報令人不禁思忖，為何沒有一張大字報是用藏文書寫的呢？是不是因為有太多的新辭彙無法在藏文中找到相應的詞，所以只能用漢文來書寫？還是說，這些大字報就是給當了主人的漢人們看的？可是，有著更多新辭彙的《毛主席語錄》不是早已有了藏文版嗎？而饒有趣味的，是那幾個露出小腦袋、小身影的小孩子。右邊那個舉著小拳頭的孩子是在模仿大人呼喊口號嗎？左邊那個滿面怒氣的孩子是在模仿大人聲討階級敵人嗎？還有中間盤腿而坐的那個小軍帽和站立著的那個短髮小姑娘，他們是不是也改了新名字，不再叫多吉、巴桑、尼瑪、曲珍，而改叫衛東、勝利、紅旗、永紅之類？這些已經被打上了時代烙印的西藏孩子，如今他們在哪裡？在做什麼？可以肯定的是他們都已是四十多歲的中年人了，他們的孩子，毫無疑問已經是「卡通」和電子遊戲和「可口可樂」的一代了。（註：如今他們應該都是六十多歲的人了。）

右邊小女孩被認出名叫次仁央宗，當年留著被稱為「恰朵」（尿盆）的髮型，為拉薩原西農集團的內退職工。

這些人都是八角街居委會的居民。左邊戴眼鏡者,是居委會副主任洛桑,在前面鬥「娘絨廈醫師」一家的照片上出現過。站在洛桑身邊的幾個人是居委會宣傳隊的演員。左數第三人,名叫旺堆,後來在居委會的生產合作社裡工作,前些年常在表演西藏傳統樂舞的「囊瑪」歌廳裡拉必旺(西藏的一種傳統樂器), 如今不知是否還在世。

同中國各地一樣,西藏在文革初期也盛行寫大字報,大都是用漢文書寫的大字報。寫好的大字報不是這裡貼就是那裡送,如同一個盛大的禮物。當把大字報送到目的地後,先是大聲朗讀一遍,再由宣傳隊敲鑼打鼓地表演一番。於是,在這幅照片上,一張巨大的大字報由洛桑和他的革命戰友展開在我們眼前。巨大的大字報以巨大的方塊字和巨大的驚歎號深化著、強化著「破舊立新」的偉大意義,充滿了一定要改天換地的豪邁勁兒。我們不知道戴眼鏡的裁縫洛桑和他的「革命戰友」是否認識大字報上面的漢字,但我們可以想像得到他們的內心是如何被那無數個驚歎號所震撼著。

注意看大字報下面的署名:「三教二團全體革命……」如前所述,這表明直到一九六六年八月間,三教工作團依然存在。

156

一九六六年八月二十九日的《西藏日報》還用頗為煽情的文字描述了給「夾波日」（藥王山）改名的經過。「夾波日」被認為「在過去封建農奴制度統治的時候，是為以達賴為首的農奴主服務的醫療機關，是殘酷壓迫勞動人民的封建堡壘之一」，故而「紅衛兵在革命群眾的支持下，抬著寫有『勝利峰』的金光閃閃的大牌子，在鑼鼓齊鳴聲中登上了山，山上山下不住高呼：『偉大領袖、偉大統帥、偉大舵手毛主席萬歲！』『戰無不勝的毛澤東思想萬歲！』『砸碎舊世界！』『我們是新世界的主人！』等口號。勝利峰啊！從今天起，你在毛澤東思想光輝的照耀下，才變得更加巍峨壯麗！」

照片上的這些舉著紅旗、抬著毛澤東畫像，要把「夾波日」改成「勝利峰」的紅衛兵，他們的腳下正是昔日負有盛譽卻毀於解放軍炮火中的醫藥利眾寺遺址，也是今天的拉薩人在藏曆新年和宗教節日來此舉行佛事的地方，有扎拉魯浦小寺等。而如今那些懸掛經幡、磕頭朝拜的信徒當中，有沒有昔日扛著「勝利峰」上山的紅衛兵？

這些照片拍攝的是往昔數代達賴喇嘛的夏宮——羅布林卡被改名的情景。據《西藏日報》一九六六年八月二十九日頭版報導:「二十八日,雄赳赳的紅衛兵和拉薩市五千餘名手工業工人、農民、城市居民,以及拉薩各文藝團體、機關革命幹部,高舉著毛主席的巨幅畫像、毛主席語錄牌,簇擁著向舊世界開火的宣戰書、倡議書、決心書,抬著新製的寫著藏、漢文的『人民公園』、『勝利峰』等紅底金字的大牌子,浩浩蕩蕩地從四面八方湧向拉薩各主要街道,全市在熱烈的歡呼聲、口號聲、歌聲和鑼鼓聲中,頓時沸騰起來。」

在左頁下圖中,站在第二幅毛澤東畫像下面的那位戴眼鏡、左臂戴紅袖章的青年男子,正是拉薩中學的語文老師、拉薩紅衛兵的組建者、拉薩造反派「造總」司令陶長松。

正如報導中所描述的:「從(八月二十八日)早晨起,『人民公園』(原『羅布林卡』)的革命職工就滿懷激情地在門口迎接紅衛兵和革命群眾的到來。早在幾天前,他們學習革命小將的革命精神,經過充分醞釀討論,決定支持紅衛兵的倡議,把『羅布林卡』改名為『人民公園』。並將一些帶有欺騙群眾的迷信物拆除、砸碎,在大門的紅瓦頂上插上五星紅旗,以表示向舊世界宣戰的決心。這天,紅衛兵抬著巨大的『人民公園』牌子走來,他們就跑向前去迎接並親手接過牌子掛在大門上。這時,全體職工激動地擂起鑼鼓,和幾千名革命群眾的鑼鼓聲、歡呼聲響成了一片。前來遊園的職工群眾也加入了改名的行列,大家唱呀!跳呀!盡情讚頌人民公園在革命的烈火中誕生。」

藏醫學這門古老的治療科學是西藏文化很重要的一個部分，過去醫療機構一般辦在寺院裡，單獨運作且由政府主持的很少，最著名的是藥王山上的醫藥利眾寺，又稱「曼巴扎倉」，一六九六年，依據五世達賴喇嘛的旨意創立。一九一六年，十三世達賴喇嘛指令創辦一所藏醫曆算學院，一方面行醫診病，另一方面培養曆算人才，這就是「門孜康」，今位於娘熱路一帶，其門診位於大昭寺西面。一九五九年之後，新政府將「門孜康」與「曼巴扎倉」（其時已在解放軍的炮火下不復存在）合併為拉薩藏醫院。

文革時，藏醫學被視為毫無價值的垃圾，屬於再典型不過的「四舊」，故精心研製的藥丸被倒入拉薩河裡，代代相傳的各種木刻、手印的醫藥典籍在大火中化為灰燼，許多享有盛譽或行走民間的醫生被當作「牛鬼蛇神」遭受無端的凌辱。

藏醫院被認為是盛產封建迷信的地方，甚至包括它的名字。一九六六年八月二十九日的《西藏日報》報導：

「這個醫院在二十五日收到了自治區師範學校的革命倡議書後，革命職工紛紛響應革命號召，立即行動起來，改變了一些原有的帶有封建迷信色彩的藥名，廢除了過去看病選擇日期的迷信做法，並討論決定將『拉薩藏醫院』改為『勞動人民醫院』。二十八日，全院革命職工在紅衛兵的熱情幫助下，把帶著紅彩綢的『勞動人民醫院』的牌子，隆重地掛在大門前，決心把毛澤東思想偉大紅旗高舉更高舉，把我們『勞動人民醫院』辦成一所為廣大勞動人民服務、學習毛澤東思想的陣地。」──而這，正是照片上的情景。

一九八○年九月一日，「勞動人民醫院」更名為西藏自治區藏醫院，但是，藏人依然習慣稱其為「門孜康」。

帕廓街變成「立新大街」

　　「帕廓」（又寫成「八廓」）是一個具有宗教意味的名字。按照譯為藏、漢、英三種文字的《拉薩八廓街區古建築物簡介》的介紹，「拉薩市有三層轉經道：圍繞大昭寺內各殿堂的廊道為內轉經道；圍繞大昭寺的路線為中轉經道；東至清真寺，南為林廓路，西到藥王山，北以小昭寺範圍內的拉薩市中心區的路線為林廓（即外轉經道，全長約十公里）。由此，中轉經道即叫『八廓』。」另外，圍繞布達拉宮的轉經道稱作「孜廓」。

　　也就是說，帕廓是因大昭寺而形成，其最早的雛形是在壁畫上可見的那些在七世紀時的大昭寺周圍猶如堡壘似的石屋和篷帳。在過去很長一段時間裡，這裡是拉薩唯一的一個社區。如該書中所記載的，「八廓街鋪石而成的路面有一公里，其兩側林立的商店、民居、廟堂和馬廄等整齊的建築群圍繞著大昭寺，其風格特色格外引人注目，成為來自四面八方的香客、商賈、集市和舉行慶典活動的中心場所。」在這條街上，既繚繞著世俗生活的氣息，又洋溢著脫離世俗的宗教追求，炊煙與香火、鐃鈸與供養、家常與佛事十分和諧地聯繫在一起。而在新政權尚未接替之前的西藏，這條街上還設立的有一些舊政權的機構，如監獄、醫院、郵局、軍營、警察局和市政府等，因此帕廓不僅僅是提供轉經禮佛的環行之街，而且是整個西藏社會全貌的一個縮影。

　　不過，帕廓街這個地名在漢語裡經常被稱為「八角街」（漢語拼音發音為「Ba Jiao Jie」），而這個容易產生歧義的錯誤發音，傳說源於一九五○年進入西藏的解放軍隊伍中的四川士兵，或許更早，可以追溯至滿清駐藏大臣時代，但肯定與四川人有關，因為在四川話裡，「角」被念作「Guo」，於是帕廓街變成「八角街」也就不足為怪，但它的含義絕非指這條街有八個角，它原本的發音

像這樣磕著等身長頭環繞整個帕廓的情景每天可以見到。這些虔誠的宗教信徒來自藏地各處，不分男女，不分老少，不分僧俗。拍攝於二○○四年八月。

161

也不是「Ba Jiao Jie」。然而一九六六年八月二十八日這天，帕廓街，不，被四川人最早叫成「八角街」的這條老街，以一個充滿革命意味的新名字取代了宗教含義的舊名字，不論是「帕廓街」

還是「八角街」，這條街從此改名爲「立新大街」了，藏語發音爲「薩珠朗欽」。

還有一些街道也改了名字，如：朵森格（石獅子）改爲新華路、宇妥（如同綠松石的頂蓋）改爲人民路、堅斯廈（「堅斯」意爲達賴喇嘛陛下的目光，「廈」意爲布達拉宮的東面）改爲北京路。各居委會也改了名字，如：八角街居委會改爲「立新」居委會、丹傑林居委會改爲「光明」居委

帕廓街上琳琅滿目的小攤吸引著來自各地的遊客。王力雄拍攝於二〇〇四年八月。（註：攤點如今全部已撤）

會、河壩林居委會改爲「東方紅」居委會，等等。顯而易見，拉薩已經陷入一大堆與自己的歷史、傳統和文化完全無關的新名詞之中。

光陰流轉，風水流轉，當神界輪迴再度逆轉的時候，「立新大街」這個名字被取締了。曾經當過八角街居委會主任的久系回憶道：「一九五九年以後，我們這個居委會叫八角街居委會，文革時改爲

立新居委會，一九八一年前後，三中全會開過了，城關區群培區長說還是用老名字吧，新名字不適合了。就這樣，這名字又變回去了。」於是，曾經貼滿大字報和漫畫、曾經遊鬥「牛鬼蛇神」的「立新大街」，如今又是藏人口中的「帕廓」了，又是漢人口中的「八角街」了，又是一條轉經的宗教街和做買賣的商業街了，但也是祕密警察最多的

設在帕廓街上的居委會。拍攝於二〇〇三年二月。

街，那是因為在一九八七年和一九八九年，這條街上都發生過所謂的「騷亂」（補充：在一九九〇年代和二〇〇八年，帕廓街也發生過中國當局所稱的所謂「騷亂」，實則為藏人的抗議）。

在「積極分子」洛桑家裡。拍攝於二〇〇三年二月。

裁縫洛桑也當過八角街居委會的頭頭，是個副主任。他早在一九五九年就是「基層幹部」的培養對象，文革時又走在「破四舊」的前列。許多人都說他「很積極，什麼樣的運動裡面都有他」。聽說他退休後變得非常信佛。

二〇〇三年二月底，藏曆新年的前幾天，在曾經也是「積極分子」的強巴仁青老人的幫助下，我見到了住在帕廓南街「拉章寧巴」三樓的洛桑。他已經成了頭髮花白、身體佝僂的老人，戴一副有點像放大鏡似的厚眼鏡，使他的眼睛變形，顯得古怪。他警惕地注視著貿然要求採訪的陌生人，拒絕說，如果要採訪他，必須得有城關區下發給居委會的介紹信，不然他是不會同意的。看來他依然保持著「基層幹部」的嚴謹作風。不過他同意拍照。於是匆匆拍了兩幅照片。告辭時，發現牆角擺著一架老式縫紉機，這是否意味著，洛桑革命了一輩子還是裁縫洛桑。

羅布林卡變成「人民公園」

又比如羅布林卡，寶藏林苑。對於西藏這個絳紅色的佛國而言，布達拉宮與羅布林卡都是法王達賴喇嘛的宮殿。當然，矗立在拉薩這片河谷地帶之中的神山──「瑪波日」（紅山）上面的布達拉宮更為悠久、顯著和高貴，它早在一千三百多年前，吐蕃君王松贊干布時期就有了最初宛如城堡的形貌；西元一六四二年，五世達賴喇嘛建立「甘丹頗章」政權，統一西藏，成為全藏至高無上的僧俗領袖，而他的另一令人矚目的成就即在佛經中授記的觀世音菩薩之道場的神山上築建布達拉宮（由第司‧桑傑嘉措完成）。規模宏偉的布達拉宮從此成為西藏政教合一的象徵，而他

自己不但深居於此，圓寂於此，珍藏其法體的靈塔也安放於此，這成為後世達賴喇嘛所承襲的傳統。

始建於七世達賴喇嘛時期的羅布林卡，距今已有三百多年的歷史。它那包容在大自然和世俗民間之中的環境，總是為以後的歷代達賴喇嘛所鍾愛。每年初夏，達賴喇嘛遷往羅布林卡的日子，是拉薩盛大的節日，但見明媚的陽光下，脫下沉重多衣的人們無論貴賤貧富皆傾城而出，手捧潔白的哈達，夾道護送心目中的觀世音菩薩移駕夏宮。十四世達賴喇嘛在自傳《流亡中的自在》裡也憶舊：「辭別我在布達拉宮的陰暗臥室，無疑是我全年最歡愉的一日……這時節，正值芽萌葉出，到處湧現新鮮的自然美。」但在一九五九年三月十七日深夜，羅布林卡卻成為他未來長達四十六年（註：至二〇二三年，已是六十四年）流亡生涯的起點。幾天後，在拉薩有史以來從未有過的猛烈炮火中，羅布林卡變成屠戮之地，無數西藏人被當作「叛亂分子」在這裡流血喪命，多年以後，在一些建築上仍可見深深的彈痕，在紅牆下仍可挖出累累白骨。一九五九年的羅布林卡因此成為西藏歷史上最為血腥一幕的無言見證。

「寶貝園林」從此名不副實，雖然在一九六六年以前仍然徒有其名，然而沒有了達賴喇嘛的羅布林卡還是羅布林卡嗎？

大概這也正是新政權所考慮到的，那麼以人民的名義來重新命名豈不順理成章？《西藏日報》一九六六年八月二十九日頭版報導，具有造反精神的紅衛兵小將率先宣稱：「『羅布林卡』原來是達賴以他自己的名字起的，達賴是最反動、最黑暗、最殘酷、最野蠻的封建農奴制度的總根子，我們堅決不能要達賴的臭名做勞動人民修建的林卡的名字」。而八月二十八日這天，因出身「三大領主」之家，為逃避學校裡的批鬥，與一位躲在羅布林卡寫書的藏文老師相伴的拉中學生德木·旺久多吉，親眼目睹了羅布林卡變成「人民公園」的一幕。他回憶說：

拉薩的「牛鬼蛇神」第一次被遊街的第二天，羅布林卡裡的園林工人組織的紅衛兵造反隊，跑來抄我和龍國泰老師的宿舍，把我們的東西全都扔到羅布林卡的大門口，還把我的相機裡的膠捲扯出來曝光。當時我拍了不少照片，大都拍的是壁畫，像「措吉頗章」就是「湖心亭」那裡面原來有很好的壁畫，但

這些壁畫在「破四舊」時都被砸得亂七八糟。我們的收音機也被說成是「收聽敵臺」的證據，可說實話，「敵臺」在什麼地方我還真不知道。他們勒令我倆在大門口低頭站著，站了一上午。當時還來了很多紅衛兵，不過沒有我們學校的，是別的學校的。他們聚集在一起，要給羅布林卡換上一塊新牌子，名字叫作「人民公園」。後來學校來了一輛馬車，上面坐著幾個紅衛兵，拿著紅纓槍，把我們押送回了學校。

　　既然將羅布林卡改為「人民公園」，為何不把在一九五九年「平叛」中被解放軍的炮彈襲擊的布達拉宮，改名為「人民宮」或者別的什麼呢？這兩座往昔的宮殿不都是「三大領主」的總頭子「殘酷壓迫勞動人民的封建堡壘之一」嗎？據說確曾有人建議過將布達拉宮改為「東方紅宮」，而「東方紅」恰是被比喻為紅太陽的毛澤東威力遍及四方的象徵。後來儘管未曾改名，卻把文革中最著名的口號「毛主席萬歲」五個字刻成巨大牌子，置於布達拉宮的金頂前俯瞰拉薩。並仿照北京天安門城樓，在布達拉宮左側豎立「中華人民共和國萬歲」標語牌，右側豎立「各族人民大團結萬歲」標語牌。有一度，還將五星紅旗插上布達拉宮，把毛澤東巨幅畫像高懸其間，威嚴十足地日夜俯視著拉薩百姓。

　　至於今天，雖然拉薩城裡還是有人把羅布林卡叫作「人民公園」，但那曾經高懸在絳紅色的舊日大門上方，猶如君臨一切的

羅布林卡裡的熊貓垃圾箱。拍攝於二○○一年七月一日。

165

巨幅毛澤東畫像和「人民公園」的牌子早已不見，羅布林卡又恢復了從前的名字。可是，這片到處晃蕩著行為隨便的遊客、充斥著旅遊紀念品和模樣難看的熊貓垃圾箱的所謂羅布林卡，還真不如就叫「人民公園」更為名副其實（註：如今熊貓垃圾箱已換，圖案為藏式花紋）。

夾波日變成「勝利峰」

最後說說夾波日。這是一座山的名字，藏語的意思是「鐵山」。它位於布達拉宮所坐落的瑪波日（紅山）的斜對面，與瑪波日以及旁邊的另一座小山帕瑪日（磨盤山），構成位於拉薩這片河谷中心頗為醒目的三座山。很早以前，此山與瑪波日相連，地勢狀如神獸，風水十分獨特，故有傳說將布達拉宮建於脊上，具有鎮伏的效果。之後，有從唐國來和親的金城公主將連接兩山的地脈切斷，為的是破壞強盛吐蕃的風水，繼而贊普赤松德贊在斷脈處修築三座白塔以示連接，至五世達賴喇嘛時代加以維修，並在塔頂連接十三個法輪風鈴和經幡，被稱為「查果嘎林」，意為搖鈴接脈。但當滿清大將福康安受命乾隆皇帝入藏，以援軍為名協同藏軍戰敗入侵的廓爾喀人，卻恐此處風水強盛，招致禍亂，竟用大炮將三塔炸毀。之後被藏人修復，正中白塔是進出拉薩的門戶，又用鐵索和銅鈴把前後兩處相連，成了拉薩古城重要的地標之一。

一九六五年，在新政權對拉薩的第一次「市政建設」中，三座白塔被拆，幾十米寬的柏油路拉開了兩山的距離。民間認為斷了神脈，曾想法用經幡將兩山連接起來，於是在藏曆新年來臨之際，虔誠的信徒都要來此將新幡掛上。一九八○年代，文革中止，出於深深的懷念，一首由藏人作家、作曲家作詞譜曲，由著名藏人歌手達珍深情演唱的歌曲《白塔查果嘎林》風靡拉薩及全藏。一九九五年，三座白塔在原址上以水泥混凝土重塑，中間塔的空間縮小，與南北兩座塔之間的道路拓寬，可容車輛過往，成了北京中路的一部分。

今天，夾波日更為人知的名字叫作「藥王山」，這自然不是藏名，但與藏醫學有關。十七世紀末，西藏歷史上的一位卓越人物第司・桑結嘉措根據五世達賴喇嘛的旨意，在此山上建立了著名的醫藥利眾寺「曼巴扎倉」，因為供奉有藍寶石裝飾的藥師佛

夾波日（藥王山）的千佛崖。拍攝
於二〇〇三年三月。

在甘珠爾經塔前留影的是建塔喇嘛
道登達瓦。拍攝於二〇〇四年九
月。

像，故被漢人稱作「藥王山」。但在二十世紀中期，藥王山上的醫藥利眾寺卻徹底消失了。一九五九年三月「拉薩抗暴」期間，此山因地勢高拔，由西藏政府的軍隊駐守，於是解放軍用猛烈的炮火轟擊藥王山，致醫藥利眾寺夷爲廢墟。

夾波日的命運不止於此。當「破四舊」的潮流席捲而來，雖說彼時已無「舊」可破，紅衛兵們仍然要把「勝利峰」的牌子插在夾波日的山頂上，以示一座舊社會的山重新獲得了生命。以後，爲響應毛澤東「備戰，備荒」的號召，又在山下大挖防空洞。一九八五年，曾經紅旗飄飄的山頂豎立起一座七十九米之高的電視塔，並且有軍營駐紮於山下，日夜嚴加防守，甚至不許信徒依照宗教傳統在山上懸掛經幡。用一位拉薩老人的話來說，「這下，夾波日就完了」。

如今，夾波日的四處崖壁又刻滿了形態各異的佛像和長短不一的經文，據說造像數量多達五千餘尊，且不斷添增，堪稱西藏摩崖石刻之冠。一九九〇年代中期，在磕著等身長頭從康區到拉薩的雲遊喇嘛道登達瓦的主持下，在不計其數的信徒的捐助下，這裡出現了一座用石板壘砌的嘛尼石塔，石板上刻的是大藏經《甘珠爾》，而喇嘛道登達瓦在經塔建成不久即圓寂。夾波日另一面靠近軍營的一些洞窟如札拉魯浦則香火繚繞，酥油燈長明，祈禱聲訇響。夾波日，不，藥王山既是轉經聖地，也成了遊覽勝地，朝聖者不絕，觀光客也不絕。

II

造反者的內戰
「親不親，派來分」

兩大造反派

一、「造總」（藏語「坎諾」）

- 成立時間：一九六六年十二月二十二日，全名為「拉薩革命造反總部」。
- 撤銷時間：一九六九年三月二十五日，「造總」宣布撤銷總部、各分部和司令部。
- 總部：設在「堯西達孜」（原為十四世達賴喇嘛家族府邸，後被中共當局沒收，改成西藏自治區政府第二招待所，簡稱「二所」）。
- 廣播站：曾設在大昭寺、丹傑林寺、喜德林寺內。
- 報紙：《紅色造反報》（漢文版主編是一張姓漢人，藏文版主編旺久；在《西藏日報》報社印刷廠印刷）。
- 總司令：陶長松（原為拉薩中學老師，文革期間任革委會副主任，文革後為西藏社會科學院學者，現已退休）。
- 主要組織：「專打土皇帝聯絡委員會」（北京航空學院「紅旗赴藏小分隊」的帶隊女輔導員老師聶聰和西藏民族學院「紅色造反團」司令魏志平為負責人）；「西藏紅衛兵革命造反司令部」；「拉薩革命造反公社」等。
- 成員來源：以學生（中央民族學院和拉薩中學的學生居多，也有西藏民族學院的學生）為主的「西藏紅衛兵革命造反司令部」和「紅色造反團」，以農牧民為主的「拉薩革命造反公社」，以工人為主的水泥廠、機修廠、汽車一隊、汽車二隊等。
- 口號：「保皇有罪，罪該萬死」；「青松不老，造總不倒」等等。
- 歌曲：「造反有理」；「抬頭望見北斗星」。
- 各地情況：兩派勢力不僅僅局限於拉薩、昌都這樣的城市，連鄉村和牧區都有分布，「群眾組織」遍地開花。

二、「大聯指」（藏語「良則」）

- 成立時間：一九六七年二月五日，全名為「無產階級大聯合革命總指揮部」。
- 撤銷時間：一九六八年十一月九日，「大聯指」宣布撤銷總部並同時停刊《風雷激戰報》。
- 總部：設在布達拉宮下面的「雪」村和西藏自治區黨委院內的班禪小樓。
- 廣播站：曾設在「交際處」（今天的「迎賓館」）和小昭寺內。
- 報紙：《風雷激戰報》（漢文版主編陳家璉，藏文版主編拉巴平措，最早在一監獄印刷，後在三所即西藏自治區政府第三招待所，今天的西藏自治區黨校印刷）。
- 總指揮：劉紹民（原為西藏自治區黨委祕書，文革期間任革委會副主任，後為山南地區副專員，西藏農牧學校校長，退休北京）。
- 主要組織：「農奴戟」；「農牧民司令部」（設在木如寺內）；「工總司」等。
- 成員來源：以學生（西藏民族學院的學生居多）為主的「農奴戟」、以居委會居民和農牧民為主的「農牧民司令部」和以工人為主拉薩幾個工廠的「工總司」等。
- 口號：毛主席語錄。
- 歌曲：「我心中的歌獻給解放軍」；「什麼人站在革命立場上，他就是革命派⋯⋯」。
- 各地情況：兩派勢力不僅僅局限於拉薩、昌都這樣的城市，連鄉村和牧區都有分布，「群眾組織」遍地開花。

一九六六年十月一日，是中共在西藏的第十七個國慶日，拉薩有五萬人舉行「建國十七週年」集會遊行，規模可謂宏大。但這時，彼此對立的群眾組織已經劍拔弩張，不少從中國多個地方進藏的紅衛兵更是火上加油，就在「國慶」前一天，張國華在內部高層會議上提出西藏情況特殊，要勸阻進藏學生和本地學生到部隊抓人搜家。由此可見白熱化到何種程度。

遠處高拔的山是拉薩著名的神山朋巴日（寶瓶山），被喻為八瓣蓮花之一，往日掛滿無數重重經幡，但彼時早已消失不見。拉薩和中國各地一樣，在各地領導人的效忠表白下，變成了狂熱崇拜毛澤東的紅海洋：紅旗、紅標語、紅寶書，簇擁著病毒般繁殖無數的毛澤東畫像。

「拉薩人民體育場」坐落於拉薩河畔，過去這裡是一片名為「波林卡」的叢林，
意為大爺林園，得名於看護林園的老人，原屬於貴族索康家族所有。現雖名為人
民體育場，可是在此舉行的各種政治性的萬人規模的大會遠遠超過了體育運動會。
如今，它依然發揮著這一具有政治意義的作用。

文革時期，這裡還是審判「階級敵人」、宣布處決命令、震懾無數藏人的公判大
會會場（註：二〇〇八年三月爆發抗議之後，長達數年這裡是軍營）。

這是在慶祝「建國十七週年」的集會上，為了讓「翻身農奴」表達對毛澤東的無限感激，須得人人高舉紅寶書、語錄牌，或者用西藏傳統上表示敬意等禮節的長條織物即「哈達」裝飾的毛澤東畫像。這其實是一種組織行為。下圖第二排正中那位戴頭巾、持毛像的婦人（可能是「藏回」穆斯林），似乎憂鬱的目光望向鏡頭，與攝影者的我父親在這個時刻對視。

這位「翻身農奴」的代表，正在揮舞紙花，領頭呼喊口號。

注意這個細節，他穿的白襯衣的上衣口袋裡夾著一枝筆，這在當時是幹部的象徵，人人羨慕。

慶祝大會結束了，拉薩的婦女兒童以及各界革命群眾高舉毛畫像、毛語錄牌和五星紅旗，按順序依次走過當權者們雲集的主席臺，接受他們的「檢閱」。主席臺的左側牌子上寫著：「學習十六條，熟悉十六條，掌握十六條，運用十六條。」所謂「十六條」即《關於無產階級文化大革命的決定》，是毛「親自主持制定」的文革綱領，隨後進入群眾分化為兩派的造反階段。右側牌子上寫著：「讀毛主席的書，聽毛主席的話，照毛主席的指示辦事，做毛主席的好戰士。」這段話出自於副統帥林彪，五年後，他攜妻兒乘飛機逃離中國，被毛澤東下令發射的炮彈擊中，命喪蒙古荒野，並遭全國大批判。中間掛橫幅寫著：「拉薩各族界人民慶祝中華人民共和國成立十七週年大會」。都譯成了藏文，來實行全面的洗腦。

這盛大的遊行場面，彼時在中國各地同樣洶湧澎湃。這是人民群眾的汪洋大海，正如一位當過紅衛兵的中國作家所說：「群眾的海洋是一個恐怖的磁場，一旦湧動起來，周遭的一切都無法辨別自己的方位，幾乎逃不脫被吸附的命運。」

但是各種各樣的政治口號並不能為「翻身農奴」們理解。有個故事說，「戰無不勝的毛澤東思想萬歲」翻譯成藏語特別拗口，總是會被「翻身農奴」們喊錯。這可是很嚴重的政治事件，「翻身農奴」們便央求幹部，請幹部領頭喊前面的一段，他們只喊「萬歲」。「萬歲」也有兩種喊法，一種是譯成藏語的喊法，一種是漢語的喊法，可是漢語的「萬歲」還是常常會被念錯，變成「昂色」（無意義）。

圖片中的遊行隊伍，被認出是從西藏軍區前的大街上經過，今稱江蘇路。

自從北京有了「勞動人民文化宮」，中國各地紛紛效仿。坐落於布達拉宮腳下的「勞動人民文化宮」，於一九六五年八月三十日竣工，是上世紀六〇年代具有代表性的最早的「援藏」建築。這七個鍍金大字據說由中共元老朱德親筆書寫。

據報導：「從一九六五年至一九八五年，西藏自治區所有重要的會議都在這座建築裡召開。平時它還承擔著電影放映和大型演出的任務。在文化生活還相對貧乏的年代，文化宮可以說是拉薩人民娛樂生活的唯一去處。直到一九九七年，文化宮禮堂停止了電影放映和文藝演出，最後改裝為一家舞廳。」

二〇〇五年，布達拉宮廣場擴建之時，這座毫無美學價值的政治會場被拆除。如今這裡豎立著中共首腦習近平的巨幅個人畫像，在其對面豎立著包括毛澤東、鄧小平、江澤民、胡錦濤、習近平五代中共領導人的巨幅畫像，中間是武警護守的升旗台，矗立的旗杆上掛著一面中國國旗。

昔日的大昭寺講經場在文革中改為會場，昔日的「葛如廈」藏房掛上了「拉薩市貿易公司批發部」的牌子，拉薩市城關區各居委會數萬人被集中到這裡參加各種動員大會或者批判大會。然而，他們真的理解文化大革命的意義嗎？

當過紅衛兵的強巴仁青老人回憶說：

「在大會上，幹部們說無產階級司令部要向資產階級司令部開炮。開炮？這是什麼意思呢？又說要進行無產階級文化大革命，這是毛主席的教導。那麼，毛主席還說了什麼呢？他說在我身邊睡了一個『希魯曉夫』。『希魯曉夫』？當時我們聽了以後，就想這個『希魯曉夫』到底又是什麼呢？是不是頭上長著牛角的那種很可怕的魔鬼呢？當然啦，我們後來才知道原來說的是『劉書記』，原來毛主席要向『劉書記』的司令部開炮。」

看來文化大革命這一新生事物對於強巴仁青以及同他一樣的「翻身農奴」來說實在費解，至今他仍然把劉少奇說成是「劉書記」，把赫魯雪夫（註：中國稱赫魯曉夫）說成是「希魯曉夫」，仍然認為在毛主席的身邊確確實實曾經睡著一個名叫「希魯曉夫」的魔鬼，仍然不知道把劉少

奇比喻成「希魯曉夫」的赫魯雪夫出自變了修的蘇聯。據說全中國到處都有大大小小的「希魯曉夫」，西藏也有「希魯曉夫」，竟然有這麼多的魔鬼準備睡在毛主席的身邊，不打倒他們怎麼會有人民的幸福生活呢？人民是需要幸福生活的呀。於是，強巴仁青也加入到無產階級司令部的隊伍當中，向資產階級的司令部「開炮」去了。

是加入「造總」？還是加入「大聯指」？這是一個大是大非的立場問題。當時，像這樣的群眾大會幾乎天天都有，無論在城鎮街道還是在機關單位，常可見到類似的發動群眾、教育群眾的場面，互相對立的造反派各立山頭，劍拔弩張。

而這一集會場面，是在當時稱為「交際處」，後更名為「迎賓館」的地方。

從這些呼喊口號的人群能看出他們屬於哪一派嗎？是「造總」，還是「大聯指」？
或者，既可把他們看作是「造總」，也可看作是「大聯指」，因為這兩派雖然彼
此對立其實性質相同，目的均在於趁文革之亂爭奪權力。

背景還是大昭寺講經場「松卻繞瓦」。人群中舉起的牌子上寫著毛語錄：「關心
國家大事，要把無產階級文化大革命進行到底！」

當時拉薩唯一一條柏油路是人民路，也就是今天的宇妥路，當年兩派爭相在道路
兩邊貼大字報，你貼上去了我覆蓋你的，我貼上去了你又覆蓋我的。到處矗立著
語錄牌，革命熱情百倍高漲的「革命群眾」甚至就坐在路邊書寫標語。

圖為某派寫語錄牌的情景，寫漢文的寫漢文，寫藏文的寫藏文，一派團結協力的
新氣象。其中有穿軍裝的女兵參與，也有戴紅領巾的孩童圍觀。

用藏漢兩種文字書寫毛主席語錄的牌子，豎立在人民路上的「拉薩貿易公司」（不
久改為「拉薩百貨商店」）門口。這在當時是拉薩最大的商場，但只能憑購物券
才可以買到日用百貨，拉薩人又叫它「大禮堂」，因為在一九五〇年代，這裡曾
蓋有一座簡陋的禮堂，用以開會和演出，一九六〇年代發生火災後改建為商場，
今名為「拉薩百貨大樓」。

這是文革中常見的情景。聽我母親講，那時候的人都跟瘋了一樣，半夜三更說要去遊行，「噌」就走了，精神好得不得了。那時候任何上班都沒有了，也用不著上班，除了挨鬥的人，每個人都在鬧革命。每天不是這裡開會就是那裡開會，「咚咚鏘，咚咚鏘」的，到處都在敲鑼打鼓，街上都是宣傳車和大喇叭。人們的口才都好得很。你說你有道理，我說我有道理，都在說造反有理。

在各種標語和旗幟中，有一幅寫著「交通廳職工子弟學校紅衛兵」。該校建立於一九六一年，專門為中國各地入藏的交通系統的職工子女而辦，位於布達拉宮西面德吉路北段，如今名為拉薩市第三中學。

我有興趣的是那個正在奔跑的小孩，他手裡拿著什麼呢？

既然是「文鬥」，宣傳就很重要。如一位當年表演革命舞蹈的藏人所說：「當時在文藝界的兩派，一派叫作『紅藝司』，意思是『紅色藝術司令部』，屬於『造總』，有西藏歌舞團、話劇團和藏劇團等文藝團體。另一派叫作『五·二三文藝總部』，得名於毛主席一九四二年五月二十三日延安文藝座談會的講話，屬於『大聯指』，有話劇團、秦劇團和豫劇團（這兩個劇團最早隨中共軍隊一起進藏，因為軍隊裡有很多陝西人和河南人，更與軍隊首腦的家鄉情結有關，進藏不久又有黃梅戲劇團、川劇團、京劇團）等文藝團體。兩派各有各的宣傳陣地，各有各的宣傳隊，各有各的報紙。每逢毛主席的指示下來了，就要把指示編成節目，編成歌曲，到處去演出。還要學樣板戲。話劇團學的是《沙家濱》，歌舞團學的是《白毛女》，都是藏族，全用漢語演出。那時候演出都是漢語，是當時的社會風氣，談不上什麼少數民族語言。倒是藏劇團把文革樣板戲京劇《紅燈記》改編成了藏戲。用藏語演出。旋律是藏戲的旋律，不過是自己編的，屬於現代藏戲，但是整個故事的結構和臺詞都是翻譯過來的。」實際上，與每個單位一樣，每個文藝團體都有「造總」和「大聯指」，只是參與人數的或多或少。

圖片中的人被認出是自治區話劇團的演員，分別扮演過妖魔化「舊西藏」的洗腦電影《不准出生的人》、《農奴》的角色。

不知道這是自治區歌舞團還是話劇團的演員，正在拉薩街頭載歌載舞，向廣大「翻身農奴」激情洋溢地宣傳文化大革命。以藏人演員為主、以感恩新西藏、批判舊西藏的內容為主的演出團體，有西藏歌舞團、西藏話劇團、西藏藏劇團，於一九五八年、一九六二年分別成立。文革期間，因為傳統藏戲被貶低為「四舊」，藏劇團一度停止演出，一九七二年重建，專門演出新編所謂的革命藏戲，如《解放軍的恩情》、《紅燈記》等，今天亦繼續新編、演出所謂的京劇藏戲《文成公主》。

一九六七年之後,「造總」和「大聯指」正式分庭抗禮。第一回合,一時「奪權」成功的「造總」在軍隊壓制下受挫。三月五日,以「大聯指」為主的各界群眾和解放軍軍人近三萬人,在拉薩舉行「徹底粉碎資產階級反動路線新反撲誓師大會」。這個大會又稱「三・五大會」。之後舉行了全城大遊行。

照片上,扛著寫有「西藏自治區無產階級革命派大聯合造反總指揮部」標語牌的隊伍,正是「大聯指」的隊伍,在經過當時的主要遊行區——人民路(即今宇妥路)。地上有標語的痕跡;牆上也有破碎標語和亂糟糟的大字報。

注意看,牆上的大半截標語上寫著「堅決支持西藏軍區對極少數反動分子實行……」,由此可見,當時軍隊與被視為「極少數反動分子」的「造總」,其實已經到了非敵即友的地步。

「農奴戟」，得名於毛澤東的詩詞中「紅旗捲起農奴戟」之句。西藏民族學院的一部分紅衛兵組建了「農奴戟紅衛兵造反總司令部」，屬於「大聯指」一派，另一部分紅衛兵組建了「紅色造反團」，屬於「造總」一派，在文革初期皆從陝西省咸陽市返回拉薩，非常活躍，影響甚大。其中，「農奴戟」據說是在拉薩的紅衛兵組織中最大的一支，成員基本上都是西藏各地貧窮家庭的子女，活躍者成為文革後的掌權人物。

據當時在西藏民院學中文的著名教育家扎西次仁先生在自傳《西藏是我家》中回憶：「得到了拉薩的軍區司令部的許可以後，我們那幾千人就準備行李上路。……因為我們來的團體那麼大，所以就分成兩部分來安頓，一部分（我這批人）住在招待所裡，那是從前的小昭寺，另外一部分就住在功德林寺，……張國華將軍就到招待所來看我們。他很熱忱地歡迎我們，說我們是文化大革命的先鋒。……我們在拉薩住了四、五個月，從一九六六年的十二月一直到一九六七年的三月間。」

這些統一著裝的女紅衛兵正是從咸陽來拉薩「大串連」的西藏民族學院的學生，參加了「三・五大會」的大遊行。多數是藏人，也有漢人，都是「農奴戟」的紅衛兵。如今許多人在拉薩工作，早已退休。右圖女紅衛兵看上去疲憊，緊鎖眉頭，茫然的目光也與攝影者的我父親瞬間對視。

這個戴著毛像章、握著毛語錄，正在引吭高歌的女子是西藏著名的「紅色歌唱家」才旦卓瑪。可以毫不誇張地說，這半個多世紀以來，從西藏出產的歌頌毛澤東和共產黨的革命歌曲幾乎全由她唱，傳遍西藏，也風靡中國，她是名副其實的紅色經典歌曲的歌者，以至於有文章寫道：「每一個從六〇年代走過的人都無法不記得才旦卓瑪，因為她的歌聲就像那個時代的血液，流淌在時代的脈搏裡」。

那是一個什麼樣的時代呢？不正是紅色恐怖的文化大革命嗎？

出身於日喀則鄉下農家的才旦卓瑪成了黨所需要的「翻身農奴」的代表，所以當年她感激涕零地讚歎：「毛主席啊紅太陽／救星就是共產黨／翻身農奴把歌唱／幸福的歌聲傳四方」，如今她無限深情地傾訴：「藏族和漢族是一個媽媽的女兒／他們的名字叫中國」。

左臂戴著「農奴戟 紅衛兵」袖章的才旦卓瑪，此時三十歲。一九六四年，她以一首《祝毛主席萬壽無疆》在大型音樂舞蹈劇《東方紅》中一鳴驚人，從此成為黨的御用歌手，官至副省級。從她戴的紅袖章看，說明她是「大聯指」一派。

照片上，與她合影的是從中國各地進藏的紅衛兵小將，但不知是從北京還是從哪裡來的，穿著素樸的軍便服，個個洋溢著青春的活力。看上去像藏人的男子抱著的小孩是誰的孩子呢？是才旦卓瑪的女兒嗎？

據說這些人是拉薩附近農村的群眾。有說是沖賽康居委會下屬的衛東公社的農民，大都種菜，也有的種青稞。也有人說像是拉薩河上游的紅旗公社的農民。而紅旗公社所在處，原名沖拉拉康，意為誕生之神的神殿，這裡本有一座七世達賴喇嘛時期建立的神殿，傳統上，每當達賴喇嘛誕辰日，政府與民間會在此舉行隆重慶典，稱之為沖拉亞歲。1959 年之後，已有近三百年歷史的習俗被取消，文革中，神殿被砸。今天，紅旗公社也消失了，成了西藏大學的新校區。

把手伸進嘴裡的男人是在蘸口水，準備向那些伸手討要的人們分發革命傳單。

兩派其實都一樣

一九六六年十二月二十二日，據稱代表五十六個群眾組織的上千人集會，正式發布「拉薩革命造反總部」的成立宣言，在震天動地的鑼鼓和口號聲中，整個拉薩響徹「造反」的聲音：

一位當年的「造總」成員保存至今的「造總」袖章。西藏的「藏」在袖章上是文革前發佈的簡化字。

> 我們要造黨內一小撮走資本主義道路的當權派的反！我們要造堅持資產階級反動路線頑固派的反！我們要造牛鬼蛇神的反！我們要造資產階級保皇派的反！我們是天不怕地不怕的革命造反派，我們要拿起鐵掃帚，揮舞千鈞棒，將舊世界掃入歷史的垃圾堆，我們要大亂天下，我們不怕狂風暴雨，不怕飛沙走石……造反，造反，一造到底，一定要建立一個紅彤彤的無產階級新世界！

多年之後，當我詢問陶長松這份鏗鏘有力的宣言是否由他親自撰寫，他笑而不答，神情間好似有著重返烽火當年的恍惚。

「造總」是當然的造反派，把造反矛頭徑直對準彼時總攬西藏軍政大權於一身的「土皇帝」張國華，認為張國華在西藏沒有執行毛主席的革命路線。而隨後成立的「大聯指」卻堅決捍衛張國華，被視作保守派。兩派各有學生、居民、工人、幹部和農牧民，各有藏人和漢人，用當時流行的一句話來說：「親不親，派來分」。值得注意的是，在一直由軍隊掌控的西藏，派性之風也猛烈颳向並非真空的軍營，比較而言，支持「大聯指」的軍人超過支持「造總」的軍人，包括軍隊內部的高層。

至於西藏的當權者，原本想把區黨委宣傳部副部長、西藏日報總編輯金沙，區黨委常委、組織部長惠毅然，拉薩市委第一書記何祖蔭等一干人當作替罪羊，戴上「走資本主義道路的當權派」和「反動學術權威」的帽子，在文革的最初階段大張旗鼓地對其予以批判；並且，把「破四舊」變成一種由上至下「發動」群眾起來革命的政府行為，很大程度上正是當權者出於自我保護而企

圖轉移鬥爭方向，寄望於「翻身農奴」在「破四舊」的過程中，向「三大領主」發洩滿腔的「階級仇」、「民族恨」，而非一門心思地要從他們手中「奪權」。然而枉費心機，以張國華為首的當權者終究還是不能避免革命的烈火燒上身來。

逐漸地，兩派向各地區、各縣甚至鄉村和牧區發展，除了與鄰國接壤的邊境地區被責令不准參與文革（北京規定，西藏七十一個縣中的二十五個邊境縣不准搞文化大革命，如西藏的阿里、錯那、亞東、聶拉木、吉隆、普蘭等城鎮和邊防要點），西藏其他地方全都捲入到兩派紛爭之中；除了「牛鬼蛇神」，幾乎人人面臨不是「造總」就是「大聯指」的選擇，很難做到超然物外。對於很多人來說，選擇加入哪一派似乎是一種隨大流的行為，多數人在最初加入的是這一派，隨著形勢的變化又倒向另一派，名曰「反戈一擊」。

表面看，兩派彼此水火不容，其實在意識形態的層面上都是一致的。也就是說，兩派都堅持自己是真正的馬克思主義者，是毛澤東及其思想的保衛者，但用一位曾經是「大聯指」成員今天的話來說，「我覺得兩派都一樣，半斤八兩，都喊著『毛主席萬歲，萬歲，萬萬歲』，都用的是毛主席的語錄，反正都是為了紅色政權永不變色這一類，這是兩派的共同點，所以都一樣，說不上誰對誰錯。」其實說到底，彼此對立的兩派其各自目的均在於權力，無論造反派還是保守派皆唯權是圖，企望在這場衝擊了昔日權力體系的革命中問鼎權力並且掌握權力，這才是兩派最大的共同之處。為了獲得權力，兩派展開了號稱「奪權」的爭奪之戰，最初形式為「文鬥」，是一場全民性的口誅筆伐，充滿火藥味的大字報、大辯論、大批判、大串聯搞得轟轟烈烈，針鋒相對，終於走向「武鬥」，陷入流血喪命的內戰之中。而兩派也就在不停的權力爭奪中，「亂烘烘，你方唱罷我登場」。

需要說明的是，在西藏長達兩年多的武鬥，其影響之深，破壞之大，遺患之重，疑案之多，不是本書所能概括和總結的。而且，必須強調的是，「破四舊」的風潮並未停止，仍在繼續，甚至變成了鑒別兩派革命性是否徹底的標準，尤其是在廣大的農村和牧區，歷史悠久的寺院古蹟化為廢墟，傳統的生產方式、生活方式、道德觀念招致詆毀，發生在西藏的文化大革命果然成了對整個西藏文化的大革命。

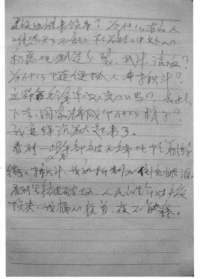

很遺憾，我找不到更多表現這一階段的照片。雖然我父親曾是西藏軍區軍管會宣傳組的成員，但他留下的數百幅照片中，卻找不到有關兩派武鬥的照片。這是因為他在一九六八年夏天至一九六九年春天，曾休假回康地老家看望老父和弟妹，當時還帶著我母親和剛滿兩歲的我。而這段時間正是拉薩武鬥的高潮，他不在現場也就不可能立此存照了。

另外，無論是當年的報紙還是如今的諸如大事記之類的官方書籍，對於這段歷史均三緘其口，避而不談，雖然兩派各自創辦的報紙（據說有十幾種之多，而且還有藏文版）倒是記載不少，但這些民間小報發行有限，而且今天也很難尋見，加之西藏所特有的那種自然的和人為的隔絕狀態，使得發生在西藏的派性爭鬥幾乎從不為人所知，以致在許多文革研究者的眼裡，西藏在文革時期即使發生了武鬥，也難以跟中國各地類比，儘管事實上不相上下，一樣的大亂特亂，一樣的瘡痍滿目，一樣的草菅人命。

在這裡，我只能根據採訪及相關材料，將兩派在文革中的大事擇選最主要的幾項，予以簡單的記錄和回顧。

血與火的較量

一九六七年一月六日，發生在上海的「奪權」行動受到毛澤東的讚揚，中國各地紛紛仿效敢於奪《文匯報》大權的上海造反派，颳起一股奪權之風，各地省委相繼垮臺。同樣受到鼓舞的西藏造反派，於一月十一日晚宣布奪《西藏日報》的權，這是「造

總」發起的第一次進攻。隨後，新華社西藏分社、自治區廣播電臺、中共拉薩臨時市委和市人委以及自治區的各部、委、廳、局相繼被奪權。據《西藏大事輯錄（一九四九－一九八五）》記載，一月二十三日，「拉薩革命造反總部」、「拉薩革命造反公社」和「首都赴藏造反革命總部」，代表拉薩三百多個「造反組織」，主持召開了有兩萬多人參加的「無產階級革命派大聯合，奪走資本主義道路當權派的權誓師大會」，通過了給毛澤東的致敬電和「告西藏全區人民書」，並舉行了火炬遊行。

席捲全中國的奪權之風導致社會全面動盪，由於中國各地第一把手同時兼任軍隊要職，在他們的抗議下，毛澤東命令軍隊干預造反派的行動，希望軍隊能夠恢復混亂的秩序，並在二月上旬指示：絕不允許「右派」群眾組織衝擊部隊……部隊可以開槍自衛，但僅限鎮壓帶頭鬧事的「右派」骨幹。於是，全軍上下得到了可以鎮壓「右派」的令箭，而所謂的「右派」皆被鎖定為「奪權」的造反派，因此各地大打出手，血流成河。

前去接管《西藏日報》的西藏軍區還算慎重，沒有向「造總」開槍，而是將整個《西藏日報》社包圍起來，實行軍事接管。幾天後，陶長松等「造總」十二名骨幹被捕。於是在軍隊的壓力下，第一回合，「造總」受挫。

很快，軍隊的這次報復行為，又因毛發現對文革不滿的軍隊當權派實乃文化大革命的最大威脅，而被斥為「二月逆流」加以全盤否定。一九六七年四月一日，中央文革小組下達「四·一指示」，表示要為造反派平反，同時命令軍隊停止鎮壓造反派。關押七十一天的陶長松被釋放，「造總」東山再起，「大聯指」暫時失勢。

一九六七年四月，得意洋洋的「造總」在拉薩召開上萬人的群眾大會，譴責「大聯指」。無數紅衛兵從中國多個地方抵達西藏以示聲援，其中就有從清華大學再度返回的達瓦次仁和阿旺次仁。他倆原本在二月中旬，與四十多名「首都紅衛兵」一起，被

西藏軍區的兩輛卡車沿川藏線遣送至成都，以示將這些不知天高地厚的學生趕出西藏，但在「四‧一指示」公布之後，他們重又打道回府。「造總」一度被取締的精銳組織「專打土皇帝聯絡委員會」得以恢復。

這是當年的一位「造總」成員保存至今的各種紅袖章。可惜未能找到「大聯指」的紅袖章。我家過去收藏的有，後因多次搬家，終於佚失。

陶長松繼續當「造總」的總司令。我問他：「把你們放了以後，你們又做什麼呢？」他回答說：「我們繼續加入嘛，又回到總部，還是核心組織的人物。既然沒說我們是反革命，那就說明我們是對的，中央都平反了，那就繼續幹吧。當然我們也免不了總結經驗教訓，調整一下組織。我們放出來以後，很快就發生武鬥了。」

一九六七年五月張國華調任四川第一把手之後，西藏的高層官員為了爭奪張遺留的權力空缺，發生了分裂，各自利用「群眾組織」明爭暗鬥，不久因中央文革小組副組長江青七月二十二日關於「文攻武衛」的講話在全國掀起武鬥高潮，武鬥有了合法的理由。拉薩爆發巷戰，又從巷戰變成了攻打戰略要點。西藏各地的武鬥也頻頻發生，只有處於軍事管制下的一些邊境縣例外。《西藏日報》甚至一度停止出版。

起初，武鬥的武器十分原始，竟然是石頭、「烏多」（西藏的一種放牧用具）、鋼釺、長短刀等，據說還有以往的信徒為表明戒殺生而交予寺院的矛、盔甲等古兵器，甚至還用土辦法自製了槍枝和炸藥包，但很快就出現了真槍實彈。這類武器是怎麼來

的呢？當時有一種說法叫作「明搶暗送」，指的是同樣存在派性衝突的軍隊，不但不可能在兩派之間充當公平調停的角色，反而在暗中向兩派提供槍枝彈藥，或者任由兩派去搶軍械庫。

在武鬥中，暴烈與殘酷都是彼此相當的。除了使用槍炮等武器致對方於死命，其他原始酷刑如挖耳、割鼻、斷肢也頻頻發生，帕廓街頭還出現了被鐵釘活活釘死的兩個「造總」成員的屍體。

不少古老的房屋建築遭到嚴重破壞。許多已在「破四舊」中被砸過的寺院繼續遭殃。這些寺院因為地理位置顯著、使用面積寬敞而成為兩派據點，如小昭寺、策墨林寺被「大聯指」設為廣播站，大昭寺、丹傑林寺、喜德林寺被「造總」設為廣播站。無論在「文鬥」還是「武鬥」期間，廣播站都是兩派非常重要的宣傳陣地，為此針對廣播站發生的激烈戰鬥十分頻繁，而這些寺院也就不可避免地在屢次戰鬥中飽受打擊，如喜德林寺四層佛殿只剩殘缺三層，之後一圈僧舍成了解放軍軍營，還成了藏劇團、黃梅戲劇團的駐地。格魯派重要的密乘學院木如寺，則被話劇團和豫劇團改為駐地，吃喝拉撒，一如俗家大雜院。

西藏的武鬥驚動了北京。九月十八日，周恩來、江青等中央文

左圖　化作廢墟的喜德林寺。
右圖　喜德林寺廢墟裡殘破的壁畫。拍攝於二〇〇三年三月十九日。（註：二〇一八年當局拆除廢墟，在原址上重蓋新房，重新講述被修改的故事，同時抹除當代歷史上紅色恐怖製造的災難。）

革小組成員接見西藏軍隊和地方主要官員，專門下發「關於制止西藏武鬥的五項指示」。但武鬥已然失控，越演越烈。

在西藏發生的武鬥，以東部昌都地區最為猛烈，被打死的人據說有兩百多，按當時中國的城市人口比例算是很高。昌都的「大聯指」和「造總」各有自己的「烈士陵園」，死者既有藏人，也有漢人。

軍械庫被搶是導致武鬥惡化的主要因素。一位親歷一九六八年初昌都軍械庫被搶的「大聯指」成員（補充：他的名字是赤來道吉，我的舅舅，退休前爲西藏社科院古籍出版社社長，已故）向我詳細講述了事件經過。他介紹說，軍械庫裡面「什麼槍枝彈藥都有。五四手槍、七九步槍、過去藏兵用的英國槍等。還有手榴彈、重機槍、輕機槍、歪把子機槍。還有火箭炮，就跟在電視裡看到的塔利班用的武器一樣。我們總共搶了三四次……『造總』當然知道『大聯指』去搶槍，他們也去搶。我們今天搶，他們明天搶，都搶的是那個軍械庫。反正武器多的是，搶不完的。部隊一方面因爲派性各自支持各自的派，一方面也人數太少，起先只有一個排，那不算什麼，去搶槍的都是幾百號人，剛開始部隊想要阻攔，結果兩三個人擁上來抓住一個兵，動都動不了，也就順水推舟，由兩派去搶了。這以後的武鬥就不得了啦。」

　　在被搶的軍械庫中，扎木軍械庫被搶是一次更爲嚴重的事件。扎木乃一小鎮，爲藏東波密縣駐地，當時在行政區劃上屬昌都地區，一九八三年劃歸林芝地區。這裡有西藏最早的木材加工業基地和機械廠、運輸站、地質隊、橋工隊、房建隊等，也有軍營、兵站、糧食倉庫及其軍械庫部署於此。並且有關押眾多藏人政治犯的扎木監獄，曾名爲西藏自治區公安廳第二勞改隊。兩派出現之後，工人眾多的扎木基本上是「造總」的天下，雖然也有「大聯指」的勢力，但非常弱。已故的親歷者洛桑尼瑪當時是「造總」成員，向我回憶了當時的過程。一九六八年夏天，駐紮在扎木鎮的軍械庫被當地「造總」多達上千人所搶。據說守衛這個軍械庫的軍人也支持「造總」，可以說是他們把武器拱手相送。而裡面的槍枝彈藥之多，甚至可以裝備一個師。大量被搶的武器運往拉薩、昌都等地，「造總」的力量迅速得到極大加強，導致西藏武鬥升級，也有不少武器流失各處，在第二年的所謂「再叛」時發揮了不可低估的作用，這是最令當局頭疼的。

　　一九六八年六月七日，拉薩發生了西藏文革史上最令人震驚的血案之一：「六‧七大昭寺事件」。概括而言，被「造總」占爲據點的大昭寺，第三層「日光殿」以及相連的臨街的屬殿被設爲廣播站，有數十名「造總」成員在此駐守，都是河壩林等居委會的居民紅衛兵和拉薩中學的紅衛兵。據說這個廣播站的宣傳攻勢很厲害，痛斥「大聯指」和軍隊保守派的聲音整日響徹拉薩，

因而在六月七日這天，先是被住在帕廓街索康大院裡的秦劇團和拉薩市歌舞團的演員包圍，接著遭到支持「大聯指」的拉薩警備區部隊的軍事攻擊，當場有十人被打死在寺院裡，還有兩人被打死在附近街上，傷者多人。因嗓音宏亮而有「高音」之稱的播音員赤列曲吉被打中腹部，腸子湧流，她用一個搪瓷缸子堵住，嘴裡還高喊「毛主席語錄」：「下定決心，不怕犧牲……」另一位播音員單珍差點喪命，子彈穿過軍帽，擦過她的頭皮；腿被手榴彈炸斷，後經醫院搶救才得以倖存。戰事很快就結束了，解放軍占領大昭寺以後，據說秦劇團的演員還衝進去毆打傷者。而後，那些死傷的人被亂七八糟地堆放在馬車上，推到藏醫院的大門口，引來拉薩城裡風聞而至的人們團團圍觀。

在大昭寺發生的這場血案令拉薩譁然，北京震動，兩派特派專人趕赴北京彙報，毛澤東和林彪均有批示，批評西藏軍方，軍隊因此向「造總」道歉，一些軍官遭到處罰。「造總」立即在《紅色造反報》的藏漢文版上予以詳細報導，專門製作印有毛澤東批示的毛澤東像章，還舉行了大型的遊行活動。在這一事件中喪生的十二人，被埋葬在拉薩西郊的「烈士陵園」內專門開闢的小陵園，西藏軍區和西藏革委會還為其立碑。

這十二人都是藏人，而且大都是拉薩人，平均年齡二十多歲，最小的是一個十七歲的女子。採訪中，有人告訴我令人髮指的故事，原本被追悼為「烈士」的十二人，一年後卻被說成死有餘辜，於是挖開棺木，曝屍野外，有幾具屍骸被家人認領，其餘的任野犬啃噬。但不久又莫名其妙地將墓地恢

當時登載「六‧七大昭寺事件」的「造總」報紙《紅色造反報》（藏文版）。

這就是專門為紀念「六‧七大昭寺事件」而製作的毛澤東像章。一套三枚，特製的紅色紀念盒。像章的背面刻著毛於一九六八年十一月十四日專門做的批示：「軍隊領導不袒護部隊所做壞事，替受害人民伸冤，這是國家興旺的表現。」像章發行單位是：西藏自治區革命委員會 西藏軍區。（補充：這些紅袖章、毛像章及《紅色造反報》，皆出自當年的「造總」成員索次啦的收藏，他的妻子即是受重傷的播音員單珍，文革後因車禍去世。報紙是當年原件，因為幾乎就沒有打開過，所以嶄新。我於二〇〇三年一月間在他家中拍攝，如今他已病故。）

復舊樣，儘管每個墓穴裡早已空空蕩蕩。

如今，烈士陵園的一角還保留著這片特殊的墓地，長滿了萋萋荒草，破裂的廣場上堆積著牲畜的飼料，墓體已經裂縫，碑文模糊不清。就像整個事件的來龍去脈從不見於任何公開文本，才短短幾十年，似乎無人可以說得清楚，又似乎是有意隻字不提，以至於事件本身幾近湮沒，何以如此？

「六‧七大昭寺事件」之後，「大聯指」失勢，「造總」反敗為勝。九月五日，西藏自治區革委會成立，兩派頭頭陶長松和劉紹民均授職革委會副主任，相當於副省級。十一月九日，「大聯指」宣布撤銷總部並同時停刊《風雷激戰報》。十一月十三日，西藏軍區在拉薩人民體育場為「造總」召開平反大會。

然而事態並未因此平靜。一九六九年三月起，西藏昌都地區、拉薩市郊縣、日喀則地區、那曲地區等地的藏人相繼掀起較大規模的反抗事件。當時局勢被認為十分嚴重，主要是因為在這一系列事件中打死了解放軍軍人，而不同於這之前的武鬥死的只是平

二〇〇一年六月，我帶王力雄去位於拉薩西邊哲蚌寺下方的「烈士陵園」，祭拜了我父親的墓地，也去看望了這片被圍牆隔離如同打入另冊的紅衛兵墓地。王力雄鼓勵我一定要完成這部關於西藏文革的見證之書，於是，這部耗去我數年的書稿，就在我父親以及這十二個年輕藏人的墓前有了最初的形態，如同是他們的靈魂託付給我的使命。

民。北京為之大怒，下令軍隊實行武力鎮壓，竟至十分恐怖的地步。

今天，這一系列事件在官方正式出版物上被定名為「反革命暴亂事件」，但在當時卻被定性為「再叛」（再次「叛亂」）。所謂「再叛」是相對於一九五六年至一九五九年整個藏區發生的藏人武裝反抗中共政權而言的。被中共定性為「反革命叛亂」予以屠戮鎮壓，導致達賴喇嘛及西藏噶廈政府流亡印度，數萬難民亦逃離家園。那麼，一九六九年發生的系列事件，是否算作第二次反抗中共政權的「叛亂」？何以官方要改變口徑，將當時定性的「再叛」改為「反革命暴亂」呢？（事實上，在今天的「尼木烈士陵園」，仍然將「尼木事件」歸為「兩九」叛亂，所謂「兩九」指的就是一九五九年與一九六九年。）而這一轉變的背後，到底有著什麼樣的祕密呢？

當年西藏自治區一共七十一個縣，被牽扯進「再叛」的縣竟有五十二個（十八個縣被定為「全叛」，二十四個縣被定為「半叛」，還有一些縣是「預謀叛亂」），占七十四％以上，涉及的人員之多更是難以計數，據陶長松披露，自治區的有關統計資料說全區有一萬多人涉嫌，但他認為這數字已經大大縮水。他譏諷道：「如果把這麼多的人都說成有『叛亂』嫌疑，共產黨不是自己給自己臉上抹黑嗎？共產黨在西藏那麼多年的成績不是都沒有了嗎？毛主席的威信又到哪裡去了？」所以，他迄今堅持認為，當年發生的暴力事件不是「再叛」，而是「群眾組織」之間的武鬥。從這一點來看，陶長松可能才是維護當局佔領西藏合法性的聰明人。

當時發生在拉薩附近的尼木縣和昌都地區邊壩縣的暴力事件，時間基本相同，性質基本類似，在這一系列事件中最為突出。意味深長的是，事後調查發現，在那些揭竿而起的反抗者裡，既沒有出身「三大領主」的人，也沒有一九五九年參加「叛亂」的人，應該說都是「翻身農奴」。雖然「尼木事件」的領導人是一位名叫赤列曲珍的尼姑，但比較年輕的她只是生活在鄉村的貧寒尼姑，也可以算作黨要解放的「翻身農奴」，被要求離開寺院還俗務農。那麼，既然是「翻身農奴」，而不是「三大領主」，就不該對把他們從「三大領主」的壓迫和剝削下解放出來的「金珠瑪米」（解放軍）懷有如此之深的「階級仇」和「民族恨」，這

是說不過去的。正如我在採訪中聽到曾經跟隨解放軍平息「尼木事件」的新華社駐藏記者巴尚（化名，藏人）說：「本來這一事件是可以按照內部武鬥處理的，但是殺害了那麼多手無寸鐵的解放軍，恐怕這就不能說是武鬥了。那些解放軍是在突然襲擊中被打死的，這顯然就是一種仇恨心理，一種敵對心理，不是一般的武鬥，也不是一般的在文化大革命中受矇騙的問題。」

廳級官職的藏人官員久尼（化名）當年是「尼木事件」被鎮壓之後，軍隊舉辦巡迴展覽的講解員，至今她依然氣憤地說：「這在那些年，在六〇年代末發生這樣的慘劇，是西藏『和平解放』以後，甚至一九五九年『平叛』時候都沒有發生過的。一九五九年西藏那麼大規模的『叛亂』，部隊都沒有發生過這種情況，都沒有遭到過這麼慘重的失敗，竟然在一九六九年能發生這樣的事情，那是駭人聽聞的，實際這也就屬於『再叛』了。」可如果這的確是事實，那就必須得追問：這是為什麼？

——為什麼，西藏在「解放」多年之後，還會有那麼多「翻身農奴」，能夠做到義無反顧地去殺解放軍呢？僅僅是因為當時去「支左」（支持「左派」的意思，出自毛澤東的指示）的解放軍不支持「造總」嗎？還是因為他們本身就是解放軍的緣故？比如赤列曲珍領導的村民，用大刀長矛和繩索石塊殺死熟睡中的數

於二〇〇一年重新整修的「尼木烈士陵園」，被設為「拉薩市愛國主義教育基地」。這些有關「尼木事件」的照片，是二〇〇五年十一月，我和王力雄在「尼木烈士陵園」陳列室翻拍，守陵園的藏人男子在墓前邊念經邊喝青稞酒已醉。

十名解放軍軍人和積極分子，其目標之明確，其場面之血腥，顯然不同於通常武鬥中的派性廝殺。又比如在「邊壩事件」中，發生過四個年輕的農村女人用繩子活活勒死解放軍士兵的事件。那麼，諸如此類，是不是很不符合黨所塑造的感恩戴德的「翻身農奴」的形象呢？那麼，這是不是意味著，文革中藏民族的民族主義其實存在呢？如果存在，是一開始就暗中潛藏著，一旦時機出現就立即爆發？還是隨著「解放」的神話被殖民的真相所替代而逐漸產生的？而這一切，又是以什麼樣的形式來表現的呢？是否與一九五六年至一九五九年在全藏各階層發生的民族主義運動相似？還是說，這是另一種形式的源於底層民眾的民族主義運動？如果真的是這樣，連最底層的西藏人都憤然而起，中共所精心營造的「新西藏」便喪失了最起碼的基礎。而這，既是強權者自己不願意承認的，也是強權者不願意讓別人知道的。

可以說，「尼木事件」、「邊壩事件」等系列事件，乃是西藏文革史上最大的疑案，也是最大的血案，各方對立的立場、矛盾的敘事，以及當局的行動和說辭引人深思。

領導藏人起義的「尼木阿尼」赤列曲珍被處決前的留影。據目擊者說：「怕她喊口號，擾亂人心，不但把她的喉管割了，還用幾根鐵絲穿透了她的腮幫，從這邊穿到那邊，再緊緊地拴在腦後，結果滿嘴、滿臉都流著血，胸前也是血，慘不忍睹。」

所謂平息「再叛」實則大肆屠戮的軍事行動結束之後，便是大規模的逮捕、關押和公開處決。尼姑赤列曲珍成為西藏人人皆知的「反動分子」。她是因為「再叛」而被第一批公開審判處決的十八人中的一個。大概是一九七〇年二月，當天拉薩人幾乎傾城而出，被帶往公判大會的現場——拉薩人民體育場和北郊一帶

的流沙河刑場，去接受怵目驚心的「階級教育」。

　　當時除了槍斃「叛亂分子」，還要槍斃「叛國分子」，這些都是各種各樣的「現行反革命分子」。由於不少人因不堪恐怖與貧困而逃往印度等周邊國家，有些人不幸被抓獲便以「叛國分子」的罪名予以嚴懲。其中一個叫圖登晉美的年輕人，是拉薩中學高

即將被枪决的匪首

他是喇嘛強巴旦增，「尼木事件」在拉薩第一批被公審處決的一員，據說是赤列曲珍的老師。

六六班的學生，與女友華小青（半藏半漢）在逃亡時被捕。華小青在監獄裡遭到管制人員強姦，當晚自殺。圖登晉美被公判處決。「牛鬼蛇神」桑頗・才旺仁增的兒子也因企圖逃亡印度而被槍斃。與其一起圖謀逃亡的有三人，兩人被槍斃，一個女孩被判刑二十年，曾在一九五八年充當過西藏軍區副司令員的桑頗，竟眼見兒子喪命於解放軍的槍下卻救不得，內心不知是何感受。

　　在所謂的「叛國分子」中，甚至只因有外逃的計劃也會招致殺身之禍。如在山南加查縣與曲松縣之間的波塘拉山修公路時，幾個家庭出身成份屬於「領主」或者「代理人」的年輕人，不堪生活艱難和精神壓抑，言談中流露出越境逃往印度的想法，被一位同伴告密，修路隊的領導立即上報，從拉薩派來解放軍軍人將這幾個年輕人全部逮捕。不久，十六歲的東覺和十四歲的次多被公判槍斃，十八歲的索朗勒扎在獄中被打死，曾獲中共盛贊的「愛國上層人士」擦珠活佛的外甥十六歲，被判刑二十年，後來獲釋之後還是去了印度，從此不歸。

圖 1-5
在拉薩人民體育場舉行「拉薩市革命委員會公判大會」的場景。

圖 6-8
在位於拉薩北郊的流沙河刑場處決各類「反動分子」的場景。

　　爲了起到「殺一儆百」的作用，當時盛行的做法，一是將宣判死刑的布告到處張貼，被處決者的照片或名字上畫有一個醒目的紅叉；二是舉行群眾性的公判大會，公判之後便由解放軍士兵押上卡車全城遊街，再駛往刑場予以槍斃，有些人未到刑場就已被拴在脖子上的鐵絲或繩索活活勒死。無論公判還是處決，其親屬必須站在前排「接受教育」，而且既不准收屍，還要上交繩索

費與子彈費，並須公開表態感謝黨消滅了「階級敵人」。很多人在獄中不堪折磨而自殺，也有人被虐待致死。

名為「拉薩人民體育場」的波林卡成為集合數萬人的公判大會會場，而殺人的刑場則有好幾處，如色拉寺天葬臺附近、獻多電廠旁邊的天葬臺附近、蔡公塘天葬臺附近、古扎拘留所旁邊的天葬臺附近、北郊流沙河一帶。要說明的是，在天葬臺附近實行死刑，並非可以將那些被處決者按照西藏傳統葬俗就地天葬。天葬的習俗屬於「四舊」，早已禁絕。在解放軍的槍聲中，一個個「反革命分子」一頭栽倒在早給他們草草挖就的坑中，而後被蓋上塵土算是埋葬於泥土之下，有的人甚至腳掌露在外面，被野狗撕咬。

一九七〇年和一九七一年被槍斃的人之多，據「造總」總司令陶長松說，其中只是因一九六九年的所謂「再叛」被法院判決槍斃的就有二九五人。後來這二九五人中，有些人被認為殺錯了，予以平反，並先後給其家人「安慰費」二百元和八百元，對此，陶長松講了一句令人難過的話：

> 藏族人太老實了，槍斃他們的時候說「突幾切」（謝謝），給他們兩百元的時候也說「突幾切」，給他們八百元的時候還是說「突幾切」，這些藏族人實在是可憐啊。

但在採訪中，有很多人認為遠遠不止這個數字，因為光是邊壩和丁青兩個縣，一次就槍斃過一百多人。

參與調查「邊壩事件」的一位藏人學者說，一九七三年，政府下派的工作組去邊壩縣「落實政策」，修正軍隊平息「再叛」擴大化的錯誤，結果發現「鄉里全是女的，男的除了老頭子和小孩子，青壯年幾乎沒有。整個邊壩到處都是這樣。為什麼是這樣呢？一部分打死了，一部分抓起來了，就沒什麼男人剩下了。每個鄉都這樣。一開會的時候全是穿黑衣服的女人，男的很少」。由此可見，軍隊的殘酷鎮壓到了何種地步。而這，可能就是當局及軍隊迄今堅持「再叛」、「反革命暴亂」這類說辭的原因，必須把屠戮的「翻身農奴」判決為「叛亂分子」、「反動分子」，而不能裁定為參與兩派武鬥的群眾，否則就徹底顛覆了他們自進藏以來苦心經營的大恩人、大救星的人設，這絕對是當局所忌憚、要遮蔽的。

塵埃落定

一九六九年發生的一系列暴力事件最終敲響了「造總」的喪鐘。另一派則一統天下，甚至文革結束也未被撼動。而「造總」裡的心猶不甘者、蠢蠢欲動者被當作「三種人」（指在文革中「造反起家的人」、「幫派思想嚴重的人」、「打砸搶分子」）遭到最後清洗。這與民族無關。也因此，至今在西藏盛行一種奇怪的現象，即提起當年在文革中參與兩派的往事，但凡說自己加入的是「大聯指」就好像挺光榮，而承認自己加入的是「造總」就似乎很慚愧。這是什麼原因呢？

試看文革中後期及文革之後西藏高官的簡歷（時間截止二〇〇六年），幾乎無一例外都出自「大聯指」，如熱地（那曲地區「大聯指」負責人，一九七五年至二〇〇三年任自治區黨委副書記等職，現為全國人大副委員長）、巴桑（山南紅衛兵頭頭，

在拉薩，至今還有不少地方殘留著文革的痕跡。左下圖，在丹傑林居委會某居民院的牆上，紅底黃字的「毛主席語錄」很顯眼，拍攝於二〇〇三年二月。右上圖，哲蚌寺最重要的佛殿甘丹頗章的牆上，有穿軍裝的毛頭像和文革口號，後被工作組勒令塗蓋，拍攝於二〇〇四年七月。右下圖，在拉薩河對面的尺覺林寺的牆上，文革口號刻入牆體，也特別清晰，拍攝於二〇〇四年七月。

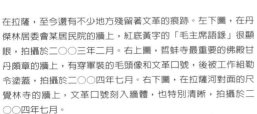

山南「大聯指」負責人，一九七一年至二〇〇三年任自治區黨委副書記等職，現為全國婦聯副主席）、列確（日喀則地區「大聯指」負責人，現為自治區人大主任）、洛桑頓珠（西藏民族學院「農奴戟」司令員，現為自治區人大常委會副主任）、拉巴平措（「大聯指」《風雷激戰報》藏文主編，現為中國藏學研究中心總幹事）；後來的平步青雲者，如向巴平措（昌都「農奴戟」司令員，現為自治區黨委副書記、自治區政府主席）、江措（扎木機械廠「大聯指」的頭頭，現為自治區副主席）、德吉措姆（西藏民族學院「農奴戟」負責人，現為自治區黨委常委）、布窮（山南地區瓊結縣「大聯指」頭頭、縣革委會主任，現為自治區黨委副書記、自治區紀委書記）、巴桑頓珠（現為西藏自治區黨委常委、西藏自治區政協副主席、西藏自治區黨委統戰部部長。在他的簡歷上，至今寫著「一九六九·十一～一九七〇·十二，隨中國人民解放軍四〇九部隊參加平暴，任翻譯」）、益希單增（從「造總」倒戈為「大聯指」，現為自治區政協副主席）等等，充分表明，迄今為止，在西藏並未像中國各地對在文革中起家的官員做過清理，為什麼會這樣呢？其中包藏著北京方面怎樣的心機呢？而這樣一批撈到了太大好處的當地藏人，如今也正是「西藏問題」難以解決的癥結之一，深諳「反分裂」的好處不但可自保，還可升官發財。

在採訪中，我意外地從帕廓街一位普通的藏人婦女那裡，得到了一張很有意思的老照片，有必要做一簡介。

這張拍於一九六九年五月十八日的照片上，寫著「紅旗捲起農奴戟」的字樣。一面展開的紅旗上用藏漢文兩種文字印著「農奴戟」以及「紅衛兵」三個字。四十六個男女紅衛兵分成三排或蹲或坐或站。在這些紅衛兵當中，除了第二排右五至右八，以及第三排右五這五個男青年，是從西藏民族學院進藏鬧革命的藏人學生外，其餘全都是木如居委會和吉崩崗居委會的居民紅衛兵，當時他們都是「大聯指」一派。

在西藏民院的紅衛兵中，第二排右八名叫洛桑頓珠，當時是西藏民院教師，「農奴戟」司令部的司令，如今是自治區人大副主任。第二排右六名叫群培，如今也是自治區人大副主任。看來，在這一張照片上，後來就出現了兩位副省級官員。

另外，照片上有兩個臉被塗抹成一團的女孩均已故。第二排右二那個男青年也已故。

這張照片是在今拉薩市公安局後面的一個叫作「白勒沖果」的林卡裡拍攝的。

III

龍在雪域

解放軍掌控西藏

軍事管制

　　一九五〇年，毛澤東派遣軍隊進入西藏，從此軍隊成為掌控西藏的唯一力量。即使在中共自己總結的「十年浩劫」時期，軍隊仍然牢牢地掌控著整個西藏。這固然出於一個很重要的考慮，那就是西藏的戰略地位。這種考慮其實至今存在，從末有過絲毫放鬆。

　　氣勢洶洶的文化大革命很快就使國家機器陷入癱瘓。毛澤東為此下令軍隊接管各級政權，重新恢復社會秩序。於是整個中國進入軍事管制。西藏也不例外，於一九六七年五月十一日正式成立軍事管制委員會（簡稱「軍管會」），軍隊在西藏文革中充任重要角色。而軍隊的推波助瀾，致使西藏的文革更加複雜化。與中國各地不同的是，一九六九年三月起，西藏多個地方發生暴力事件，解放軍成為攻擊目標，北京震怒，下令鎮壓，竟至大開殺戒的地步。

　　可是鑒於軍隊的特殊身分，尤其是西藏這個特殊的背景，若想找到有關軍隊是如何全面介入的資料十分困難，就像若要進入西藏軍區大院，沒有充足的手續和理由，是不可能走過數名士兵持槍把守的幾道門崗。禁區重重，機密道道，許許多多的疑案就深藏在諱莫如深的鐵幕後面，我只能努力並且嘗試著揭開那不易透露的一角，僅此而已。

這是一九六六年八月十九日，在拉薩五萬人慶祝文化大革命的集會上，中共在西藏的第一首腦張國華表示要迎接文化大革命來到西藏高原。他左臂上的「紅衛兵」袖章，是自治區師範學校的藏人紅衛兵跑上臺給他套上的。他戴著墨鏡大聲疾呼要「向資產階級、封建農奴主階級的意識形態、舊風俗、舊習慣勢力，展開猛烈的進攻！要把反革命修正主義分子，資產階級右派分子，把資產階級反動權威，統統打倒，打垮，使他們威風掃地，永世不得翻身！」卻不曾料想，幾個月後，進攻的目標就對準了他本人。一九六七年五月，心力交瘁的張國華調往四川，擔任四川黨政軍第一把手。一九七二年二月在成都因突發腦溢血而去世，時年五十八歲。

站在張國華身後鼓掌、滿面笑容的男子是自治區委員會書記處書記周仁山，一九五六年十二月從青海調入西藏，一度是向一九六七年初發動奪權的「造總」施壓的區黨委領導人之一，不久卻成了「造總」的支持者。在張國華離藏後，他成為西藏自治區黨委代理第一書記。他是西藏文革時期，因權力鬥爭而被犧牲的兩個最高層的官員之一，另一個是老資格的十八軍軍人、西藏軍區副政委、西藏最初成立的「文化大革命領導小組」組長王其梅。周仁山被「大聯指」批判是「劉、鄧路線」（劉少奇和鄧小平）安插在西藏的「黑手」，他的出身和政治背景遭到懷疑；「造總」則聲稱，反對周仁山的運動是西藏軍區副政委任榮策劃的，而在其背後得到了張國華的支持，為此加強了反對王其梅的攻勢，其罪名是「大叛徒」、「劉少奇在西藏的代理人」。不久，王其梅被關押，於一九六七年八月在北京軟禁時自盡，年僅五十三歲。

儘管王其梅已死，但為了實現所謂的「大聯合」，成立革命委員會，軍隊以及兩派決定共同批判周仁山和王其梅，將兩人送上革命需要的祭壇。一九六八年九月七日，《人民日報》報導西藏成立革委會，聲明對兩人的鬥爭要繼續下去。一九七一年八月，西藏自治區第一屆黨代會在拉薩召開，會議宣佈將兩人永遠開除出黨。文革結束後，兩人獲得平反。總算熬到頭的周仁山調任新疆自治區黨委書記，後來調回北京，一九八四年病故。

長久以來，西藏一直保持著軍隊進藏之後的習慣，從自治區、拉薩市到各地區乃至各縣的第一把手均為軍人兼任。軍事化的管理使人人須得提高警惕，嚴防身邊出現階級敵人。這種軍人統治的狀況截至一九八六年才告結束。

這張同時拍攝於這場文革集會的照片上，第一排站立鼓掌的三個軍人都是最主要的權力者。戴墨鏡的軍人是當時大權在握的張國華。正中側身向右的軍人，是繼王其梅之後接任西藏軍區副政委的任榮，一九七一年起成為西藏軍隊和地方的最高長官。左一略微垂目低頭的軍人，是時任西藏軍區副司令員的曾雍雅。任榮和曾雍雅的神情耐人尋味，他倆分別為「大聯指」與「造總」在軍隊的後台，彼時已有的那種權力鬥爭的較量被攝影者捕捉到了。

一位當時在西藏軍區機關工作的藏人，就軍隊中的兩派或者說傾向兩派觀點的情形，介紹說：「我記得當時規定很明確，軍隊裡從事文藝工作、文體工作的軍人可以介入，但是作為正常的部隊，尤其是機關，要服從大局，不准介入到地方的兩派鬥爭。不過，隨著鬥爭的越來越加劇，軍隊機關全部介入是什麼時候開始的呢？是地方已經形成了兩派以後……軍區機關的四大班子，也就是司令部、政治部、後勤部和接待班子，都參加了文革，一下子形成了兩派，尤其是司政後這一塊。部隊裡的兩派與地方上的兩派，其觀點是相似的，也是以張國華為界的。一派肯定張國華，一派否定張國華。」

這些女兵都是西藏軍區歌舞團的演員。在軍區歌舞團裡也分的有兩派,「大聯指」這一派是「文藝兵總部」,「造總」那一派是「高原紅」,彼此間針鋒相對,水火不容,用當時的話來說,「派性利益高於一切」。右圖二排右二女兵,名為索娜,在讚美進藏解放軍的紅色歌舞、很受中國人歡迎的《洗衣歌》裡擔任主要演員,後為軍區歌舞團團長,轉業後任西藏自治區文化廳副廳長,現已退休成都。

這四張照片,應該是一九六七年夏天拍攝,從《西藏大事輯錄(一九四九──一九八五)》查到,六月二十五日西藏自治區出版發行漢藏文對照《毛主席語錄》,同時中國各地也在出版發行《毛澤東選集》一至四卷。全中國各行各業都須「喜迎紅寶書」。

雖然軍隊中也有「造總」的支持者，但為數不多，因此「造總」的飛揚跋扈導致軍隊普遍不滿。如前所述，兩派的第一回合，是在軍隊的壓制下致使「造總」受挫，因此一九六七年三月五日，拉薩召開「徹底粉碎資產階級反動路線新反撲誓師大會」，而後舉行全城大遊行，軍隊與「大聯指」為主的各界群眾同仇敵愾。這些照片即是軍隊遊行的實況，以威懾企圖「奪權」的「造總」。

表面看，這是「造總」與西藏軍隊中的保守勢力之間的第一次正面衝突。然而，對照中國其他地方的形勢，這其實是步調一致的行動。毛澤東在取得了利用紅衛兵「奪權」的勝利之後，下令軍隊「支左」（即「支持左派」），讓軍隊接管各級政權來整合權力，於是出現了遍及整個中國各地的一系列軍事管制行動，西藏也不例外。

舉著「八一」軍旗和寫有「中國人民解放軍西藏軍區」橫幅標語遊行的軍隊，正行走在拉薩各個街道上，以顯示軍隊的威風和堅決「支左」的決心。

這天一定是一個陽光燦爛的日子。陽光下，這一片密密麻麻的刺刀比一旁稀疏的樹木更多，更像密集的叢林。然而，樹木不會如刺刀一般閃耀著令人心驚的寒光。這一片閃耀著寒光的刺刀扎在一個個正舉著毛主席語錄並高呼口號的年輕軍人肩上，雖然這是黑白照片，但可以想像得到無數本紅寶書與閃耀著寒光的刺刀所構成的是怎樣的一個情景。在這麼多正在行進的軍人當中，似乎無法辨認得出有誰是藏人，那一張張臉似乎都是漢人的臉，不，應該說那其實是在這一時刻超越了民族和階級的臉，那是革命軍人的臉。當然，我們可以確定的是，拍攝這些照片的是一個藏人，但他也是一個革命軍人。我們還可以確定的是，以後，如此這般的，這麼多荷槍實彈的軍人遊行全拉薩的情景經常可見。經辨認，遊行軍人正在經過西藏軍區外的林廓囊嘎（拉薩最長的林廓轉經路南段，今江蘇路）。圍牆內是西藏軍區，圍牆旁邊的藏式房子本屬於貴族恰巴·格桑旺堆，但這時已被「七一」農機廠所占，而恰巴一家人被迫遷至附近一間矮房子裡。

這四幅照片充分展現了革命軍隊不可匹敵的氣勢。浩浩蕩蕩的隊伍和浩浩蕩蕩的幾十輛解放牌汽車組成的車隊，以及車隊後面的大炮，在毛澤東巨幅畫像的開路下，伴隨著招展的紅旗和震耳欲聾的大喇叭，穿過「革命群眾」的人牆縱隊，幾乎筆直地沿著人民路開將過來，在靠近區黨委政府大院（今天也同樣位於此處）時向右拐去。這四幅照片顯然是從區黨委政府大院的大門上居高臨下拍攝的，這也是因為我父親的軍人身分所獲得的特權。

除了巨大的語錄牌，連水泥地上都用油漆寫滿了橫七豎八的標語，尚可依稀辨認得出：「堅決揪出二九慘案的罪魁禍首！」還有一些殘缺不全的，如「……軍區黨委內一小撮壞蛋們的法西斯暴行！」「向首都紅衛兵第三司令部……」、「……反革命修正主義的……張國華！」「誰從革命群眾手中奪權就砸爛他的……」「……專打土皇帝聯絡委員會等反動組織！」等等。

何謂「二‧九慘案」？查閱《中共西藏黨史大事記》，會發現這麼一條：「（一九六七）二‧九首都紅衛兵和拉薩一部分群眾組織的成員衝進軍區揪張國華。數十名首都紅衛兵和一部分群眾組織的成員衝進軍區大院，繼續要求軍區領導支持他們搞的『二‧五奪權』，提出『打倒張國華』，為時達十多小時。」大事記未記錄這一行動如何收場，但由「二九慘案」的稱謂可以瞭解到軍隊可能採取了帶有武力的措施。顯而易見，這些標語大都是以「造總」為主的「群眾組織」所寫。

「首都紅衛兵第三司令部……」，簡稱「首都三司」，是指「首都大專院校紅衛兵革命造反司令部」，當時全中國大名鼎鼎的紅衛兵組織之一，在拉薩也有其設立的聯絡站。

當時的拉薩建築物稀少而低矮，雖然已經出現了那種軍營式的難看模式，但我們尚可遠望到人民路的盡頭是藏式風味十足的大昭寺。大昭寺似與淡入雲層的群山一樣遙遠。

這一輛輛緊跟在解放牌汽車後面的大炮顯示了軍隊裝備齊全的武器。實際上，在隨之而來的武鬥當中，軍隊不可避免的介入以及軍隊所擁有的武器不可避免的流入，加劇了並且激化了這場革命的極端暴力。無論是所謂的「明搶暗送」也罷，還是難以阻擋兩派「群眾組織」的搶劫也罷，由武器所帶來的血腥殺戮，使得軍隊在兩派武鬥中的角色非常曖昧，實則可怖。

在這幅照片上，值得注意的是解放軍的炮車所經過的那排建築物（正是拉薩百貨商店）上的幾條標語，其中一條寫著「二月十七日造總衝擊百貨商店是一個大陰謀」。這是怎麼一回事呢？據《中共西藏黨史大事記》記載，「拉薩群眾組織十七日爭相到軍區總醫院揪鬥正在那裡治病的王其梅。隨後，中央決定王其梅去北京」。「軍區總醫院」位於拉薩北邊，緊鄰色拉寺，實際上原址屬於色拉寺。由此看來，所謂的「群眾組織」也即「造總」在這一天同時實施了數起活動，其中包括衝擊百貨商店等。這一系列活動勢必激起強烈的反應和有力的應對措施，軍管會的建立就充分體現了這一點。

一九六七年三月初，先是成立了「軍區支持地方文化大革命辦公室」，任命軍區黨委常委、政治部主任陰法唐為「地辦」主任，下設農牧、工交、文革、政法等組。此後，各地（市）也隨之成立了類似的「辦公室」。三月七日，《西藏日報》刊登軍區三月三日發布的通令，規定一切「革命群眾」和「群眾組織」都要協助軍區完成軍事接管任務。繼而，五月十一日，西藏軍事管制委員會成立，張國華為主任，任榮、陳明義（西藏軍區副司令員）為副主任，他們都是「大聯指」觀點的支持者。圖為支持軍管會成立的「大聯指」組織，坐在地上低頭讀「紅寶書」的這些人，當然都是「大聯指」成員。

標語牌上寫著「熱烈歡呼西藏自治區軍事管制委員會成立」。扛著寫有「無產階級革命派大聯合造反總指揮部」等牌子的「大聯指五.二三文藝總部 江海造反團」，是話劇團、秦劇團、豫劇團的演員，正走過自治區「交際處」（今天的「迎賓館」）一帶。當時，軍管會就設在「交際處」，由軍區司令部、政治部、聯絡部、後勤部各部選派人員，大概有一兩百人，分宣傳組、生產組等等。有自己的報紙《高原戰士報》。還有一輛廣播宣傳車，是一九六二年「中印戰爭」時在邊界上動搖印度軍心的宣傳車，安裝高音喇叭，據說只要對著它說話，幾十公里都聽得清清楚楚。

看這兩張照片，很難看得出這是發生在西藏的事情，因為這樣的場景在當時的中國各地都有。一位在北京經歷了文革的老黨員就問我：「這難道是在拉薩嗎？你不介紹的話，我根本認不出！」

當「舊西藏」被「新西藏」替代之後，有一個名詞很流行，即「老西藏」，專門用來指代以十八軍為代表的中共早期進藏軍隊，自奉是一支「特別能吃苦、特別能忍耐、特別能戰鬥」的隊伍。而軍隊和民眾之間早期似乎有一段蜜月期，但好景不長，尤以文革期間的「三支兩軍」，使得軍民關係極度惡化，連中共自己後來也不得不承認：「傷害了民族感情，嚴重地影響了民族團結」，「想起來令人痛心」（見一九九四年中共西藏自治區委員會政策研究室《西藏自治區重要文件選編》，關於西藏自治區與西藏軍區聯合對軍隊在「三支兩軍」期間所犯錯誤的調查）。有研究者把軍事管制下的西藏稱為近代「最黑暗的一頁」。

為祝賀軍管會成立，拉薩的一些「群眾組織」紛紛向軍管會送喜報。這也是文革中的風氣，寫在白紙上是大字報，寫在紅紙上就是喜報。從兩個藏族女孩展開的喜報上來看，這是一個名為「五‧二三文化藝術戰鬥總部」的群眾組織送的，該組織由話劇團、秦劇團和豫劇團等文藝團體的「大聯指」成員組成。右上圖出現了五張喜報，依文革慣例，應該是來自五個群眾組織，並且都是「大聯指」的群眾組織。五張喜報的格式一樣，抬頭的「最高指示」都是毛澤東語錄，接著是群眾組織向軍管會表達忠誠，大同小異，套話連篇。在西藏，大字報與喜報通常以中文寫成，一是所用的新詞很難以藏文表述，二是因為組織者及領導者都是漢人為主。

圖中地點是軍管會駐紮的自治區交際處（今迎賓館）。

毛澤東要求軍民之間是魚水關係，更希望老百姓把解放軍看作是「菩薩兵」，為了讓西藏「百萬翻身農奴」認可這一點，確實下足了工夫。正如我採訪過的一位當年的軍人所說：「每次秋收，解放軍都要去幫助老百姓，文革時也是這樣，我記得我們都去過很多次」。

三張圖片是西藏軍區後勤部組織「毛澤東思想宣傳隊」，到拉薩東郊納金鄉的打場幫農民收青稞的場景。這個宣傳隊由西藏軍區的女兵和西藏軍區後勤部下屬的汽車修配廠的女工組成。圖一、圖二正在幫農婦幹活的是同一人，因佩戴五角星帽徽和領章，是西藏軍區的女兵，漢人，名字不詳。下圖這個正在篩青稞的漂亮女青年不是女兵，而是在汽修廠當工人的阿努，生於拉薩的藏人。她身後兩個與農婦坐在一起的女子，是來自天津的「支邊青年」，也是修配廠的工人，其中一人外號叫「小辣椒」。「支邊」即「支援邊疆」的意思。阿努很早就與我的父母相識，她說工人不能戴帽徽領章。

由軍隊醫務人員組成的巡迴醫療隊，到缺醫少藥的鄉村給貧窮的老百姓義務看病。此乃最得人心的舉措，多少補救了文革後期極其糟糕的軍民關係。照片上正在給婦人滴眼藥、給女孩打針的女兵，是西藏軍區總醫院的護士拉姆，其實我在總醫院出生時正是她接生的，她在入伍前是成立於一九五○年代的「西藏地方幹部學校」（簡稱「藏幹校」）的學生，與我母親是同學。這個學校是中共為培養所謂的「藏族幹部」而設，後來大多數在西藏的公安、檢察院和法院任職。

解放軍在西藏

　　以「造總」爲主的造反派針對中共在西藏的第一號人物張國華的攻擊激起了軍隊的反感。這既是因爲軍隊本身的軍閥傳統，更是自一九五〇年入藏以後，因西藏截然不同於中國的事實而在抱成一團的軍隊中所建立的同盟關係。作爲解放軍進藏主力部隊十八軍的軍長，相當部分的官兵都是張國華忠誠的部下。實際上張國華已成爲一種象徵。在他們看來，張國華這個名字已不僅僅代表他個人，而是代表了中共及其軍隊十七年來在西藏的作爲。否定張國華，也就是否定了中共及其軍隊「解放西藏」的意義。

　　一九六六年九月起，出現了學生紅衛兵衝擊軍區，並到軍隊抓人搜家的情況。爲此張國華提出西藏情況特殊，要勸阻學生紅衛兵如此行事。十月二十八日，張國華向周恩來懇求不要漢族學生到西藏串連。僅僅三個多月，張國華對學生紅衛兵（尤其是中國各地學生紅衛兵）的態度從支持轉變爲拒絕，這說明了什麼？是不是這些學生紅衛兵做出了很多令之頭疼的事情，以致觸及到了張國華，觸及到了軍隊，故而會發生這麼大的變化？

　　在軍隊裡也出現了反對張國華的聲音，雖然不是多數，但也足以產生混亂。出於穩定西藏局勢的考慮，一九六六年十月十九日，周恩來接見在北京學習的十一名西藏學生代表，說張國華雖然在工作中可能有這樣那樣的缺點和錯誤，但仍然是個好同志；一九六七年二月二十四日，中央文革專門致電「造總」，認爲張國華「基本上是個好同志」，進而避免駐紮西藏的軍隊不致混亂不堪。在中共眼中，「西藏是我國反對美帝、反對蘇修、反對印度反動派鬥爭的西南前哨」，因此控制像西藏這樣重要的戰略之地，需要的是張國華及其他具有戰爭經驗的軍人，並不是只會胡亂攪局的紅衛兵、造反派以及軍隊中的較少部分人。

　　因身體不適應高原氣候加之心情不佳而調離西藏的張國華繼續在四川遙控西藏時局，他所留下的權力空缺使西藏的高層官員明爭暗鬥，西藏軍區副政委任榮遂成爲西藏文革史上又一位重要人物。他是一位資歷很長的鐵腕軍人，一九六四年進藏，在文革初期，可能因爲他進藏時間晚，不如在藏已十七年的張國華等人的資格老，所以他並不是造反派所要「揪出」的目標，但他從一開始就堅決站在反對「造總」的立場上，因而成爲「大聯指」強有力的保護傘。一九六七年三月以後，他作爲軍管會的副主任走

到西藏文革的前沿，在西藏權力鬥爭的漩渦中起著越來越大的作用。他打敗了一個個對手，如周仁山、曾雍雅（後任西藏軍區司令員，也是西藏文革的重要人物）、陶長松；也不得不讓不少同道成爲犧牲品和替罪羊，如王其梅、陰法唐等。革委會成立不到一年，他指揮軍隊用嚴酷的軍事手段平息所謂的「再叛」，並利用這一機會徹底打垮了「造總」，而後集軍權與政權於一身，開始了他對西藏長達九年的森嚴統治。

　　雖然在文革後期，政治運動不再頻繁，宗教信仰也逐漸復興，尤其是一九七六年因毛澤東的去世終結了文革，整個社會面臨「百廢待興」，但是文革給西藏帶來的毀滅之大幾乎不堪收拾。一九七九年，達賴喇嘛委派的代表團在西藏民眾中激起狂潮一般的歡迎，既打破了「極左」統治下的封閉，也是對當權者的莫大諷刺。之後，胡耀邦到西藏實地考察，同樣驚訝於西藏普遍貧窮和落後的眞相，當面斥責任榮，「把（中央給的）錢丟到雅魯藏布江裡去了！」不久，被評價爲「以其對西藏的文化、宗教和語言改革無動於衷而聞名」、「對西藏人民不抱任何同情心」的任榮，頗爲不光彩地離開了西藏（二〇一七年病故）。他的繼任者是老牌十八軍軍人陰法唐，同樣對西藏傳統文化抱有偏見。即使在他年老賦閒的日子，仍然緊繃階級鬥爭的弦，時時不忘向黨進言。一九九九年，正是因爲他上書北京，告狀位於四川省甘孜藏族自治州色達縣的五明佛學院，因前往學佛的人太多，有可能成

二〇〇一年的夏天，拉薩街頭。中心是拉薩人稱作「金馬」的塑像，對應於另一個十字路口的「金氂牛」塑像。金馬上的人物是藏北賽馬會上的牧民像。二〇〇五年爲慶祝「西藏自治區成立四十週年」，擴建布達拉宮廣場時移除了這個塑像。

為康區動亂的據點，使得這個虔心修佛的佛學院招致打壓。一直以來，軍隊在西藏堅持進藏後的傳統：政府首腦全由軍人擔任。以此為例，各地區乃至各縣的第一把手均為各分區或各武裝部的政委兼任。一九八六年，中共在西藏各地的首腦改為地方長官，但這並不表明軍隊的地位被削弱，反之，於一九八三年成立的西藏武警部隊，其龐大的兵力與原有的駐軍聯手，被稱為兩大「維護西藏社會穩定的堅強柱石」。

軍隊內部的鬥爭

我父親在文革初始是西藏軍區的一名副團職軍官，在軍管會成立之後抽調到軍管會的宣傳組。作為一個從一九五〇年即加入張國華率領的十八軍進軍西藏，且在軍隊度過了十三歲以後的全部時光的解放軍軍人，他很反感那些將前輩軍人視作非打倒不可的「當權派」的人，其實他是一個堅定的「大聯指」觀點的支持者。我母親告訴我：

> 當時軍隊裡也分兩派，司令部、政治部、聯絡部、後勤部都有兩派。雖然軍隊有令不准參加地方上的兩派，但在觀點上都有很明顯的傾向，互相之間也有聯繫。一般來說，資歷長的軍官大都是支持「大聯指」的，年輕軍官大多是支持「造總」的。像聯絡部有些是剛從內地院校畢業的外語人才，會說英語的、印度語的、尼泊爾語的，男女都有，他們就是「造總」觀點。你爸爸以及那些十八軍進藏的是「大聯指」觀點。

軍隊自己也搞揪鬥。也有人被衝擊得很厲害。聯絡部有個叫王廷彥的副部長，是十八軍進藏來的，他的家庭出身是地主。文革一開始他就被軍隊內部的人衝擊了，原因好像是他的出身成分不好，他想不通，就上吊自殺了。當時聯絡部不在軍區大院裡，在緊挨著軍區的一個舊貴族朗頓還是擦絨的宅院裡面，是幢藏式的樓房，他就把自己吊死在樓上的一間屋子裡，後來被隨便埋在拉薩河附近的一個山坡上。因為他是自殺，等於就是自絕於黨和人民，就是叛徒、反革命。不過自殺的原因一直沒有公開過。實際上他是一個老革命，什麼問題也沒有，直到文革結束才給他平反了。

實際上軍隊內部的派性很嚴重。多年在西藏軍區機關工作的藏人久尼承認，「當時這個派性很厲害，大家都跟入了魔一樣。本來如果是平時的話，大家彼此之間沒有什麼隔閡，但那個時候，派性利益就高於一切，屬於我這派的彼此都親密得不得了，但不是我這派的就很對立。」她還披露，軍隊中敢於旗幟鮮明地反對張國華的人遭到的打擊也是很嚴重的，如軍區後勤部一位名叫余新（音）的副部長因為「在大會上跳起腳大罵張國華，結果一下子就鬧起來了，很多幹部、戰士很氣憤。他把張國華說成那個樣子，他們覺得在感情上還是道理上都不能接受，於是很快就過頭了，把他從禮堂拽到廣場上去鬥爭。不是說推推搡搡的問題了，

這是軍管會的證件，正面寫著：中國人民解放軍西藏自治區軍事管制委員會工作證。簽發年月是一九六七年八月十八日。證件背面是毛澤東光芒萬丈的頭像，以及毛的語錄：要相信和依靠群眾，相信和依靠人民解放軍，相信和依靠幹部的大多數。

這是我父親參加十八軍之後佩戴過的標記。創辦於一九五二年的西藏軍區幹部學校位於拉薩河邊的仲吉林卡，一九五六年改為西藏地方幹部學校，學員以地方的藏人青年為主，但也安排的有軍人學習。我父親於一九五四年入西藏軍區幹部學校，八月被送往西南民族學院，一九五七年再度入西藏地方幹部學校，與離開老家伍佑宗（現已并入日喀則地區南木林縣）來到拉薩的我母親同班，兩人結識並相愛。

而是開始打他了，而且打得很兇，非常兇。不光有幹部，戰士也敢打他，沒多久就把這個副部長打死了。」這是一個駭人聽聞的事件，久尼說：「因為他畢竟是一個副部長嘛。後勤部的副部長被自己的軍人活活打死這件事，在文革結束以後還調查過。」

然而黨就是軍隊，黨就是槍，「槍桿子裡面出政權」，這個道理沒有誰比毛澤東領導的共產黨人更明白。無論如何，似乎只有軍隊才能擺平混亂的局勢。當北京下令軍隊以軍事管制的方式恢復已經癱瘓的各級機構，毛澤東給各地軍管會的任務是「三支兩軍」（支左：支持當時被稱為「左派」的群眾；支工：支援工業；支農：支援農業；軍管：對一些地區、部門和單位實行軍事管制；軍訓：對學生進行軍事訓練）。

浩浩蕩蕩的「軍宣隊」

執行「三支兩軍」這一任務的是「解放軍毛澤東思想宣傳隊」（簡稱「軍宣隊」）。其實早在文革一開始，軍隊就向全藏各地派出了大批「軍宣隊」。「軍管會」成立之後，繼續向全藏各地派出「軍宣隊」，並且深入到廣大農牧區。從當時的報導來看，「軍宣隊」不但要宣傳毛澤東的著作和語錄，還要支援當地的農牧業生產和工業生產，還要給群眾治病、放電影、收割莊稼，甚至理髮。似乎事無巨細，樣樣要管。

曾經當過「軍宣隊」隊員的久尼依然難忘那時的革命豪情：

> 那時候，那種精神和風貌在今天是無法估量的。那種熱情高得要命。熱情高漲，無私無畏，沒有一點兒私利可圖。你說有什麼勞務費，一分錢也沒有。大家對錢這種東西很淡漠。也沒有人去爭，完全是忘我地去工作。打著紅旗，唱著語錄歌就出發了。都是理想主義者。非常理想。理想得不得了。純而又純的人。好像每個人都是奔著一個目標，堅定不移。捍衛毛主席的革命路線，死而無憾。都是這種決心。

然而每個軍宣隊還是調查組和專案組。事實上，軍宣隊最重要的、最主要的工作職能，是調查組和專案組。調查所在地所有藏人的情況，同時給懷疑對象立案另查。其工作之細緻、掌握之全面令人驚訝。例如，西藏軍區直屬機關派往拉薩城關區勝利辦

事處的軍宣隊，在一份調查報告中用軍宣隊的工作術語或者說是特殊術語，詳細地記載著「立新居委會參加『大聯指』的有三百七十人，其中堅定的三百一十六人， 動搖的五十四人，依靠的二百五十人，團結的一百二十人」等等，而且還記載了不少「革命群眾」對「壞分子」的「控訴和揭發」。這表明，軍宣隊同時還擔負著密報者和裁決者的使命。

當時，針對軍隊「三支兩軍」的成績，有一首在文革時期流行全藏地，並流行全中國的「紅色歌曲」，名叫〈我心中的歌獻給解放軍〉。這裡的「我」和歌中的「我們」當然指的是西藏百萬「翻身農奴」。許多人也都以為這首歌是藏人自己創作的，實際上作詞者並不是藏人，而是就職於西藏自治區歌舞團的漢人常留柱和莊濤。他們改編了西藏民歌的旋律，重新填詞，而歌詞內容是歌頌解放軍和「軍宣隊」，他們以如此方式，理所當然地宣布他們就是西藏百萬「翻身農奴」的代言人，可以完全地、徹底地表達西藏百萬「翻身農奴」無比感激的心情，這反映了一種什麼樣的心態呢？這首歌的歌詞是這樣的：

> 不敬青稞酒呀，不打酥油茶呀，也不獻哈達，唱上一支心中的歌兒，獻給親人金珠瑪，索亞拉索，獻給親人金珠瑪。感謝你們幫我們鬧翻身哎，百萬農奴當家作主人哎！感謝你們支左支工又支農，文化大革命立新功，立呀立新功哎。
>
> 不敬青稞酒呀，不打酥油茶呀，也不獻哈達，唱上一支心中的歌兒，獻給親人金珠瑪，索亞拉索，獻給親人金珠瑪。感謝你們帶來了毛主席的書哎，革命真理永遠記心中哎！感謝你們緊握槍桿保邊疆，人民的江山萬年紅，萬呀萬年紅哎……

可是，「軍宣隊」就是已經成功地改造了思想的「新人」嗎？因為毛澤東說過，要「用共產主義思想教育青年，把青年一代培養成為有理想、有道德、有文化、有紀律的共產主義新人」，而「軍宣隊」的所作所為又是否符合這個標準呢？具體地說，在調解兩派之間的矛盾和衝突時，軍隊內部的「派性」如何能夠使他們做得到公平、公正呢？所謂的「左派」究竟是誰？是自稱造反派的「造總」，還是被視為保守派的「大聯指」？且不說軍隊內部也有兩派的事實，在兩派相峙、對壘和較量的局勢中，因為受

其背後更為強大也更為變化多端的政治力量的左右，使得軍管會也隨著北京的風向標搖擺不定，不斷地重新組合，應對形勢，忽而撤下全是「大聯指」觀點的軍人，忽而換上全是「造總」觀點的軍人，因此在判斷誰是「左派」的時候，難免不是隨著政治形勢的詭譎、無常而「支一派壓一派」了。

而在「三支兩軍」的過程中出現的一系列暴力事件，暴露了軍隊內部存有許多嚴重的問題，導致社會局勢的進一步混亂以及軍民關係的極度惡化，奔赴農牧區「支左」的軍人被「翻身農奴」所殺，反過來，軍隊則以「平叛」和「剿匪」的名義大肆屠殺，更是結下很深的仇怨。另外，有些軍宣隊大搞刑訊逼供，導致自殺、虐殺頻仍發生；利用權力謀取私利，如進駐扎什倫布寺的軍宣隊負責人，私自吞併寺院裡的金佛、金碗、玉器、犀牛角等珍貴文物，直至被知情僧人揭發、被寺院向北京遞交了控告材料才敗露。

更為黑幕的是，遍布全藏各地的寺院歷經破「四舊」、武鬥的打擊，已經損失巨大，又在軍隊「支左」期間慘遭打擊，如被

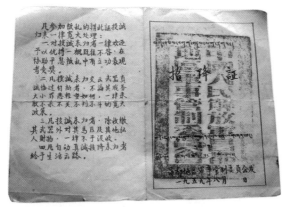

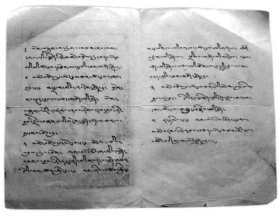

這是一九五九年八月中共軍隊向反抗藏人（即所謂的「叛亂分子」）散發的，用藏漢兩種文字書寫的「招降證」。其中說明凡「投誠來歸者」，「一律採取不殺、不關、不判、不鬥的寬大政策」。

234

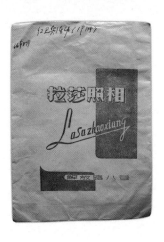

這部書中的照片及其底片，當時就裝在這樣的紙袋子裡，我父親在上面簡單註明了照片的內容。

中共宣傳為一九四〇年代，與「親英帝國主義」的上層僧俗做堅決鬥爭的「愛國人士」熱振仁波切所主持的熱振寺，歷經數批軍宣隊的光臨之後化為廢墟，寺內珍藏經書遭到日夜焚燒，長達三個多月。事實上，一片片殘垣斷壁形成的龐大廢墟，甚至在今天、在拉薩周圍的鄉村仍可見到，不止一例。由於這些確鑿事實，我們不無遺憾地看到，軍事管制並未取得令人滿意的效果，甚至使西藏進入益加緊張和可怖的時期，有研究者形容軍管下的西藏是文革當中「最黑暗的一頁」。而這也使軍隊付出覆水難收的代價，經歷了一九六八年發生在拉薩的「六・七大昭寺事件」之後，軍隊在廣大「翻身農奴」心中的形象已然顛覆。一九六八年九月，因自治區革委會的成立，軍管會結束了它的使命，但軍隊強悍的威懾力依然存在，一九六九年發生在西藏很多地方的「平息反革命暴亂事件」，實際上是對藏人大開殺戒的軍事行動。

一九六八年十二月，中央軍委決定，西藏軍區由大軍區降為省軍區，歸成都軍區領導。

再次深覺遺憾的是，沒有更多的照片來展現西藏的這一段歷史。這是因為革委會成立之初，傾向於「造總」觀點的西藏軍區司令員曾雍雅當了主任，一時軍隊內部的派性紛爭發生傾斜，包括我父親在內的一百多名「大聯指」觀點的支持者受到整肅，紛紛被逐。一九七〇年初，我父親被調往四川省甘孜藏族自治州道孚縣人民武裝部（簡稱「人武部」），於是他帶著妻子兒女離開拉薩。然而他始終不能忘懷拉薩，二十年後，再次帶著家人重又回到令他魂牽夢縈的拉薩，卻不曾料及，僅一年多，因為突發疾病，過早離世，被葬在西郊「烈士陵園」，那裡有不少當年與他一起參軍的康區藏人，也有十二個死於文革武鬥的拉薩紅衛兵。

全民皆兵

　　文革中後期，我父親擔任過甘孜藏族自治州道孚縣人武部的副部長、部長，主要從事「民兵工作的建設」，包括組建民兵和訓練民兵。他依然堅持拍照，但基本上只是他的愛好而已。他的照片開始出現程序化。他模仿當時的《解放軍畫報》、《民族畫報》等畫報上那種擺拍人物與場面的方式來拍攝照片。也即是說，他的照片不是抓拍到的，而是「擺出來」的，所以他的攝影失卻了文革初期在拍攝紅衛兵砸寺院和鬥「牛鬼蛇神」時的真實性和生動性。

　　他拍過許多精心擺拍的照片，寄往甘孜州的《甘孜報》和成都軍區的《戰旗報》，不過獲得發表的不算太多。在我的記憶中，我父親常常收到退稿，但他並不氣餒，還在家裡設置暗室，自己洗印照片。

　　這一組照片拍攝的正是拉薩和康地的藏人民兵在訓練、學習和開會時的場景。

民兵是軍隊的助手和後備力量,為此軍隊在西藏的廣大鄉村大力建設民兵隊伍。
當然,能夠當得上民兵的都是「根紅苗正」的藏人,用中共的術語來說,即「政
治可靠」。平時是「民」,如上圖的年輕農民,須下地勞動。但要接受軍事訓練,
化民為兵,如下圖。

從縣、區、公社、生產隊,每一級都建立的有民兵組織。要把普通百姓變成士兵,必須進行步槍打靶等各種軍事訓練。這是一九六六年末,在拉薩附近農村舉行的實彈演習。從圖三的景致來看,不遠處的樹叢旁邊,是一幢長方形的建築,很像我見過的「沖拉拉康」廢墟的概貌,即七世達賴喇嘛時期在拉薩河上游東南面的一片樹木蔥鬱的地方,特別修建的一座供奉達賴喇嘛出生之神的神殿。如果是「沖拉拉康」,那麼這裡是城關區納金鄉紅旗村(又稱塔瑪村),此時稱紅旗公社。

能夠扛上真槍的都是經過選拔的民兵，這類民兵叫作「基幹民兵」，基層骨幹力量的意思。他們接受專門的軍事訓練，一旦戰爭爆發，就同軍人一起上陣，平時的任務是嚴防身邊的「階級敵人」搞「破壞活動」，而這都屬於黨的語言。

除了在鄉村和牧區組建民兵，各城鎮、街道和企事業單位也要建立各級民兵組織，這是在慶祝「……人民慶祝中華人民共和國成立十七週年」的大會上，拉薩市的女民兵方隊正在經過主席臺，接受黨政軍高官的檢閱。前面介紹過，主席臺兩邊的標語牌上用中文和藏文寫著毛澤東「親自主持制定」的文革綱領即「十六條」，和林彪副統帥製造毛澤東個人崇拜的指示。

人民武裝部乃是本地民兵最直接的指揮機關和訓練部門，圖中的這兩個軍人是四川省甘孜藏族自治州道孚縣人武部的副部長和參謀，正在手把手地教授這些放下鋤頭的康地農民如何使用槍枝，如何學會刺殺。這兩張照片都拍攝於一九七〇年代初期。當時我父親已從西藏軍區所在的拉薩，因文革派性鬥爭，被調往道孚縣人武部任副部長，主要工作是在當地農牧區把藏人農牧民培訓為民兵。

除了軍事訓練，還要加強政治學習。可是，別說這些遙遠邊陲的「翻身農奴」根本不懂，就是這些解放軍軍人，又能夠理解「林彪資產階級軍事路線」的含義嗎？曾經是中共第二號人物，毛澤東的親密戰友，並作為毛主席的接班人被寫入黨章的林彪，怎麼一下子成了「篡黨奪權」的「反革命集團」的壞人？

上圖正在苦口婆心教育廣大民兵的軍人，其實正是我的父親。而這張照片很可能是另一位武裝部軍人用我父親的相機拍攝的。

在村頭訓練與在打場上小憩的男女民兵。注意看，這個康地鄉村保留著高高的古碉樓。事實上這些碉樓可能有上千年的歷史，與吐蕃時期跟周邊唐國等鄰國的戰爭有關，通常有四角、六角、八角、十二角等建築形式。

康區男女民兵肖像。通常,配真槍、真彈藥的是「基幹民兵」,
相當於班長;而「普通民兵」不配槍支,用木頭槍和木棒訓練。

一九七〇年代的康區女民兵。看得出來，這幅照片明顯具有表演痕跡，正是我父
親模仿類似《解放軍畫報》上同類題材的照片，擺拍女民兵如何使用小鋼炮。

對於擅長搞群眾政治、群眾專政的中共而言，號令廣大的人民群眾參加各種各樣的對敵鬥爭是其長期以來所堅持的「優良傳統」之一，這叫作「全民皆兵」。因此，類似「民兵」這樣的群眾性武裝組織素來爲中共所重視。毛澤東的語錄中有：「我們不但要有強大的正規軍，我們還要大辦民兵師。」

早在一九五〇年代於全藏區各地鎮壓藏人反抗，中共便已開始從「翻身農奴」中組建民兵；至文革期間，不但邊境地區有民兵，西藏幾乎每個農村、每個牧區、每個城鎮中的各居委會都有民兵。各縣的人民武裝部就是組建並且訓練民兵的直接機構。用黨的語言來說，數量眾多的民兵既要對外防守邊防，還要對內鬥爭階級敵人，成爲駐守西藏的中共軍隊必不可缺的同盟力量。事實上，無論是在破「四舊」還是在鬥「牛鬼蛇神」的運動中，還是在兩派爲爭奪權力打得不可開交時，都有許多民兵——這些不穿軍裝的軍人參與其中，最爲活躍。曾經砸過佛塔、燒過經書、鬥過「走資派」的強巴仁青就承認自己當過民兵，而率領他們的民兵隊長就是長期擔任居委會書記的積極分子崗珠。

按照毛澤東的「民兵工作要做到組織落實、政治落實、軍事落實」的指示，西藏軍區的一位高級軍官在一九七二年對藏人民兵幹部的一次講話中說：

> 組織落實：一、就是有班、排、連等組織，要同生產組織相適應，在西藏一般的生產隊建班或排，公社建連，也可根據人數多少、地區的大小靈活掌握……政治落實：三、對民兵進行政治審查，保持政治上的純潔。四、堅持黨管武裝，民兵應在黨支部領導下進行活動……軍事落實：一、進行軍事訓練，使民兵懂得一些軍事常識，如站崗、放哨、抓特務等。二、會保管和使用手中武器。三、積極進行各種勤務。四、提高革命警惕，做到能召之即來，來之能戰。

一九六九年以後，文化大革命又增添了一個新的內容：戰備。據說第三次世界大戰即將爆發，爲了防禦帝國主義分子和修正主義分子有可能發動核戰爭，毛澤東連續發出號召：「要準備打仗」；「深挖洞，廣積糧，不稱霸」；「備戰，備荒，爲人民」。戰略地位堪稱無比重要的西藏亦隨之進入戰備階段。許多城鎮如拉

薩、日喀則、昌都等地的民兵，雖然不必像農牧區的民兵參加生產勞動，但須得投入到名爲「人防工程」的建設之中。這正是爲了貫徹毛澤東提出的「深挖洞，廣積糧，不稱霸」的戰備方針，從中央到地方，成立了全國性的「人民防空領導小組」和各省市、自治區「人民防空領導小組」，一時間，全中國到處都掀起一股挖防空壕、建防空洞、搞防空演習的熱潮。西藏也不例外。

今天在拉薩仍可看見當年的防空洞，比如位於布達拉宮所在的「瑪波日」山下東邊的防空洞被封閉，西邊的防空洞被改成賣青稞酒的酒館。其對面比鄰藥王山的自來水公司就是當年的防空指揮部。據說藥王山下面也有防空洞，而之所以要在那裡挖防空洞，民間的說法是因爲靠近自治區黨委政府大院，一旦有敵機進犯，領導幹部可以迅速撤離。各居委會也在帕廓老街挖了不少防空洞，不知現在尚存否。在採訪中，好幾個人都談到正是因爲在「瑪波日」山下大挖防空洞，且使用大量的炸藥爆炸山體，導致布達拉宮從地基結構到建築物均遭到極大的損害，出現裂縫。一位當時在拉薩中學就讀的藏人，至今記得上課時常常聽到爆破的聲音震耳欲聾，有時路過附近甚至能感覺到地面的震動。而近些年之所以對布達拉宮重複維修，恰是一九六九年「深挖洞」以及一九五九年中共炮兵猛烈轟擊布達拉宮所造成的後患。

其實更多的後患今猶在。把「民」變成「兵」乃是對西藏傳統文化的一個顛覆。自從慈悲爲懷的佛教傳入藏地，不殺生、非暴力的思想已成爲整個藏人社會的共識，可如今共產黨在藏地的每一個角落大搞「全民皆兵」，讓那些普普通通的老百姓變成一個個手持武器的士兵，將身邊的鄰里和鄉親都假想成「階級敵人」，時刻提高警惕，無疑是將暴力和恐怖的種子播撒到了這塊相對祥和的土地上。

布達拉宮下面的防空洞已經變成了賣青稞酒的酒館。拍攝於二〇〇四年一月（註：現已改成銷售以布達拉宮爲主題的「文創」工藝品，顧客主要是中國各地的遊客）。

IV

毛的新西藏
「革命」即「殺劫」

革命委員會

　　不破不立，是毛澤東思想的精髓。由毛澤東發動的文化大革命不但「大破」中國，也「大破」西藏。那麼，「大破」之後有沒有「大立」呢？毛認為「革命委員會」就是「立」的標誌。也即是說，在一片被自己搗毀的廢墟上重建的新政權——革命委員會，將實現毛之所以發動文革的目標。以下摘錄：中共中央，國務院，中央軍委，中央文革關於成立西藏自治區革命委員會的批示。

　　「一九六八年八月二十八日：中發 [六八] 一三六號」

　　「毛主席批示：照辦。」

　　「中央同意中共西藏軍區委員會關於成立西藏自治區革命委員會的請示報告。中央熱烈祝賀西藏自治區革命委員會勝利誕生。」

　　「西藏是我國反對美帝，反對蘇修，反對印度反動派鬥爭的西南前哨。戰略地位十分重要，階級鬥爭十分複雜。它長期受反動的農奴主階級的殘酷統治和英帝國主義、印度反動派的掠奪，美帝、蘇修、蔣匪幫也派遣了許多特務，黨內最大的一小撮走資本主義道路的當權派中國赫魯曉夫等人及其在西藏的代理人周仁山、王其梅等勾結達賴、班禪叛國集團和國民黨反動派的殘渣餘孽，妄圖復辟封建農奴制度和資本主義。」

　　「在偉大領袖毛主席親自發動和領導的無產階級文化大革命中，西藏的無產階級革命派和各族革命群眾，高舉毛澤東思想偉大紅旗，同階級敵人進行了激烈的搏鬥，粉碎了他們的反革命迷夢。這是戰無不勝的毛澤東思想的偉大勝利，是毛主席無產階級革命路線的偉大勝利。人民解放軍駐西藏部隊廣大指戰員，在『三支』『兩軍』工作中做出了巨大的成績。」

　　「中央同意由曾雍雅同志任西藏自治區革命委員會主任，任榮、陳明義等十三位同志任副主任。另留二名副主任，以後增補。」

　　「……中央相信：西藏自治區革命委員會成立以後，一定能夠更快地傳達，更好地貫徹執行偉大領袖毛主席和以毛主席為首，林副主席為副的無產階級司令部的一切指示和戰鬥號令，奪取無產階級文化大革命的全面勝利，把西藏建設成為紅彤彤的毛澤東思想大學校。」

在這幢具有軍營風格的某個會場前，此時又在召開一場軍民共同參加的大會。懸掛於身穿軍裝的巨幅毛澤東畫像上方的橫幅標語是：「慶祝解放鄉革命委員會成立大會」，由此我們可以得知何以有如此眾多的解放軍軍人參加這個大會的原因。雖然我們並不知道與包括解放鄉的農民在內的廣大群眾並肩坐在一起的是哪支部隊，但軍隊「三支兩軍」的目的，正是為了層層成立由軍隊掌控權力的「革命委員會」。無論是軍人，還是農民，人人手裡高舉一本彙集毛澤東「最高指示」的「紅寶書」，這是文革的標誌風景之一。

所謂解放鄉，即當時的拉魯鄉在文革中改的新名字。而拉魯鄉，原為曾誕生過八世、十二世達賴喇嘛的堯西拉魯家族的世襲莊園；而拉魯，是拉魯嘎采的簡稱，藏語意為龍與神的少男少女們遊樂的林苑，位於布達拉宮北面不遠處，有被稱為「拉薩之肺」的拉魯濕地。

因背景出現布達拉宮的背面一角，可以判斷，這幢醜陋的房子應該是被更名為
「解放鄉」的拉魯鄉會場，建築在被稱為「拉魯濕地」之處，今已拆。

這是一九六八年九月五日《西藏日報》。套紅印刷,為的是發佈成立革委會的「重大喜訊」。這是中共傳統:中國所有報紙在發佈毛的重要指示時都是套紅印刷。發射紅光芒的毛像兩邊紅字,左邊是「毛主席的無產階級革命路線萬歲!無產階級文化大革命的全面勝利萬歲!」右邊是「偉大領袖毛主席萬歲!戰無不勝的毛澤東思想萬歲!」橫標題下面那行紅色小字是「熱烈歡呼全國(除台灣外)各、省、市自治區革命委員會全部成立」。

一九六八年九月五日,西藏自治區革委會成立。當天,新疆維吾爾自治區革委會也同時成立。至此,中國二十九個省市區全部成立了革委會,實現了「全國山河一片紅」,標誌著「文化大革命」進入到「鬥、批、改」(也即毛澤東提出的「鬥私、批修、改造世界觀」)的新階段。與中國所有地方一樣,革委會是當時西藏最高的政府機構。除了在自治區建立革委會,還要在地區、縣乃至鄉建立革委會,到一九七〇年年底,西藏七十一個縣都建立了革委會。

革委會的特點是「三結合」,意思是要由「革命幹部」的代表、軍隊的代表和「革命群眾」的代表組成領導班子,因此,西藏革委會的主任和副主任分別由支持「造總」和「大聯指」觀點的軍隊首腦曾雍雅和任榮擔任,其他十三位副主任中有藏人代表三名:在文革中平步青雲的女縣長巴桑、老幹部楊東生,和再一次「請出來」充當政治花瓶的阿沛·阿旺晉美;以及陶長松和劉紹民這兩位「群眾組織的頭頭」。

一些後來在西藏政權各機構被委以重職的西藏人此時被納入革委會。其實幾乎所有活躍在當今西藏政治舞臺上的藏人,在其個人簡歷中都可以找到曾經在各地革委會中任職的記錄。也因此,從另一方面來說,為什麼西藏迄今不對文革加以反思和清理,與這樣一批發跡於文革且仍有顯赫官職的藏人不能說沒有關係,而他們深諳自保、獲益的權術在於「反分裂」。

因為「三結合」,兩派正式宣告解體,公開的、明顯的派性鬥爭算是結束了,但這只是表面上的風平浪靜。兩年來不停的較

量，使得各自的利益得失因為沾滿了無數人的鮮血，雙方不太有可能「相逢一笑泯恩仇」了，至少也是心存芥蒂，面和心不和。革委會成立之初，「造總」得益於「六・七大昭寺事件」驚擾了毛澤東和林彪，不但占得一席之位，且位居「大聯指」之前，一時占得上風，但沒過多久，又失利於「尼木事件」等系列暴力事件所造成的後果，在隨後接踵而至的一連串政治運動之後，「造總」再無回天之力。心存不滿者肯定不少，尤以「造總」主要頭目陶長松等人暗中串連，蒐羅材料，以求他日「翻案」，但終究大勢已去。「大聯指」從此揚眉吐氣，坐穩臺上，但還得仰仗軍隊扶持，故而唯軍隊馬首是瞻，軍中首腦才是最大贏家。

直至一九八〇年代中期，西藏的地方行政長官不再由軍人兼任，這種被軍隊大一統的局面才有所變化，但還是受其牽制，此乃必定如此。如前所述，西藏因其特殊的戰略地位——正如北京對《關於成立西藏自治區革命委員會報告》的批示中強調：「西藏是我國反對美帝、反對蘇修、反對印度反動派鬥爭的西南前哨」——註定有「鋼鐵長城」之稱的軍隊從來都在西藏的所有事務中起著絕對重要的作用。

革委會成立之後，毛澤東所號召的「抓革命」，表現為開展「清理階級隊伍」、「一打三反」（即「打擊反革命分子、反對貪污盜竊、反對投機倒把、反對鋪張浪費」）等諸多政治運動；毛澤東所號召的「促生產」，表現為實行人民公社化和「備戰備荒」。另外還有下放知識青年去農村接受廣大「翻身農奴」的再教育，這包括西藏的本土知青和來自中國各地的漢人知青等等。

然則「破四舊」的風潮竟然還在繼續，最為突出的是西藏最著名的寺院之一——甘丹寺的毀滅。如今許多人都以為規模宏大的甘丹寺毀於文革剛剛開始，罪魁禍首是狂熱的紅衛兵和附近村莊的農民，但從一份一九八五年的內部資料卻發現事實的真相並非如此。這份材料是西藏自治區與西藏軍區聯合對軍隊在「三支兩軍」期間所犯錯誤的調查，其中有這樣一段記錄：「聞名中外的國家重點保護的甘丹寺，竟然在自治區革委會成立之後被搗毀，文物散失，造成政治上難以挽回的損失。此事至今查無結果，查到當時拉薩軍分區支左首長那裡就查不下去了。當時的達孜縣武裝部政委是革委會主任，分區副司令員李希然是市革委財經組組長。」為何查不下去？軍隊到底幹了什麼不能曝光的事情呢？

那些散失的文物是被「支左」的軍人們占為己有，還是以軍隊的名義掠往中國？這顯然又是一樁疑案，而藏人只能是啞巴吃黃連，有苦說不出。

另外，正如「II造反者的內戰」這一章所述，革委會成立不久一度大開殺戒。這麼說並不爲過。無論是一九六九年針對不少地方的「反革命暴亂」而實施的武力「平息」；無論是一九七○年以後開展的諸如「清理階級隊伍」、「一打三反」等政治運動，這些都是在各地革委會的領導之下，對概念更爲寬泛、範圍更爲廣大的「階級敵人」實施無產階級專政的「革命行動」。值得注意的是，這些「階級敵人」已不止是「舊西藏」的「三大領主」、「新西藏」的「走資派」，還包括「五一六分子」（原本是以中共《五・一六》通知命名的一個北京紅衛兵群眾組織，出現不久即被定性爲「搞陰謀的反革命集團」，繼而中共在全中國開展清查運動，「受到清查的人以千萬計，整死人以十萬計」。西藏也抓了不少「五一六」分子。從波及的範圍看，應該說「五一六」乃是文化大革命中最大的冤案之一），還包括許多招致定罪爲「叛亂」或「叛國」的「民族主義分子」的藏人。在這些接踵而至的政治運動中，一幕幕人間悲劇不斷上演。不少藏人在「叛亂分子」、「叛國分子」的宣判聲中人頭落地。許多地方都有人因莫大的恐懼而以各種方式自盡。至於神經錯亂導致發瘋的也不少。如今在人們的回憶中，這段時間在整個文革十年中最爲恐怖，以致人人自危。

據《西藏自治區重要文件選編》記載，一九八○年西藏自治區召開「落實政策會議」，會議紀要中的數字是：「據粗略統計，在各種冤假錯案中被觸及、牽連的人，全區有十幾萬，約占總人口的百分之十以上。」這一數字顯然十分驚人。更有可能的是，真實的數字遠比在黨的會議上公布的數字更多。那麼，究竟占總人口的百分之多少？二十，還是三十？甚至還要多嗎？恐怕誰也無法清楚地知道被掩蓋的真相。

因此，一九八八年，中共高官喬石在西藏考察工作時明確指出：落實政策不能沒有邊，不能沒完沒了，永遠落實下去。這意思是不是說，那些冤假錯案就不必再提，從此一筆勾銷？那麼，那些無辜喪失的生命，豈不成了遊蕩在西藏大地上的冤魂？一位歷經當年「紅色恐怖」的藏人告訴我：「一過節就要槍斃人，非

常恐怖。最殘酷的是，槍斃人的時候還必須要親人在場，坐在第一排。但這些人後來基本上都沒有平反。這麼多的血案啊，讓我們藏人寒透了心。我們受到的傷害太大了，已經對共產黨失去了信任。所以八七年和八九年的所謂『騷亂』，其實是跟這些傷害有關的。」

一九七二年以後，宗教信仰開始緩慢恢復，其標誌即慘遭浩劫的大昭寺得以修復，但民眾公開的宗教活動仍然不被允許。

一九七九年，在文化大革命結束後的第三年，革委會這一持續十年的權力機構被取消，革委會的諸多領導人搖身一變，繼續在西藏的政治舞臺上翻雲覆雨。

這是中共在西藏的最高政權機構的大門，在已經更換過的幾個名稱中，有「西藏自治區革委會」。隨後政治風向變了，這名稱也就變了，但拉薩人還是習慣稱呼這裡是「黨委大院」。

一九七五年，為了渲染舊西藏是「最悲慘的人間地獄」、「最黑暗的吃人魔窟」、「最反動的統治機器」，以及「百萬農奴盼望救星毛主席」，西藏自治區革委會邀請北京、瀋陽的御用藝術家，創作大型泥塑《農奴憤》，陳列了一百多個讓人慘不忍睹或者義憤填膺的人物，在「西藏革命展覽館」隆重展出。自稱「提供了歷史教育的生動教材」卻具有非常鮮明的文革痕跡，屬於刻著時代標籤的文革產物，在文化大革命宣布結束已經三十九年的二○○五年，用藏漢兩種文字印刷，由西藏人民出版社再次整理出版，作為奉獻給西藏自治區成立四十週年的禮物。

人民公社

　　對於西藏的農牧民來說，「人民公社」是整個文化大革命跟他們的日常生活發生最直接也是最深切的關係的象徵。「人民公社」惡化了他們的物質生活，正如「破四舊」粉碎了他們的精神生活。

　　他們至今不能忘卻對「人民公社」的記憶。在他們的語言中，並沒有給翻譯成藏語的「人民公社」這個詞留有位置，恰恰相反，他們記住的是漢語發音的「公社」。如同「共產黨」這樣形而上的辭彙，也如同「白菜」、「酸蘿蔔」這樣並不形而上的辭彙，這些都是外來的卻保持了原本發音的辭彙，牢牢地在經歷了各種社會變革中不斷豐富的藏語語言體系的大地上扎下根來，帶有殖民的痕跡。

在裝有這幾幅照片的底片袋上寫著「慶祝人民公社」的字樣。天高雲淡，頗為廣闊的土地把模樣敦實的山推得老遠。從正穿過土地的遊行隊伍的服裝上來辨別，他們應該是拉薩近郊的農民。那麼，我父親所拍攝的是西藏的第一個人民公社——通嘎人民公社嗎？

圖左是一幅有意思的照片。我們頭一回看見列寧的畫像高高地舉在西藏農民的手中。為什麼會選擇列寧的畫像呢？共產黨的其他幾位祖師爺如馬克思、恩格斯和史達林的畫像何以不見其中？當然，這是一個不會有答案的問題，其實也無關緊要，對於西藏的農民來說，他們和毛澤東一樣，都是外來的神靈。列寧畫像左邊的牌子上用藏文寫的是「我們一定要按照毛主席的指示，敢於鬥爭，勇於革命，善於鬥爭，善於革命。我們以毛澤東思想作為無產階級文化大革命的指南針，認真、全面、徹底、一字不漏地貫徹執行十六條」。年輕農民高舉的橫幅上用藏文寫的是「慶祝無產階級文化大革命和全區人民公社化」。

走在前面的顯然是黨的女幹部，她身穿不同於身後老百姓的幹部服裝，褲子上的兩塊大補靪十分醒目，以示艱苦樸素的作風。她是鄉長？縣長？還是工作組的組長？她獨自走在這一群西藏農民的前面，如同一位帶路人，正引領著西藏農民走在通往社會主義天堂的金光大道上。這座金光大道就是人民公社，它依傍著廣闊農村的田地，長滿雜草。——黨教導我們：「寧要社會主義的草，不要資本主義的苗」，這正是「人民公社」的特色。

據報導，革委會成立後，全區文藝團體整編為多個「毛澤東思想文藝宣傳隊」，以歌舞等各種表演形式來宣傳文化大革命。照片上，這些可愛的演員們送戲下鄉，歌頌毛澤東推行的人民公社。今天，可愛的演員們仍然在舞臺上載歌載舞，歌頌廢除了公社制度的農村，人人奔小康。一代代演員就像是黨手中的玩偶，聽憑擺布。

勞作的辛苦從這位公社女社員的臉上可以看出，但面對鏡頭，她仍然綻開了純樸的笑容。她眼神溫柔，戴著閃亮的耳環。

這三幅照片,分別是西藏衛藏一帶的農村(即圖1、圖2,拍攝於一九六〇年代末期)和藏東康地一帶的農村(圖3,拍攝於一九七〇代初期),在人民公社化之後,所有農民包括下鄉知識青年和民兵,一起集體勞動,將收割的青稞堆垛、打碾、揚場的情景。

從成都、康定等地，來到康地農村當「知識青年」的年輕漢人，似乎過著一種浪漫生活。被稱為「知青」的年輕人，穿上藏裝騎著馬由攝影師擺拍，或者化濃妝，在簡陋的舞台上表演漢藏大團結、軍民一家親的歌舞。但據瞭解，這些以漢人為主要的「知青」，實際上多數在西藏農村過著精神痛苦的日子。我採訪過於一九七六年八月，從瀋陽來到西藏農村的六十多位「知青」中的一位。他說：「同伴們很不習慣西藏農村的生活，天天都呆在屋子裡，也不參加勞動，不到半年，一個個都走了」。但他「願意在西藏農村開天闢地」。而且全村老百姓很照顧他，他說他吃過全村每一家的飯，他們自己捨不得吃的雞蛋、喝的酥油茶都要給他送來。

又如在拉薩，前面寫過，一九六九年九月，「拉薩中學首批一三二名知識青年到農村安家落戶」。隨後，所有學生都被趕到鄉下去了。曾遭批鬥過的德木‧旺久多吉對我說，一九六八年九月，他和一位男同學去色拉寺下面的扎其村當「知青」，村子裡的老百姓憐憫他們，說城裡長大的孩子來農村吃苦真可憐，把過去寺院堪布（寺院高僧）的房子讓他們住，經常叫他們去吃飯，允許他們常常回家，還給最高的工分──八分，到了年底分到的青稞折合成人民幣兩百元左右。在農閒季節，他們和年輕農民組織了一個宣傳隊到處演出，他拉過二胡，敲過鼓，演過解放軍，還演過剝削、壓迫農奴的「三大領主」。但因為他是「牛鬼蛇神」的子女，連村裡傳達「林彪事件」也沒有資格去聽。直到一九七二年才離開農村，去曾在拉薩開辦過幾年的玻璃廠當了工人。

一九五九年之後，在西藏農村和牧區實行的「民主改革」，是對西藏傳統經濟的一次革命。緊接著，「人民公社化」更加劇了革命造成的混亂。黨的幹部們急欲使西藏跟上全中國的步伐，開始了公社化的嘗試。所謂的「人民公社」是毛澤東及其同志們對斯大林的蘇聯農業集體化模式的效仿，既是計劃經濟的集體農莊，也是共產黨在農村的基層政權，而農民被剝奪了生產資料的所有權。早在一九六○年，西藏農村已經建立起八千多個農業生產互助組，並且試辦了七、八十個合作社，但鑒於西藏彼時還在「平叛」、局勢不穩的實際情況而暫停。一九六五年，西藏開始試辦人民公社，在堆龍德慶縣通嘎鄉試辦了第一個人民公社，不久又在達孜縣邦堆鄉試辦了第二個人民公社。到一九六六年初，已經辦起了一百三十個人民公社。革委會成立之後更是快馬加鞭地大辦人民公社，到一九七五年，西藏百分之九十九的鄉完成公社化，共建立人民公社一千九百二十五個，這無疑是革委會的勝利成果。

　　在中國實行人民公社化的成果，是出現了以戰天鬥地的精神來改造自然、把窮山惡水變成人間良田的一個名叫大寨的人民公社。一九六三年，毛澤東一聲號召——「農業學大寨」，使得全中國所有農村投入到與大自然做鬥爭的勞動高潮中。位於山西省昔陽縣的大寨是中國所有人民公社的榜樣，象徵著文化大革命的勝利成果之一。西藏也和中國各地的農村一樣，要把每一個人民公社都建成大寨式的人民公社。因此，西藏當年的農牧民們恐怕一生中最記得中國的兩個地方，一個是北京，一個就是大寨。

　　如何學大寨呢？除了大搞「農田基本建設」，即搞水利、修梯田，諸多並不符合西藏生態系統的政策出籠，如盲目開墾草場、牧場搞糧食種植，把種植青稞改為種植冬小麥等等，這在以後被認為「既是一種社會災難，也是一種生態災難」。青稞是青藏高原最主要的農作物，也是最適宜在高海拔地帶生長的農作物，由青稞而加工成的糌粑，是使西藏民族在這塊絕對高地上繁衍生存下去的主要因素。實際上，幾乎所有藏人都不喜歡吃小麥，而且在西藏種植出來的小麥品質之差，簡直無法食用。

　　尤其是，公社化沒收了農牧民的土地和牲畜；而在集體化的勞動中，工分收入極其微薄，包括公糧在內的稅收雖不算多，卻也並不輕鬆，農村和牧區之間以物易物的傳統方式（如用青稞交

西藏農牧區的老人們除了記得大寨，還記得大寨的領頭人陳永貴。圖為一九七四年十一月，當上國務院副總理的陳永貴專程到西藏來宣傳大寨經驗，與山南地區隆子縣列麥公社黨委書記仁增旺傑握手。仁增旺傑被稱為「西藏的陳永貴」，據稱是中國唯一一個副省級鄉黨委書記（翻拍自一九七五年出版的《西藏自治區畫集》）。

換酥油和肉類）被取消，改由政府統一配給口糧等等，加上雪災、雹災等各種天災，使得民不聊生，甚至有整村、整村的人在外行乞。根據中共自己的評估和統計，公社化後期，全西藏有五十萬人的生活比不上公社化以前，其中有近二十萬人生活相當困難。這個數字在當時西藏自治區一百八十萬的人口總數中，所占比例驚人地高。西藏的中共官員不得不承認，西藏老百姓「沒有嘗到公社化的甜頭，或者吃了苦頭」。

看來，即使天天都在田間地頭學習毛澤東的思想，可毛澤東思想這個「精神原子彈」並沒有使西藏到處麥浪滾滾，糧食堆滿倉。然而好笑的是，一九七四年十一月，西藏召開「農業牧業學大寨經驗交流會」，集西藏軍政大權於一身的中共高官任榮竟在會上自豪地宣布，「全區基本實現了糧食自給」。幾天後，大寨英雄陳永貴這位已經變成國家領導人的「毛澤東的農民」視察西藏，認為西藏的形勢「相當好」。

一九七六年，一部中共官方拍攝的紀錄片《西藏高原大寨花》上映，講述的是西藏第一個人民公社即堆龍德慶縣的通嘎人民公社「劈山開石、造田、治水，一場農業學大寨的群眾運動在西藏高原轟轟烈烈地開展起來……在海拔四千二百米的世界高城帕里，各種農業經濟作物衝破高寒禁區在這裡生根開花結果。萬里

高原舊貌換新顏，西藏盛開大寨花」，影片簡介如是寫道。

而公社化的進程，對西藏農村和牧區的傳統文化造成巨大破壞。美國藏學家 M.C. 戈德斯坦，在一九八○年代對西藏西部牧區為期十六個月的田園調查中發現：

> 個人的宗教活動被禁止，寺院和祈禱牆等都被拆除了，牧民們被迫拋棄他們頭腦中深深印有的一些價值觀念和風俗。例如，男人必須剪去他們那有特色的劉海和辮子，婦女也要求打破女人不能宰殺動物的戒規。這是一個可怕的時期，因為牧民們的價值標準和道德準則都被故意地顛倒過來，更糟的是缺乏食物。西藏的幹部操縱的階級鬥爭大會以及大量傾瀉的歪曲一切事物的宣傳，造成了認識上的混亂和不和諧。在某種意義上，政府僅僅想從語言上減少西藏人對傳統倫理的認同。

為此，他的總結是：「這一時期中國的政策是想保持牧場的經濟，但破壞掉牧場的傳統社會和文化結構」。

人民公社化在西藏的很多農村和牧區激起的強烈反響，並沒有出現在這些照片上。在採訪中，當年在昌都一個區裡當區幹部的霍康·強巴旦達說，當時農區已經完成了公社化，接著在牧區辦公社。他所在區裡的文書在大會上表示異議，說牧民們不願意辦公社，因為他們對自己放牧的牲畜很有感情，可現在要把牲畜都交給生產隊，他們的心裡很難受。就因為這句話，縣公安局的警察連夜抓人，這位文書被關了整整三年。

戈德斯坦所考察的日喀則地區昂仁縣帕拉鄉在一九六九年年底，因為反抗把牧區變成公社，「大多數的牧民在傳統領袖領導下發動起義，控制了該地區，殺死了幾個親中國的西藏官員。他們建立了一個所謂的政府，宣稱提倡宗教和經濟自由。很快，叛亂就被南部開來的中國軍隊平息。中國政府逮捕或處死了一批領導人，對其他人進行監禁或再教育，然後建立了公社和革命委員會……」

也就是說，在一九六九年的一系列混雜著各種目的的反抗事件中，有些正是出於對公社化的反抗。藏學家茨仁夏加（Tsering Shakya）在他的著作《龍在雪域：一九四七年後的西藏》 中寫道：「在某些地方，叛亂活動是由於中共試圖恢復人民公社制度而造

成的。」正如當時流傳在西藏底層的一句話：「解放就如同給人們戴上了一頂濕皮帽。皮帽乾得越快，就箍得越緊。」於是，中共聲稱獲得解放的「翻身農奴」表示不願意要這樣的「解放」，喊出了「吃糌粑的趕走吃大米的」口號。而糌粑與大米，實際上各自象徵著民族屬性，即藏人與漢人，並意味著民族認同。

當然很多事情的來龍去脈並非可以簡單化地一言以蔽之，而是有著各種各樣的可能性。而如此之多的可能，實際上都緣於一個前提，那就是：革命。一位伴隨著發生在西藏的所有革命度過了大半生的藏人知識分子說：「一九五九年以後的『民主改革』是對西藏經濟的革命；一九六六年的文革是對西藏文化的革命。兩次革命，使得西藏徹底變了樣。」而人民公社化，則是夾雜在對西藏文化的革命之中，對西藏經濟的又一次革命。

也因此，與體現官方意圖的媒體所做的宣傳相似，我父親所拍攝的人民公社的照片反映的並不是真實的情況，而是在虛擬一種幸福生活的假象。

不知道在這些參加集體化勞動和學習的人群當中有沒有知識青年。早在一九六五年十月，《西藏日報》報導有一批首都知識青年志願到西藏參加農業生產。一九六九年，西藏的本地中學生被下放到西藏農村插隊落戶。隨後多年裡，知識青年上山下鄉的運動仍在進行，不斷有一批批熱血青年從中國各地來到西藏。曾在拉薩某國企任第一把手的孫某就是其中一個。那是一九七六年，來自東北撫順、剛滿十八歲的他成為山南地區瓊結縣紅旗公社的農民，儘管時間不長，但與西藏農民的朝夕相處，不但使他學會了當地藏語，而且交情匪淺，延續至今。畢竟文革即將結束，那時候的西藏農村雖然除了勞動就是開會，階級鬥爭已經不那麼重要了，生息在這裡的老百姓是淳樸的、善良的、厚道的，以致在這位漢人知青的記憶中，「像是來到了一個多少猶如世外桃源的地方」。

可是，真的是世外桃源嗎？在經歷了這麼多的革命之後，西藏會是一個世外桃源嗎？

我很難相信，我的父親在他親眼目睹了砸寺院、毀佛像、燒經書的場面，並且用相機把這些可怕的場面拍攝下來、記錄在案之後，他本人又是否真的相信由他自己導演的西藏農民幸福生活的新氣象？

造新神

　　流傳在藏北羌塘牧區的一首著名民歌〈在那太陽的東方〉，原來的歌詞
是這樣的：

　　　在那太陽的東方，
　　　有一座金色的宮殿，
　　　在那黃金修築的宮殿裡面，
　　　住著金剛勇士佛。

　　　在那太陽的南方，
　　　有一座銀色的宮殿，
　　　在那白銀修築的宮殿裡面，
　　　住著無量光佛。

　　　在那太陽的西方，
　　　有一座白色的宮殿，
　　　在那海螺修築的宮殿裡面，
　　　住著寶生如來佛。

　　　在那太陽的北方，
　　　有一座綠色的宮殿，
　　　在那碧玉築就的宮殿裡面，
　　　住著不空成就如來佛。

　　但是在文化大革命期間，卻被「革命的文藝工作者」以藏人的名義，改
編成這樣：

　　　在那太陽的東方，
　　　有一座金色的宮殿，
　　　在那黃金修築的宮殿裡面，
　　　有我們偉大的領袖毛澤東。

　　　在那太陽的南方，
　　　有一座銀色的宮殿，
　　　在那白銀修築的宮殿裡面，
　　　有我們偉大的中國共產黨。

　　　在那太陽的西方，
　　　在一座白色的宮殿，
　　　在那海螺修築的宮殿裡面，
　　　有我們偉大的人民解放軍。

　　　在那太陽的北方，
　　　有一座綠色的宮殿，
　　　在那碧玉築就的宮殿裡面，
　　　有我們偉大的全國各族人民。

這些藏人孩子擺出學習毛主席語錄的姿勢，他們是毛比喻的早晨八九點鐘的太陽，是毛寄予希望的革命接班人，如今已成為西藏社會的中堅力量，但又有多少人符合毛設計的革命者的標準呢？還是說，其實不少人重又回歸自己祖輩的傳統，已經摒棄了毛的諄諄教導？

披著軍大衣的解放軍首長把毛澤東畫像發給這些「翻身農奴」，凝視著毛這個穿著中山裝的新神，這些「翻身農奴」的表情竟然如此誠惶誠恐。

人們在新華書店爭相購買「紅寶書」──《毛澤東選集》和《毛主席語錄》。據中國官媒稱，「從一九五一年到一九七六年共印製……各種版本的《毛選》（包括少數民族文版、盲文板、外文版）大約兩點五億套」。毛語錄「僅國家出版社正式出版的總印數就有十億五千五百多萬冊」，並譯成藏文，有漢藏文對照版，於一九六七年六月二十五日出版發行五十萬冊，被形容為「西藏人民的大喜事」。一九六九年四月三日，拉薩新華書店繼續大量發行《毛澤東選集》六四開精裝合訂本和《毛主席語錄》、《毛主席的五篇著作》、《毛主席詩詞》一二八開塑膠精裝本等等，印數之大，全西藏可以人人一本在手。據說最小的毛語錄是五一二開，火柴盒那麼大，但應是中文。藏文版毛語錄據說有一二八開的。

為貫徹毛澤東的「三支兩軍」，一輛輛「解放牌」汽車，把一個個毛澤東思想宣傳隊送到西藏的農村和牧區，支援當地的農牧業。據西藏軍區一九六八年「關於進一步做好『三支兩軍』工作的指示」中強調：「主要的形式是毛澤東思想宣傳隊，必需實行軍管的單位仍繼續實行軍管。」「各地駐軍均有對所駐地方單位和駐地附近群眾進行宣傳的責任。」

其成就如何呢？

文革結束後，西藏高層召開內部座談會的總結是（註：來自一份一九八五年的中共西藏內部材料，是西藏自治區與西藏軍區聯合對軍隊在「三支兩軍」期間所犯錯誤的調查）：「文革期間，我區部隊約有一二三三名營以上幹部在西藏地方參加『三支兩軍』，其中參加『三結合』的七一六名，涉及地方五六六個單位。僅軍區機關在地方『支左』的營以上幹部據不完全統計就有一六四人，涉及地方七十六個單位。這麼多人參加『三支兩軍』，給地方，給軍隊，給自己都帶來了嚴重的消極後果。」

軍宣隊果然「支農」支到了田間地頭，僅照片上可以數得出的就有三十多個男女軍人，手持毛主席語錄正在向廣大的西藏農民宣傳毛澤東的思想。在用藏漢兩種文字書寫的「毛澤東思想宣傳隊」的橫幅標語旗幟上，還有一行小字註明這是「西藏軍區四〇三部隊」，而這只是無數「軍宣隊」中的一支而已。我們無法得知由「西藏軍區四〇三部隊」派去的「軍宣隊」，去的是西藏哪一個農村。我們也無法體會得出這些再普通不過的西藏農民，面對著那麼多的毛主席像、那麼多的紅旗和標語、那麼多的穿著軍裝的異族人，心裡有何感想。是不是在如此密集的耳提面命的宣傳下，一種內心的變化就會在這時候發生？比如，在陽光下高高舉起的毛澤東畫像猶如一個從天而降的新神，他所公布的新的天理是：舊西藏已經被打倒了，新西藏已經誕生了。那麼，是不是只要他們聽他的話──「毛主席的話，句句是真理」，新西藏就會給他們一個嶄新的幸福生活？

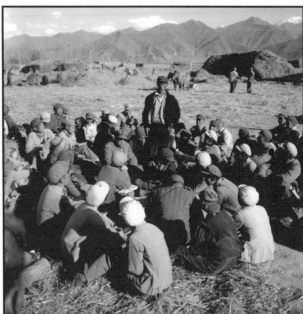

軍宣隊在田間地頭組織農民學習毛主席著作。據《西藏大事輯錄（一九四九——
一九八五）》記載：

【一九六六年】九月十四日西藏日報報導：近日來，人民解放軍駐西藏各部隊紛
紛組織宣傳隊，深入農村牧區，向群衆宣傳黨的八屆一中全會公報和十六條，宣
傳毛主席接見「紅衛兵」的消息。

【一九六七年】三月三十日西藏日報報導：為貫徹毛主席的指示，支援春耕生產
和工業生產，西藏軍區黨委抽調了四千餘名幹部、戰士組成毛澤東思想宣傳隊，
深入到農村、牧場、工礦、城鎮、學校，宣傳毛主席「抓革命，促生產」的方針，
宣傳中共中央給全國農村、工礦企業革命群衆和革命幹部的兩封信。

【一九七○年】四月十四日西藏日報報道：一年來，駐藏人民解放軍組織成千上
萬支毛澤東思想宣傳隊，深入農牧區宣傳毛澤東思想。

【一九七三年】八月一日西藏日報報導：今年以來，駐藏人民解放軍各部隊派出
醫療隊（組）一百零一個、宣傳隊一百八十多個深入農村牧區。他們為群衆防病
治病、理髮六千八百多人次，放電影八百多場次，向群衆宣傳毛主席關於「農業
學大寨」的號召，開展思想和政治路線的教育。⋯⋯

看這三個「翻身農奴」讀《毛主席語錄》是這樣的開心，似乎毛主席的教導具有非凡的掃盲效果。他們真的識字？還是做出一副識字的樣子？依照對西藏真情實況的瞭解，我認為他們識字的可能性不大。

小學生的課堂也搬到了地頭。不過他們學習的是《西藏日報》，那上面有黨中央和毛主席的新精神。革命事業的接班人需要從小就洗腦。

不光是照片上的農民在集體勞動的間歇需要學習毛澤東思想，即使在遙遠的藏北牧區，毛澤東的影響也深入人心。從小生長於牧人家庭的西藏作家加央西熱在他的著作《西藏最後的馱隊》中寫道，在傳統的勞作方式——採鹽結束之時，「首領讓我們集中到他的鹽包（即裝鹽巴的大口袋，用犛牛毛編織）中間，學習毛主席語錄中有關階級鬥爭的論述，接著進行了討論，最後由首領做了最革命的指示，他說：『採鹽結束了，這是革命的勝利，是毛澤東思想的勝利，是無產階級的勝利。但是，我們要戒驕戒躁，將革命進行到底……』」

這些康區民兵擺出學習毛主席著作的幸福
狀，笑容都是一模一樣。

這顯然是一組在精心安排之後拍攝的照片，目的在於表現公社化帶給廣大西藏農民的幸福生活。從這些公社社員乾淨的頭巾、帥氣的禮帽、鮮豔的「邦典」（圍裙）上，從這些公社社員深情凝望毛澤東畫像的神情上，從這些公社社員舉著毛澤東畫像振臂呼喊口號的姿勢上，如果不是瞭解那一段歷史，肯定會讓人覺得人民公社確實猶如黨許下的諾言，是一座通向社會主義天堂的金橋。

當然，這些照片拍攝於人民公社剛剛成立的初期，那時候，農民們確實對人民公社抱有希望。但是這些照片無疑體現的是我父親本人的願望，正是在他的要求和擺佈下，公社社員做出了一副幸福和感恩的姿態。正如中央新聞紀錄電影製片廠駐拉薩記者站所拍攝的一部電影裡，西藏農村的藏族姑娘一邊摘著樹上的蘋果，一邊喜氣洋洋地說，「要問我們的生活好不好，請看我們臉上的紅光」。的確，她們的臉蛋紅撲撲的，就像樹上的大紅蘋果。她們的神情無疑跟這幾幅照片上女社員的神情有著驚人的相似。可事實上呢？

毛澤東變成了看守莊稼的稻草人，似乎具有驅蟲避害的莫大威力。這幅圖景在當
時的西藏農村比比皆是。而這是因為以宣傳毛澤東思想為主要任務的軍宣隊到處
送毛像，被宣傳得神乎其神的毛澤東猶如一個新神，使得西藏農民將毛視為無所
不能的新神，當然這也很有可能是農村幹部們、積極分子們這樣做的。

「舊西藏」被砸爛了。那麼，「新西藏」是否從此就在一片廢墟上建立起來了呢？

　　文革中期，從高高在上的廟堂墜入深不見底的地獄，被說成組建「反黨集團」「反革命集團」的林彪，在他還是軍隊元帥的時候，鼓吹毛澤東思想是「精神原子彈」。這是否意味著，有了這樣的「精神原子彈」，就能摧毀中共所宣傳的「三大領主設下的精神枷鎖」？

　　王力雄在《天葬：西藏的命運》中這樣寫道：「『精神原子彈』的蘑菇雲籠罩了整個毛澤東時代。一批又一批漢人開進西藏。五〇年代進藏的地方工作人員就已經達到四、五萬，軍隊人數達到五萬。六、七〇年代更是成倍增加」。而「十數萬信奉『共產』宗教的漢人——占當時西藏人口的十分之一——突然闖進千年封閉的雪域佛國，他們集中於西藏社會的中心和上層，又廣泛地散布到西藏社會的基層，並且以扎根的姿態和苦行僧式的狂熱，在西藏傳播和推行他們的新宗教。」

　　比如，無數個派往廣大農牧區的宣傳隊，正是運送毛澤東思想這枚「精神原子彈」的隊伍。有趣的是，包括紅衛兵和解放軍軍人在內的這些毛澤東思想宣傳隊，他們一方面要革掉那些「四舊」的命，一方面卻大肆地宣傳革命的「迷信」，在幾乎所有的房子裡面都要掛上毛澤東的畫像，在幾乎每個人的手中都要塞上一本毛澤東的語錄，因此在這些照片中，毛的畫像鋪天蓋地，毛的語錄人手一本，反倒有一種喜劇色彩。是的，如今再看這些照片，竟稱得上是一種群眾性的行為藝術，更因為其背景是西藏，其參與者是西藏的農牧民而別具一格。但在當時，卻交織著格外激烈的鬥爭，從中飛濺的是一個民族的慘痛。

　　就這樣，一個外來的姓氏為毛的新神，挾帶著革命的腥風血雨，電閃雷鳴地出現在西藏上空，打破了青藏高原千年的卻也是固步自封的寧靜。而如此具有顛覆性的一次次革命，等於是要連根挖去一個民族深扎在雪域大地上的根，所觸及的不但是藏人的皮肉，使他們貧困交加；所觸及的更是藏人的靈魂，使他們在喪失傳統和信仰的時候，內心分裂，魂無所繫，從而讓所有藏人再真切不過地明白了毛所謂的「從靈魂深處爆發革命」的含義，原來就是令人不得救贖的「殺劫」。

V

尾聲
二十年的輪迴

神界輪迴

　　中國有句俗語：「冤有頭，債有主」，而在一九七六年十月，這個被英明的黨中央揪出的「『四人幫』反革命集團」似乎就是所有災難的製造者。於是，從一九七七年至一九八九年，在西藏，年年都要糾正發生在文革中的錯誤，而這些錯誤皆被歸結為遠在北京的「四人幫」反革命集團造成。一九九〇年以後不再提及，似乎是所有的錯誤已然糾正，文化大革命似乎成為已經過去了的歷史，可以忽略不計，不必再提。

　　可是，時光可以倒流嗎？人生可以重來嗎？可是，文化大革命真的終結了嗎？

一九七六年九月九日，西藏自治區成立十一週年的當天，毛澤東死了。一個月後，發生在北京中南海裡面的事件，在中國大地引起大地震似的動盪和改變，也在整個藏地引起連鎖性的強烈反應。包括照片上西藏東部的康區，即今四川省甘孜藏族自治州道孚縣。

在前後兩幅照片上，畫面中雖然還是有我們熟悉的情景：軍人、民兵、紅旗、標語，以及毛澤東的巨幅畫像；但標語牌上的內容已經變了，一個新的名字出現了——「熱烈慶祝華國鋒同志任中共中央主席中央軍委主席」，這表明，毛的時代結束了。

在拉薩，據《中共西藏黨史大事記》記載一九七六年十月的大事：十月六日「四人幫」反革命集團被粉碎 以華國鋒、葉劍英、李先念等為核心的中央政治局，執行黨和人民的意志，採取斷然措施，粉碎了江青反革命集團，結束了「文化大革命」的十年動亂。這是全黨、全軍和全國各族人民長期鬥爭取得的偉大勝利。十月七日 華國鋒任中共中央主席，西藏黨、政、軍、民熱烈擁護。十月二十三日 拉薩地區、各族軍民六萬多人舉行了盛況空前的慶祝大會，在黨政軍負責同志帶領下進行了聲勢浩大的遊行，大會向黨中央發了賀電。

人人高呼萬壽無疆的毛澤東死了。他的接班人是在一九七五年慶祝西藏自治區成立十週年時到過拉薩的華國鋒，藏人們對他並不陌生。有關他的故事不脛而走，據說那年華國鋒大駕光臨，見酷愛暢飲青稞酒的藏族人民使用一種又笨又重的土陶盛酒，頓生惻隱之心，特意令北京某塑膠製品廠設計、製作了一種兩邊有耳、形狀略扁的塑膠壺，善於感恩的西藏人民便親切地稱這個塑膠酒壺為「華主席」。

那麼，「華主席」是毛主席的轉世嗎？然而，沒過多久，「華主席」就被鄧小平打倒了，重新組閣的黨中央宣布文化大革命是一場「十年浩劫」，接替任榮擔任西藏第一把手的陰法唐也宣布，「就西藏文革的實際情況來說，在有的問題上輕些，在有的問題上重些，總的說是嚴重的，出現在這個特殊地區就更嚴重……」

王力雄在《天葬：西藏的命運》中這樣評說：「曾幾何時，毛澤東替代達賴、共產主義替代佛教的神界輪迴似乎必將萬代不變，卻沒想到這一圈的輪迴竟是如此短促，僅僅二十年的時間，又開始了另一輪逆轉的輪迴。」是的。從一九五九年達賴喇嘛以流亡者的身分離開西藏，至一九七九年達賴喇嘛派遣使者重返西藏，僅僅二十年的時間，在所有藏人的心中，輪迴發生了。

這場文化大革命結束了。

「牛鬼蛇神」重又登上政治舞臺，成為「統戰人士」，繼續扮演「政治花瓶」的角色。西藏民眾重新拿起念珠和轉經筒，走進重新修復的寺院朝拜重新塑造的佛像。在他們的記憶中，文化大革命——「人類殺劫」是一場令人發瘋的噩夢。

二〇〇三年二月，在大昭寺的講經場「松卻繞瓦」的石階上，自願在寺院當清潔工已有十七年的強巴仁青，翻看著這一幅幅照片，懷著一個七十五歲老人的滄桑翻來覆去地念叨：

在二〇〇三年藏曆新年前夕，強巴仁青老人跟著大昭寺的僧人們一起製作供奉諸佛菩薩的酥油供品。當我舉起相機，他朝我綻開了我最後看見的微笑。

> 從我的經歷來看，我是很革命的。可從內心深處來說，唉，我感到自己造了很多孽。所以我經常祈禱，下輩子千萬不要投生為漢人，不要投生在有漢人的地方。我過去是哲蚌寺的僧人，但這麼多年以後，我再也不穿袈裟了。為什麼呢？這是因為我幹過革命，在居委會工作過，當過民兵，文化大革命時又做了很多不好的事情，再穿袈裟的話就不合適了。穿袈裟是要遵守很多戒律的，可是我沒有資格再穿袈裟了。其實我很想穿袈裟，但是我不能穿，因為我覺得自己沒有資格了。在「破四舊」的時候，我砸過「嘎林果西」（四門佛塔），我還把我老師收藏的經書全都燒了。那些經書都是老師在一九五九年以後悄悄從布達拉宮裡搬出來的，是宗喀巴大師的語錄，再珍貴不過了。可是文革來了，不敢收藏，只好燒了。當時有一個尼泊爾人跟我一起燒，我們都流淚了。我們把燒完的灰倒在了拉薩河裡。唉，那時候我們就這樣把宗教放棄了。

> 如果沒有革命，沒有文化大革命，我想我的一生會是一個很好的僧人，會一輩子穿袈裟的。寺院也會好好地存在，我會一心一意地在寺院裡面讀經書。可是革命來了，袈裟就不能再

穿了，雖然我從來沒有找過女人，沒有還俗，但還是沒資格再穿袈裟了，這是我一生中最痛苦的事情……

　　這年十一月底，藏曆「甘丹安曲」（燃燈節，紀念格魯派宗師宗喀巴的誕辰與圓寂）的前夕，強巴仁青在他靠近「松卻繞瓦」的小屋裡去世了。當晚，大昭寺全體僧人為他誦經，超度他的靈魂，並在把他送往天葬臺的深夜為他祈禱，這應該說是令他最滿意的安排了。只是，強巴仁青至死也未能穿上他曾經穿過的袈裟。那象徵修行者無染一生的絳紅色袈裟，卻也象徵了強巴仁青生命中最大的幻滅……

一九九九年十二月至二○○五年九月

寫於拉薩，北京

這是強巴仁青老人隨手在一張紙上畫的「嘎林果西」塔。畫得之利索，就像這座塔已深深地刻在他的腦海裡。其實他在餘生都為自己砸過這座塔而後悔。回憶當時情景，他說：「其實我心裡並不是滋味。不管怎麼說，我過去是僧人，現在做這種事情，這是有罪孽的，可是不革命又不行，所以我就默默地許了一個願：但願我的來世投生在一個很富有的家庭，修一座跟這一模一樣的塔……」

補記
《殺劫》之後

題記

　　瓦爾特・班雅明（Walter Benjamin）說過一句名言：「關於文明的記錄同時都是關於野蠻的記錄。」但我要修改為：關於所謂文明的記錄，實質上是關於野蠻的記錄。

──唯色

（左）我選擇拍攝處，都是我父親當年拍過照片的地點，比如這張，與第一七七頁顯示的地點一致，只是在如今這片有樹木處，文革時是「勞動人民文化宮」的建築物，而更早，這裡是有達賴喇嘛法座的「修赤林卡」。

（右）布達拉宮廣場：與第二十二頁顯示的地點一致。黑衣人是軍人，背著一把雨傘（遇突發事件遮擋拍攝、攝像之用）。布達拉宮廣場上，這樣的黑衣人呈縱隊間隔排列，密切注視經過或停留的人，嚴禁席地而坐，甚至蹲下都不允許。他們懼怕什麼？是因為這期間，在拉薩也發生了全藏各地發生的，一個個藏人焚身抗議的事件。

（左上）羅布林卡：與第一五九頁相同地點。文革中，這裡被改名「人民公園」，如今成了賣門票的旅遊景點。

（左下）大昭寺：與第四七頁相同地點。文革時，這院內堆滿被砸爛的佛像；如今這裡遊客雲集，口音喧嘩。

（右上）大昭寺：與第四八頁相同地點。文革時，紅衛兵從這裡往樓下拋扔佛像等；如今遊客們徜徉、拍照，同樣無視寺院的神聖。

（右下）大昭寺：與第五〇頁相同地點。文革時，紅衛兵在這裡向藏人們展示「破四舊」的勝利成果；如今，好奇的遊客們將磕長頭的藏人視為一種特殊的異域景觀，參觀、拍照、議論。而他們身後的圍牆，一度被稱為「豔遇牆」，成為所謂「約炮」處。

大昭寺：與第十八頁、第四九頁相同地點。這張圖片上，磕長頭的信徒不多，是因為二〇一二年五月二十七日在這附近有兩位藏人自焚，當局因此將拉薩變成了「種族隔離區」，各地藏人要進拉薩困難重重。

松卻繞瓦：這是「鬥『牛鬼蛇神』」那批照片中最多顯示的地點。文革時，在
這裡批鬥喇嘛、仁波切、貴族、舊官員；在這裡集會，表演從北京學來的革命
戲劇、紅色舞蹈；如今這裡依然不是講授佛法、辯論佛經的傳統講經場，而是
駐寺工作組和寺管會紅喇嘛的停車場。

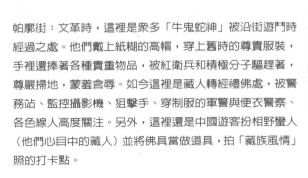

帕廓街：文革時，這裡是眾多「牛鬼蛇神」被沿街遊鬥時
經過之處。他們戴上紙糊的高帽，穿上舊時的尊貴服裝，
手裡還捧著各種貴重物品，被紅衛兵和積極分子驅趕著，
尊嚴掃地，蒙羞含辱。如今這裡是藏人轉經禮佛處，被警
務站、監控攝影機、狙擊手、穿制服的軍警與便衣警察、
各色線人高度關注。另外，這裡還是中國遊客扮相野蠻人
（他們心目中的藏人）並將佛具當做道具，拍「藏族風情」
照的打卡點。

夾波日：與第一五六頁相同地點。文革時，紅衛兵在此山立起「勝利峰」的牌子，而今這裡的山頭屬於軍警防守的禁區，山腰有軍營，山下有寺院，靠近三座白塔的山尾散落著一片片廢墟，正是一九五九年三月毀於解放軍炮火的醫藥利眾寺。

（上）宇妥路、江蘇路：第五四頁相同地點。
文革時，紅衛兵與軍隊巡遊全拉薩的必經
之處。今天闢為商業步行街。
（下）修建於一九六五年的拉薩大橋橫跨
拉薩河，被軍警以軍事要地的理由禁止在
此拍照，除非偷拍。

第八六頁相同地點。與文革一樣的是，五星紅旗再次插在大昭寺頂上。不同的
是，擠滿的遊客替代了紅衛兵。

藏人朝聖者在大昭寺前磕頭禮佛，但在一旁的建築頂上，五星紅旗一旁的遮陽
帳下，是持槍的狙擊手。

舊日的波林卡，「新西藏」的拉薩人民體育場，昔日舉行文革集會、公開審判
各種「壞分子」的地點。今天這裡是駐紮了大批「維穩」軍人的營地。

（上）堯西達孜廢墟裡的一
隻死蜘蛛。

（下）毀於文革及之後的喜
德林寺廢墟宛如拉薩巨大的
傷疤。（註：二〇一八年全
部被拆，在原址上重蓋類似
原貌的建築，就像是從未有
過廢墟。）

（上）十四世達賴喇嘛家族的府邸──堯西達孜毀於文革，已廢墟化。（註：二〇一八年全部被拆，在原址上重蓋類似原貌的建築，就像是一直如此完美。）

（下）拉薩西郊「烈士陵園」裡的「紅衛兵墓地」今已被豎牆隔離，不易發現。

因藏語「革命」諧音而得名《殺劫》的圖文書，十年前由臺灣大塊文化出版。那是文化大革命四十週年之際。同時出版的，是我採訪二十三位經歷者關於西藏文革的口述史——《西藏記憶》，以及我在中國出版隨即被禁的散文集——《西藏筆記》（臺灣版《名爲西藏的詩》）。

如若沒有臺灣，我的這三本書可能很難面世。說可能，譬如鄰近的香港，彼時與今日不同，尚未被削弱的價值觀允許言論自由，或找得到出版處。但在偌大中國，則絕無可能。王力雄在《殺劫》序言中寫：「儘管已過四十年，文革在中國仍被列爲不可觸碰的禁區」，因爲「文革不僅是會使中共痛楚的舊疤，而且挖掘下去，會觸及中共制度的根本」，發生在西藏的文革更是禁區中的禁區。也因此，在文化大革命五十週年的今天，在有毒空氣——霧霾日益濃重卻宣稱已經崛起的中國，《殺劫》依然是禁書，文革依然是禁區。

禁書很難入關。承蒙大塊文化慷慨地在合同之外額外贈送五十本《殺劫》，那是我希望書中的幾十位受訪者能夠得到，也是他們應該得到的。但在從香港進入深圳的關卡，全部被中國警察野蠻沒收。我對受訪者的歉疚難以撫平，有人已經去世，實際上至今已有十六位受訪者接踵去世（註：正如我在前言中補充的，至二〇二三年三月，據我所知已有半數以上的長輩去世，包括我母親次仁玉珍），他們永遠無法目睹自己的證言印在書上。

二〇〇九年，《殺劫》藏文版問世。藏文譯者是自由亞洲電臺藏語部資深主持人卓嘎。她在藏文版譯者序中這樣寫——「很多西藏年輕人根本不知道文革期間在西藏所發生的情況，所以我翻譯這本書的目的，是讓我們的新一代和境外的流亡藏人瞭解這個真相。」感謝大塊文化無償提供版權及版式，也感謝挪威西藏委員會 (Norwegian Tibet Committee)、挪威言論自由聯盟 (Norwegian Authors Union) 和瑞士西藏友協對出版的支助。

第一本藏文《殺劫》，由譯者遠赴印度達蘭薩拉替我敬獻尊者達賴喇嘛。尊者在另一本《殺劫》的扉頁親筆題詞：「信仰和忠誠潔白無瑕，利他的勇氣始終如一的唯色啦：祈願三寶，不論現在或未來，讓你的所有願望都能無障礙地任運成就——釋迦比丘說法僧達賴喇嘛二〇〇九年十二月十六日」。由尊者加持的珍本，後來被輾轉帶給因得不到護照而無法出境的我。

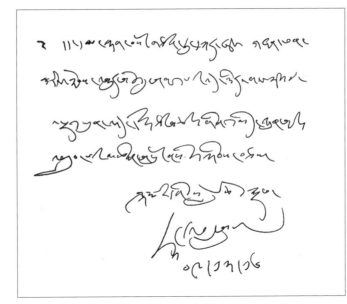

尊者達賴喇嘛在《殺劫》藏文版的親筆題詞。

　　二○一三年，在 Twitter 上認識的鄭玉萍女士（旅居美國的馬來西亞華裔）主動承攬，製作《殺劫》的藏文電子書，並與譯者卓嘎、藏文版設計者圖登協力，將電子書成功上傳網路，如今已有境內多地藏人讀到。

　　在寫作《殺劫》的六年裡，沉浸在近三百張老照片中，以類似按圖索驥的方式，去瞭解我一無所知的西藏文革歷史，並不輕鬆。正如印度女學者布塔利亞‧烏瓦什（Butalia Urvashi）在有關印巴分治的著作①中所說，不僅要通過「歷史」來瞭解事件，「而且還要通過它的文學的、虛構的、歷史的、政治的描述，通過它的個人的、證明性的陳述來瞭解它，因為對任何事件來說，重要的不僅是『事實』，同樣重要的還有人們如何回憶這些事實，以及如何陳述它們。」而七十多位受訪者的陳述，卻因揭示並不願意直視的黑暗，必然會重返黑暗並將記錄者也不可避免地帶入黑暗。

　　我至今記得採訪時，經常會為對方突然吐露的一兩句歎息而心痛：「瘋了，那時候都瘋了，就像吃了迷魂藥」；「可憐啊，我們這個民族太可憐了」……並會暗暗指責那些以革命的名義製造毀滅的人。但當我坐在電腦前逐字逐句整理錄音，一個個感歎號開始為問號所代替。這麼多人的心結，之糾纏，之壅塞，之沉

①《沉默的另一面》（*The Other Side of Silence*，布塔利亞‧烏瓦什（印）著，馬愛農譯，人民文學出版社，二○○一年。

307

重，察覺得到他們的精神世界其實布滿某種可怕的烙印，而這烙印主要體現在語言上，只要開口，屬於某個時代或者某段歷史的特殊語言就會源源不絕地湧現，彷彿從來都具有如此單調卻強悍的生命力。又因為，那些語言是外來的，入侵性質的，並不屬於他們原本從屬的民族，反而顯得彆扭、生硬。似乎是，當他們使用本族語言時，母語會自然消除那些醜陋的烙印，但他們用漢語學舌時，似乎只會重複那些烙印似的語言，如「解放」、「叛亂」、「破四舊」、「牛鬼蛇神」、「人民公社」之類。

作為用中文寫作的我來說，有段時間，並不太願意再次翻看記錄這些烙印的老照片，也不太願意重溫當時的錄音或文字，似乎是進入了對黑暗的西藏文革的厭倦期。

多年來，我常常與王力雄討論，認為僅出版圖文書還不夠。我父親拍攝的西藏文革照片，雖然只有數百張（發布於《殺劫》有近三百張），卻是關於西藏文革最全面的民間照片，應該做更多的事情來充分見證那段被強權遮蔽的歷史。

比如拍攝紀錄片。王力雄當時的設想是：「以這些西藏文革圖片為引子，以採訪為線索，配合可以找到的文革影視資料，採訪圖片中的人物，講述圖片中的故事，結合圖片中人物和場地之今昔對比，描畫出西藏文化大革命的輪廓和重要斷面，以及人物的命運和歷史的變遷，再輔以專家學者對西藏文化大革命的辯爭（藏漢之間的不同觀點），同時展現西藏的文化、文物、宗教等，可以把當今世界的兩個熱點——西藏與文化大革命合在一起，在二〇〇六年文革四十週年之際，成為具有特殊意義的作品。」

設想必然落空，因為在現實中拍攝這樣一部紀錄片無可能。當局對拍攝這種題材會嚴厲封殺，相關藏人也會畏懼出鏡。我當初在《殺劫》的採訪中使用了錄音與拍照，比較而言，錄音比拍照要順利。至於攝像，難以付諸操作。

之後，王力雄又有一個類似行為藝術的拍攝設想，並與拉薩和北京的藝術家討論過。這是他當時寫的文案：

　　唯色用父親四十多年前在拉薩拍照片的蔡司伊康相機，站到父親當年同一角度，拍攝今日拉薩圖景。那些曾經上演當年戲劇的場地，今天變成了另外的世界，一邊是宗教重新復興，

轉經磕頭，香煙繚繞；一邊是世俗喧囂，商潮滾滾，遊客雲集。

今天，西藏文革好像不曾存在。兩個時代照片的對比，顯現出歷史的無常。唯色找到當年畫面裡的人物，希望他們進入今日照片，卻發現是很大難題，無論是當年的受難者，還是當年的革命者，都拒絕現身。

攝影機跟隨唯色採訪，但只能被關上的門擋在外邊。唯色想像，該用什麼樣的形象把當年的照片人物填充在今日圖片中，每個想像都是詮釋西藏命運的一種觀點或角度。因為始終沒有真人露面，最後只能是把當年底片上的形象投射在白板上，用白板剪出人形輪廓，立在與當年同樣的位置上拍照，形成一組意味深長的照片。

唯色希望把兩組照片——父親的文革圖片和人形白板的今日圖片——放在一起辦個展覽，在拉薩根本不用想，在北京或是辦不成，或是被閹割，或是展覽遭關閉（按照真實情況記錄），總之那段歷史不容許重見天日。

最終，唯色把父親的文革照片一張一張投影在逐層凝結的冰上，帶著冰在拉薩街巷穿行，陽光下的冰被喧囂彌漫的今日信息包圍，最終融化消失。

「冰文革」的行為藝術同樣無法進行，這是因為二〇〇八年來了。更確切地說，是二〇〇八年三月十日起，在拉薩乃至全藏許多地方爆發了世人矚目的抗議。

二〇〇八年三月的抗議改變了很多事情、很多人，也改變了我。如何描述這種改變？我的一種描述是：「之後的幾個月，我總是聽見一個聲音，它源於我青春時節的偶像、後來漸漸忘卻的義大利女子法拉奇（Oriana Fallaci），她在九一一事件發生之後寫道：『在這些時刻，如果我們保持沉默，那將是一個錯誤，而言說卻是一種義務。』[2]作為一名記者和作家，她寫過、說過許多話，但唯有這一句在拷問我的內心。」[3]

我還這樣描述了那年夏天返回拉薩的感受，而那次因遭警察闖入家裡搜查並把我帶走審訊，我與王力雄只住了七天便出逃似

②《憤怒與自豪》，法拉奇著，毛喻原譯：http://blog.sina.com.cn/s/blog_49f2485a0102vxea.html
③《鼠年雪獅吼：二〇〇八年西藏事件大事記》，唯色著，允晨文化有限公司，二〇〇八年。

的匆匆離開：「這是『三一四』之後，時隔五個多月，我再一次看到環繞拉薩的群山有著屬於拉薩的形狀，再一次聞到穿透拉薩的空氣有著屬於拉薩的味道，再一次聽到鄉音親切的拉薩話有著屬於拉薩的韻律……唉，我是這樣地愛著拉薩，每一次回到拉薩，所有的所有、一切的一切，都不但觸及皮肉，更觸及我的靈魂深處！可是拉薩日益變得讓我難以啓齒，總使我嘗到類似牙痛的滋味，既然牙痛就說不出口，我擔心總有一天會不會疼得再也無言？」④

我正在進行的以及計畫中的寫作都暫時放下，轉向非虛構的記錄。迄今八年來，陸續（在臺灣）出版的皆爲基於現時現地的著作：《鼠年雪獅吼》、《聽說西藏》、《西藏：2008》、《圖伯特這幾年》、《自焚藏人檔案》、《西藏火鳳凰》、《仁波切之殤》、《樂土背後》，以及關於西藏時事的專欄寫作、博客寫作，等等。

藏人學者、被國際公認爲「西藏現代史的重要史學家」茨仁夏加（Tsering Shakya）在《鼠年雪獅吼》的序中寫道：「……記錄這些席捲西藏高原的事件，對於瞭解所發生的事情是非常重要的。就藏人而言，這是至關重要的，因爲正是儲存在人心中的記憶，才會讓一個民族得以生存下來……二○○八年三月的事件，創造了一個新的記憶，而它會被代代相傳。今天，記憶不再只存在於我們心靈的深處，而是在網路空間裡傳播著，與世界共用著。在這個面向上，唯色占據了一個特殊的位置，她是現代西藏記憶的記錄者……她認爲她的要務就是傳播事實，而且作爲一個以中文寫作的人，她認爲自己特別有責任讓中文讀者瞭解她的土地上所發生的事情。」

似乎，《殺劫》所揭示的西藏文革已被更激烈、更當下、更迫切的現實所替代。

到了二○一二年，用我父親的老相機在拉薩拍照的「行爲藝術」開始付諸實行。在中國獨立電影人、攝影師王我的幫助下，多年放置抽屜深處的蔡司伊康相機又能使用了。

我父親在一九五○年代中期用積攢了兩年的軍餉，在拉薩帕廓著名的夏帽嘎布店裡購買的這架德國相機的確品質不錯。拿起

---

④《西藏：二○○八》，唯色著，臺灣聯經出版，二○一一年。

來略沉，純皮的棕色外套布滿歲月的痕跡，連機器本身也有磨蝕的印跡，那是我父親在往昔許多年裡反覆使用的證明。扁扁的機器，黑色的部分宛如龜殼，堅硬而且如麻的紋路；銀色的部分依然泛著晶瑩的光澤。打開鏡頭，而鏡頭是向前伸出去的，發出輕微卻乾脆的響聲。閉上左眼，讓右眼從小小的取景框看出去，難道我能看見他目睹的「殺劫」嗎？按下快門，耳邊響起另一種輕微且乾脆的響聲：「咔嚓」。

一切準備就緒，我把上百個在北京買的一二〇富士反轉片膠捲（即幻燈片）帶回拉薩。然而又逢敏感的時間段：這年五月的一天，兩位從安多阿壩（今阿壩縣）和桑曲（今夏河縣）來拉薩打工的年輕藏人，在軍警、遊客及信眾最為密集的大昭寺與八廓街派出所之間自焚，使得這幾年以焚身浴火的方式，抗議中國政府、獻祭西藏民族的個體抗爭行為，從全藏邊緣各地蔓延至腹心之地。

拉薩於是淪為 「種族隔離區」。除了在寺院、老城區、布達拉宮等景點周圍部署安檢門，同時從空港、鐵路、公路層層設防，非拉薩本地藏人若無各種證件和「進藏許可證明」，「除非插翅，否則不可能進入拉薩」，這是一位去拉薩旅行的中國作家寫的。可想而知，依照《殺劫》中的老照片所指示的地點，用同一架相機在原地拍照，是多麼地不合時宜。更何況我無論去往何處，在我的身前身後，或近或遠，都有多個便衣警察和他們的車跟蹤。他們甚至也給我拍照。實際上我的生活完全處在這些便衣警察的監控之下。好幾次，我與他們面對面錯身而過，已熟悉一張張平庸之臉。當然，被他們找去「喝茶」（傳喚的比喻說法），被他們搜查電腦、手機，被他們警告會人間蒸發，都不止一次。

還發生過更具戲劇性的事件。差不多有兩個月，我在烈日下東奔西跑，拍了十九個膠捲。考慮到暫不離開拉薩，一位來旅遊的漢人朋友離開拉薩前到我家告別時，我把拍好的膠捲託她帶走，以便盡早沖洗。當時沒有其他人在場，我們也從未在電話裡提及，但是第二天她在機場過安檢時，卻被指控有一把水果刀藏在裝膠捲的背包裡，而那水果刀她從未見過。警察不由分說把包拿走，在她看不到的地方做「進一步檢查」，直到飛機將起飛才交還。受驚嚇的她匆匆登機，待飛機落地查看，我的十九個一二〇富士反轉片膠捲，變成了十個一三五的柯達負片膠捲和五個富

311

士負片膠捲。

現在，這十五個被掉包的膠捲作爲某種紀念品收藏在我北京家裡。曾經嘗試沖洗了其中一個，顯示是廢片。我在拉薩辛苦拍攝的攝影作品，就這樣消失在國家機器製造的黑洞中。他們是用什麼方式得知朋友幫我帶膠捲呢？我想不出。是我家被偷裝了竊聽器或攝影鏡頭？還是數公里之遙的拉薩公安局信息大廈樓頂豎立的高倍望遠鏡能看進我家的窗子？無論他們用什麼高科技手法，都不如我對代表國家法律的部門竟用這種方式拿走我的膠捲，更讓我驚駭。

膠捲被掉包後，我繼續用父親的相機拍照，第二年的夏秋季節也如是。每張照片都是有意義的。因爲事件：文化大革命；因爲時間跨度已近半個世紀；因爲空間還是這裡：拉薩。所以每張照片都有不同尋常的意義。當年，我父親的照片類似於「報導體」或攝影報導，更因他拍攝的或者說記錄的是文化大革命在西藏的諸多事件，而成爲歷史性的見證。我用同一架相機在四十多年後的間隔拍攝，——是的，不是連續拍攝，更似一種影像敘事，看似沒有一個個具體事件，卻是許許多多看不見的故事布滿其中。

起初，在今天的拉薩，帶著我父親用過的相機走在他四十多年前走過的每一處，我感受到的是「記憶被沒收的困惑」，觸目所及似乎都是文革照片中沒有的場景與事物。然而，突然間，黨的揚聲器——才旦卓瑪的歌聲從布達拉宮廣場的各個擴音器傳出：「喜馬拉雅山再高也有頂，雅魯藏布江再長也有源，藏族人民再苦啊再苦也有邊，共產黨來了苦變甜喲共產黨來了苦變甜……」，這恰是文革時期被黨的文藝人挪用、被改編成「紅色革命歌曲」而流行全中國的西藏民歌，並不遙遠的記憶頓時返回、湧現，荒謬感與錯位感陡然加重，時光亦倒流。於是會痛楚地察覺到，實際上，文革並沒有結束。

不計其數的細節呈現種種痕跡。比如，布達拉宮右側掩於瑪波日山下的狹長洞穴，其實是文革中爲回應毛澤東「備戰」指示而開鑿的防空洞，如今改造成了具有本土風味的甜茶館，年長者居多的藏人們排排坐著喝甜茶、吃藏麵、低聲聊天，來自附近鄉下的女孩子嚼著口香糖倒茶、收錢，小小的窗臺上擺著的花盆鮮花盛開；畫有西藏傳統圖案的門戶前是被稱爲「頗章廈廓」的傳

統轉經路，既有無數信徒走過，也有很多遊客走過，還有我和身後的便衣警察走過，同時伴隨著緊挨轉經路且稍寬闊的北京中路上的車來車往。而北京中路的另一邊，則是模仿天安門廣場建的布達拉宮廣場，有高度警惕的軍警持槍守衛的升旗臺飄揚著五星紅旗，有炮彈形狀的「西藏和平解放紀念碑」與象徵舊日西藏政權的頗章布達拉遙遙相對，還有巨大的電視液晶螢幕滾動播放新西藏的旅遊風光或偉大成就——這正是後文化大革命場景，因植入於拉薩，又隱含某種悲劇意義。

至於當年遊鬥「牛鬼蛇神」的帕廓及周圍街巷、大小寺院，如今被國家權力打造成商業化與移民化的場域，也是重新修改歷史、建構國家認同的場域。在鏡頭裡，可以看見以藏式房屋爲背景主要突出「中國特色」的場景：一幅幅「中國夢」宣傳畫、一串串紅燈籠、一個個漢文大於藏文的招牌，以及一些大的商場前鮮紅的充氣塑膠圓柱或金色的充氣獅子，在風中炫耀著暴發戶的粗俗和入侵。血紅色的五星紅旗必須插在每間店面醒目的高處。部署在多個轉角的藏式樓房上面的狙擊手經常闖入鏡頭，讓你避之不及。二〇一四年夏天我還注意到，掛滿帕廓的上百個攝像頭被加上了頗具藏式風格的僞裝：是用模仿轉經筒樣式的圓形盒子套住眞正的攝像頭，並在這假轉經筒的外表印上六字眞言，一般人會以爲是佛教用具，卻不知是「老大哥」從那後面在看著你。

雖然在藏人眼中，帕廓依然是環繞祖拉康（大昭寺）的主要轉經路，所以依然會一圈復一圈地右繞，或步行或磕長頭；依然會挨肩接踵地，在祖拉康跟前此起彼伏磕長頭，甚至會延伸到燈房周圍的石板地上，但在冠名「八廓古城」的旅遊景點，男女老少的藏人構成了一種特殊的異域景觀，吸引遊客駐足、獵奇。以中國遊客爲主，經常用各種長短鏡頭追拍藏人，經常很不客氣地將鏡頭貼近被拍者的身體，根本不顧被拍攝者是不是在履行佛事，或願不願意被陌生人拍攝。拉薩顯然變成了一座主題公園：專門提供給中國遊客消費的展示「拉薩最幸福」的主題公園。

在二〇一二年八月至十月、二〇一三年七月至十一月的拍攝時，我依照《殺劫》老照片指示的地點，做了以下幾個地點的歸納：

•布達拉宮廣場，即舊日的修赤林卡（尊者法座林苑）；

- 羅布林卡，即尊者達賴喇嘛夏宮；

- 祖拉康，即大昭寺；

- 松卻繞瓦，即舊日的大昭寺講經場；

- 帕廓及其周圍小巷；

- 「牛鬼蛇神」被遊街、批鬥的幾處；

- 夾波日，即藥王山；

- 宇妥路、江蘇路（造反派、解放軍活動的幾處）；

- 拉薩人民體育場，即舊日的波林卡；

- 拉薩大橋；

- 附近農村……

　　那麼，有沒有發現，連年來我所看見的拉薩風景，仍然是「殺劫」的風景，實質上是無常的風景；我試圖講述的拉薩故事，仍然是「殺劫」的故事，實質上是無常的故事？其中有混亂，也有秩序；有迷惘，也有堅持；有暴力，也有悲憫；等等。如果要學習佛法，可以經由這樣各種的、連續的無常，慢慢學習到許多，或者一些。儘管照片本身遠不如拍攝過程更富戲劇性，甚而至於，照片其實平淡無奇，需要解釋或說明才能讓觀者明白其含義。不過，攝影師尚·摩爾（Jean Mohr）說過，一個人是沒有辦法用舌頭拍照的。所以無需我做更多解釋或說明，惟願每張照片可以自己敘述那些被遮蔽的真實，雖然我很想講述今日這種情境下西藏的自我經驗、藏人的自我經驗。正如與尚·摩爾合作多次的作家約翰·伯格（John Berger）所說：「攝影就是一種記憶。照片，與人的記憶，都同等倚賴並對抗時間的流逝。」⑤

　　但請原諒我的拍攝成果。對於習慣了用數碼單反、Gopro、iPhone 手機拍照的我來說，產自至少五十年前的蔡司伊康並不是一件得心應手的機器。儘管我竭力採取與我父親同樣的取景角度，並在內心亦竭力感受我父親當年的心境，但這樣的傳統相機使我經常受制於焦距遠近、曝光時間甚至膠捲的放置與進退，因此浪費了多少個膠捲！最終的成像也不盡如人意，僅有「行為藝術」的名而難具其實。不過我仍存這樣一份希望：無論拍得如何，在具有特殊意義的情境下，還是為記錄歷史多少做了一點貢獻。

---

⑤《另一種影像敘事》（*Another Way of Telling*），約翰·伯格（英）、尚·摩爾（瑞士）著，張世倫譯，三言社，二〇〇七年。

這是不是也從另一方面說明，幾十年來的科技進步並不一定就比當年的記錄更具某種價值？而那價值與當下的眞實有關，與變遷的時代有關，也與複雜的人性有關。兩相比較，讓人越發珍視老照片，彷彿「被人們當作面向窗外的一瞥，藉此他們可以看穿歷史，而窺見某種超越時間的領域」（約翰．伯格）。

　　我在繼續用父親留下的相機拍照的同時，好似患了「文革後遺症」，著迷於對拉薩廢墟的記錄與懷舊。

　　實際上我每次回到拉薩，興趣尤爲濃厚的是這三座毀於文革的廢墟：喜德林廢墟、堯西達孜廢墟、甘丹貢巴（甘丹寺）廢墟。第一座廢墟的前生是寺院或者說經學院，第二座廢墟的前生是尊者達賴喇嘛的父母及親人在拉薩的家園，第三座廢墟是今已修復大半顯得輝煌的甘丹寺。

　　我去得最多或者說最方便去的是位於老城中的喜德林廢墟，多年來，用各種相機拍下幾乎雷同的照片。這裡的每一處我都熟悉，就像被共產蘇聯迫害致死的詩人曼德爾斯塔姆 (Mandelstam)所寫：「我回到我的城市，我的淚水，/我的纖維、我童年膨脹的腺曾多麼熟悉它。」⑥有時候我會跟遇上的居民或孩子聊天，有時候會逗逗經過的小貓小狗，但在內心深處，感覺來這裡「已經變成我非官方的禮儀」。⑦

　　我亦逐漸認識到，對於拉薩這座滄桑古城裡的廢墟，無論掩飾還是避而不談，甚至禁止涉足，都是一種「沒收記憶」的動作。所以我在記錄這些廢墟時總是提醒自己，既要展示宏觀，也要提供細節。而細節恰恰充斥在累年來的紀實拍攝中。比如，張貼在喜德林廢墟入口處的，有「中國英雄」雷鋒的肖像，還有貼滿天朝中國的「中國夢」宣傳畫上寫著「中國何以強，緣有共產黨」這樣的標語，具有意識形態的映射和殖民主義的高傲，旁邊新蓋的象徵經濟成功的大型商場則表明消費主義的氾濫。有一次，我站在這個商場頂層，第一次俯瞰到喜德林廢墟的全貌，在大片與中國城市建築相似的樓房叢中宛如一塊傷疤，十分醒目。就像我站在另一座商場的通道階梯上，第一次俯瞰到堯西達孜廢墟的全

---

⑥《列寧格勒》，選自《曼德爾斯塔姆詩選》，奧西普 曼德爾斯塔姆（俄）著，黃燦然譯，廣西人民出版社，二〇一五年。

⑦《懷舊的未來》，斯維特蘭娜．博伊姆（美）著，譯林出版社，二〇一〇年。

貌，以及插著五星紅旗的布達拉宮近貌——這是令人深思的對比：紀念與消費，歷史與殖民化，政治化與商業化，等等。

從另一個角度，也即站在喜德林廢墟跟前望向左邊，大片玻璃構成的商場外牆反射著拉薩傍晚金色的霞光，令廢墟更加廢墟，若有一天完全倒塌，在陽光下格外刺目的「神力‧時代廣場」會顯得越加具有神力，其實它是現代烏托邦的廢墟，凸顯人類的欲望。也即：在拉薩老城，至少在這一片，有兩座廢墟揭示了驚人的無常之變——一座是神力廢墟狀如巨大堡壘，成為被裝葺得猶如舞臺背景的「八廓古城」的一部分，展示著成功與繁華的幻象；一座是喜德林廢墟，掩蔽在小巷深處，外人知道的不多，卻成了本地人的生存隱喻，其周圍過去是數百僧侶的住處，如今有八十多戶人家居住，包括本土藏人、邊地藏人，還有漢人民工和回族商販，以至於「公共因素和私人因素之間界線消失」。

最令人心碎的是曾經顯著且尊貴的那片白色大屋，即堯西達孜，尊者達賴喇嘛家族的宅邸，日益破敗。即使從布達拉宮頂上望去，也難找到。一來，它周圍毫無風格的房子太多了，太醜了，太高了，完全填滿當年鬱鬱蔥蔥的林苑；二來，只要仔細辨認，還是能找到，但還不如尋它不見。因為當發現之時，突然襲來的悲哀無以言表。堯西達孜已不是白色大屋，不但外觀髒污不堪，內裡也倒塌不少。本依西藏傳統，每年秋季吉日會為建築物刷牆，那些具有神聖意義的建築物的白灰塗料中還添有牛奶、蜂蜜、藏紅花等，以示供奉、祈福與助力。但堯西達孜在一九五九年三月十七日尊者達賴喇嘛及家人流亡之後，便被「解放者」——如納博科夫（Vladimir Nabokov）形容的，「穿綠色衣服的暴發戶」——取消了所有權，而且以革命的名義，在不同時期有了這樣的稱謂：「二所」、「造總」總部、西藏大廈的職工宿舍。所謂「二所」，即自治區第二政府招待所；所謂「造總」總部，即拉薩兩大造反派之一的據點，文革期間專門接待從中國各地到拉薩串連的紅衛兵，極盡各種破壞之能事；而在被當作旅館並由旅館工作人員使用時，則成了各人自掃門前雪的大雜院。

二〇一三年有三次，我與友人很幸運，得以悄悄進入外牆懸掛川菜館、淋浴水洗理髮店和招待所的堯西達孜廢墟，而這之前及之後，外院鐵門都被上鎖，且有人看守，無法進得去。徜徉於尊者家族的往日家園，龐大的院內長滿雜草，通往正屋的甬道兩

邊稀稀落落停放著自行車、摩托車，就像一個用處不大的倉庫。左右房舍爲兩層樓，右邊房舍樓下拴著四五頭巨大藏獒正在咆哮，有次遇上在附近開飯館的漢人老闆來餵食，顯然這幾頭藏獒是他待價而沽的商品；好笑的是，這個說四川話的男子叫來了藏人保安驅逐我們，我就用藏語反問：「誰才是這裡的主人？」令藏人保安十分尷尬。

從散發腐爛味道、垃圾成堆的正屋上樓，穿過或長或短、已有多處下陷的走廊，幾排當年安裝的從印度進口的鐵欄杆雖已生銹卻還結實，連串異域花紋在夕陽下的倒影分外別致。挨個走入塵埃彌漫、陰暗不明的房間，有的牆上貼著一九八〇年代的中國明星畫像、一九九〇年代的《西藏日報》，有的門上貼著大紅中文的「福」和扛大刀的中國門神畫像，也有門上貼著一張慘白封條，上書「二〇〇五年元月七日封」。而我印象最爲深刻的，不是從殘缺的窗戶逆光望見尊者從童年住到青年的頗章布達拉，不是三樓左右兩側的過道和房間已塌陷得怵目驚心，而是一面掛在空空蕩蕩的大廳柱子上的殘破鏡子。如果走近，會不會瞥見一九五九年深夜匆匆逃走的那些生命留下的痕跡？會不會聽見流亡異國他鄉的尊者悲痛低語：「你的家、你的朋友和你的祖國倏忽全失……」？會不會看見四面牆上的美妙壁畫被殺氣騰騰的文革標語及兇神惡煞的馬恩列斯毛⑧的血腥頭像覆蓋？或者就像布羅茨基（Joseph Brodsky）的一句詩：「……在道路的盡頭，／這兒有一面鏡子，可以進去一遊。」⑨而進去的結果，既能看見「世代在匆匆忙忙中消逝」，也能看見鏡中的自己其實是那麼的無依無靠，卻又從未有過的美麗，如此令人著迷，彷彿可以隱身其中，不必再被國家機器盯梢、威脅和侮辱。

至於甘丹寺廢墟，原本是在文革結束後，由無數藏人信眾自發修復，但中國官媒卻反覆宣稱是「國家進行大規模的修復」，還羅列了當局分批投入多少款項的數字。看上去，破壞成了無法抗拒的因素，所謂的「國家」從來都是無比慷慨的大恩人。然而在「舊西藏」毫不客氣地被「解放」之前，全藏所擁有的六千多座寺院，卻在一場場革命之後，僅剩十多座。雖然現如今大多數寺院已修復，但規模遠不如昔日。需要明示的是，「國家」爲修

---

⑧ 馬恩列斯毛：即馬克思、恩格斯、列寧、史達林、毛澤東。

⑨《小於一》，約瑟夫‧布羅茨基（俄）著，黃燦然譯，浙江文藝出版社，二〇一四年。

復付出的，根本無法與藏人自己的付出相比。每一座劫後重生的寺院，都傾注著藏人們虔誠的汗珠和懺悔的熱淚，銘刻著這片土地上的眾生與苦難的六道輪迴和兇險的權力抗衡的信念。

我一直認為其他寺院應該修復，甘丹寺則不必修復，因為被夷為廢墟的甘丹寺是活生生的文革紀念館。就像許多蒙難的寺院都塗滿了文革口號、毛語錄及頭像等，往事不堪回首，重溫一次都是恥辱，儘管我理解藏人們將之剷除或塗抹的行為，但還是應該保留下來。廢墟是任何一種修復或復原都無法替代的。如果認為非得重新修蓋仿若從前的神聖建築才算是甘丹寺永遠存在的證據，這其實是一種對於實相的執著。從佛法的角度來說，廢墟與死亡一樣，乃是無常在人世間最為真切的教訓。從美學的角度來說，瘡痍滿目的廢墟遠比嶄新的雕梁畫棟更為美麗。就西藏自己而言，西藏實際上需要這樣一座紀念館。

有人說我是「西藏的憑弔者」，仔細想想，我並不認為這不符合事實。因為我對這些廢墟的記錄，正是一種「深層哀悼」。在漸漸深切的哀悼中，正在消失的廢墟似乎可以復活，或者說日益傾覆的廢墟也許會獲得再生的力量。這麼說吧，這些廢墟都是拉薩的創傷，布滿歷史纏繞在暴力中的烙印，是諸多變遷的見證，顯示了物質的脆弱性，或佛教所說的無常，因此「可能變成反思型環境的空間」。布羅茨基早就評論過極權製造的廢墟：「你不能用一頁《真理報》遮蓋廢墟。空洞的窗子向我們張開大口，如同骷髏的眼窩，而我們雖然很小，卻能感知到悲劇。確實，我們無法把自己與廢墟聯繫起來，但這不見得是必要的：廢墟散發的味道足以中止微笑。」[10]

那麼，我像什麼呢？是不是，我像一個隱秘的、並不專業的考古愛好者，也像一個著了魔的廢墟收藏者，更像是這個被占領的老城裡的流亡者之一，心懷許多個前世的記憶流亡著？當我在喜德林廢墟、堯西達孜廢墟、甘丹貢巴廢墟反覆徘徊時，其實是從廢墟本身返回往昔的喜德林、返回往昔的堯西達孜、返回往昔的甘丹貢巴。這是一種類似於在中陰道路上的旅行，閃爍著奇異的光芒和誘惑，在貢覺松（佛法僧三寶）的護佑下，得以重新成為這些廢墟的真正居民，雖不能安住，卻多少知足。

---

⑩ 同註9。

318

逐漸地，在重新拍攝與記錄中，我像是從對西藏文革的倦怠裡恢復過來，重又繼續研究父親生前拍攝的照片，包括記錄了兒女成長的家庭照片。並將從拉薩家裡帶往北京的底片掃描，於是電腦變成了讓昨日再現的場域。反覆地看，反覆地看，又發現驚人的細節。我指的是那幾張背景為布達拉宮的照片。

　　也許驚訝的只是我自己。有一次，一位外媒記者來訪，我指著鑲在書櫃木框內的大幅黑白照片，——是的，就是那張，那個胸前戴著毛澤東像章的四歲女孩（正是我）伏在父親的永久牌自行車手把上，背景是影影綽綽的布達拉宮。雖然影影綽綽，卻也顯示出有五個數層樓高的漢字矗立其頂。「那是『毛主席萬歲』」，我告訴長相美麗的女記者，期待她驚呼一聲，但無論是年輕的中國翻譯還是西方人的她，似乎對此興趣缺缺，就像是歷史已翻過那一頁，不必再提。

　　似乎從來無人提起過布達拉宮在文革時的遭遇。事實上，布達拉宮被革命者痛斥為「三大領主的總頭子殘酷壓迫勞動人民的封建堡壘之一」，險遭滅頂之災。甚至差點被改名為「東方紅宮」。而我的發現似乎只有我注意到，但當年的目睹者應該多得很，卻無人說起，就像是已經集體失憶。我曾問過母親，文革期間，是不是布達拉宮的頂上豎立起「毛主席萬歲」的巨大牌子？母親凝神回憶，才恍然記起般說道：「哦惹（對啊），當年是有五個大牌子，怎麼給忘了？」但母親的記憶是殘缺的，因為除了將這五個字刻成巨大牌子，置於布達拉宮頂上俯瞰眾生，外來的「解放者」還仿照北京天安門城樓，在布達拉宮的左側豎立寫有「中華人民共和國萬歲」的標語牌，右側豎立寫有「各族人民大團結萬歲」的標語牌。有一度，還將五星紅旗插上布達拉宮，把毛澤東的巨幅畫像高懸其間。實際上更早，在一九五九年三月二十三日，尊者達賴喇嘛被迫逃離拉薩的第六天，在槍聲與硝煙中，在血泊與淚水中，「中共在布達拉宮升起了五星紅旗。這是中共第一次有辦法在這個最神聖、最有歷史意義的建築物上升五星旗。『象徵光輝與喜悅的中國國旗在拉薩的微風中飄揚，迎接這個古老城市的新生，』擴音器大聲廣播解放軍已經占領了布達拉宮與羅布林卡，也象徵叛亂的結束。」⑪

---

⑪《龍在雪域：一九四七年後的西藏》（*The Dragon in the Land of Snows: A History of Modern Tibet Since 1947*），茨仁夏加著，謝惟敏譯，左岸文化，二〇一一年。

很遺憾，我父親似乎沒有專門拍攝過文革時的布達拉宮及其局部，而全都是以布達拉宮爲背景的家庭合影或其他人物合影。我只好將照片做了裁剪，以至於這些標語牌上的字不甚清晰，但仍然是歷史現場的寶貴記錄。

　　還有一個故事需要講述。二〇一二年九月在柏林國際文學節上，我從《殺劫》中選了二十四張照片參展。一併參加題爲《無形監獄—有形監獄》展覽的，還有中國藝術家艾未未和孟煌、作家廖亦武、詩人及諾貝爾和平獎獲得者劉曉波的妻子劉霞的作品。我父親是其中唯一一位已不在世者，也是唯一的一位「少數民族」、中共軍官，而在這個展覽上，他的身分是攝影家。德國之聲報導說：「澤仁多吉的攝影作品是西藏文革的珍貴歷史記錄，獨一無二的西藏文革記錄。」

　　這批照片原樣由我提供，主辦者洗印、放大並會適當修片。展覽結束後，朋友從柏林帶回照片送給我，相紙上好，製作專業，遠勝過我父親當年在西藏軍區沖洗的照片。只是其中一張讓我驚訝，啞然失笑，久而久之才慢慢覺出某種意義。

　　那張拍攝於一九六六年八月某日的照片，記錄了拉薩大貴族、中共合作者桑頗‧才旺仁增（Sampo Tswang Rinzin）在文革中被批鬥的場景。他的生平、經歷以及與家人的不幸遭遇，《殺劫》中都有圖文介紹（第一二二頁圖）。從照片上可見，批鬥他的紅衛兵和「積極分子」強迫他穿戴西藏政府四品以上官員的服飾，看上去華麗，實則備受羞辱，以致他尊嚴全無，竟當眾流下長長的鼻涕。我從小就見過這張照片，印象極爲深刻，因爲我無法理解一個長者怎麼可以當眾流下鼻涕，如此狼狽不堪？

　　可是，桑頗‧才旺仁增被批鬥的照片在柏林國際文學節上展出時，那道長長的鼻涕居然消失不見了。帶回照片的朋友笑說，那道鼻涕，被德國修片師當作老照片底片上的劃痕給修掉了。

　　在先進的電腦技術的幫助下，修片是如此徹底，以致到了絲毫不見痕跡的地步。具有羞恥感的鼻涕完全被抹掉了，原因可能在於德國那位心地單純的修片師，完全想像不到革命的風暴會使一個人有如此失去尊嚴的可能。而他按照「正常判斷」所做的修片結果，卻使我父親拍攝的這張經典照片大大失去了原有的衝擊力。而這，算不算是另一種（可以理解的）破壞呢？

　　原本那道長長的鼻涕像一道裂紋，將人的生命分裂爲所謂的

「新」與「舊」，於是我們會看見歷史的劇變，在劇變中，曾經高貴無比的人上人會被打入地獄。但這並不意味著，曾經低下的人就有可能翻身做主人，譬如正在批鬥桑頗・才旺仁增的兩個藏人紅衛兵，並未獲得榮華富貴，而且早已亡故。事實上，連家園都已淪喪，每個人都是奴隸；每個人，都會在失去尊嚴之時，難以自控地當眾長流鼻涕。

　　恰因那道鼻涕而意義深遠的照片，卻被修片師自以為合理的清除而削弱了記錄的力量，也就削弱了歷史的真實性。我曾以為這樣的舉動可能出自東西方的文化差異，但我現在認為，這應該是與對待記憶的態度有關。簡單化的修復雖然讓照片變得沒有瑕疵，卻可能意義大失，令記憶中的關鍵被磨滅，令生命中的悲劇感被沖淡。這一修片會始終提醒我，必須敏銳地捕捉並理解每一個歷史發生的細節，才可能真正地復原記憶，留下每一道恥感的鼻涕，呈現真實的畫面。

　　無論如何，父親的老照片為我打開拉薩的門，讓我進入歷史中的拉薩，去認識曾有過卻已消失的風景、曾歷盡滄桑卻已輪迴的人們，去傾聽曾發生的故事以及故事中的悲歡離合……「如果沒有革命，沒有文化大革命，我想我的一生會是一個很好的僧人，會一輩子穿袈裟的。寺院也會好好地存在，我會一心一意地在寺院裡面讀經書。可是革命來了，袈裟就不能再穿了，雖然我從來沒有找過女人，沒有還俗，但還是沒有資格再穿袈裟了，這是我一生中最痛苦的事情。」曾在文革中砸過佛塔、燒過經書的強巴仁青老人的訴說，可謂對當代西藏的悲痛證言。

　　其實父親的老照片至今還在為我打開拉薩那些緊閉的門。前年夏天，一位幼年為僧、後來當過工人和幹部的老先生，指著《殺劫》中幾個「牛鬼蛇神」被學生紅衛兵及居民紅衛兵沿街遊鬥的照片（第一三七頁圖）說：「在他們身後的這幢呈方形的房子是西藏軍區的碉堡，剛蓋的時候，拉薩人都不知道是幹什麼用。沒過多久，也就是五九年的三月間，所謂的『叛亂』發生了，解放軍把玻璃窗砸開，露出了機關槍，這石頭房子就成了軍用碉堡，打死過很多藏人。」老先生又補充了一句：「這些遍布拉薩的碉堡，實際上就跟今天遍布拉薩的便民警務站是一樣的。只不過，那時候叫碉堡，今天叫便民警務站，也打死過藏人。」

　　我從父親拍攝的文革照片去尋找屬於拉薩、屬於拉薩人的場

景。也深知在這之後，一切已是發生了劇變甚至覆水難收的場景。迄今爲止，藏語發音「帝洛」、漢語意爲「世時翻轉」的場景仍是屬於拉薩的嗎？仍是屬於拉薩人的嗎？而十年前，不對，應是十六年前，爲完成《殺劫》這本書，我帶著這些照片，騎著自行車，穿過拉薩的大街小巷，從這戶人家出來又去那戶人家，被遮蔽的文革舊事就這樣一幕幕展現眼前，雖然當時震驚且痛苦，但現在回想起來，卻是多麼難得的時光，彷彿一段幸福的日子。

如今，用我父親用過幾十年的這架老相機拍照，對於我其實是百感交集的過程。當年父親希望我成爲一個攝影師可能比希望我成爲一個詩人或作家更多。我還在上中學時，他就讓我試著用他心愛的相機，教我如何對焦、取景、定光圈，還帶我去他自己布置的暗室，讓我注意觀察他怎麼沖洗照片，強調這個盤子裡的水是顯影的，那個盤子裡的水是定影的。我喜歡看一張張白紙上逐漸顯現出黑白色的畫面，全家人在一瞬間被定格的形象似乎可以永存，但這麼複雜的程序讓我興趣漸失，或者說，我的興趣可能更多在於文字而非攝影，久而久之，父親也只好任由我，所以我到底也沒學會怎麼用這架相機拍照。這麼多年過去，我指的是這幾年，當我端起這架彷彿布滿父親手印和目光的相機，在他當年拍下數百張殺劫照片的地點拍照時，總有一種感覺，就像是每一次按動快門，父親都站在旁邊無言注視著，於是時光倒流，我與離開人世多年的父親如此親近，這是多麼難得的時光，彷彿一段幸福的日子。

我也因此領會了電影大師溫德斯（Wim Wenders）所說的：「每張照片都重新證明時間的綿延連續，不可停留。每張照片都是對我們生命必會消逝的提醒。每張照片都關乎生和死。」[12]

最後要說明的是，在文化大革命五十週年出版的這本書，是《殺劫》修訂版。

主要修訂處，一是修正原書中個別出錯的細節，比如原書三十七頁的圖說中的一句，「拉薩中學的紅衛兵從學校出發去大昭寺『破四舊』的情景」，實際上應該是，拉薩中學的紅衛兵去大昭寺「破四舊」之後，經布達拉宮正面（今北京中路）返回學

---

[12]《一次：圖片和故事》（*Einmal:Bilder und Geschichten*），溫德斯（德）著，崔嶠、呂晉譯，廣西師範大學出版社，二〇〇四年。

校的情景。向我指出這一錯誤的，正是當年拉薩中學的一位紅衛兵。還有，原書出版時，我採訪的七十多人中，「其中已有兩人病故」，但十年之後，人生無常迅猛，所以在修訂版中改成：「其中已有兩人病故（註：至二〇一六年三月，據我所知，已有十六人去世）[13]」。

另外，原書中有多處出現「內地」這類詞彙，而當時，我在寫作時並未意識恰是遭遇洗腦，已成習慣書寫。正如茨仁夏加先生所言，在一九五〇年之後：「藏語對中國的稱呼是『加那』，現在此用法於日常生活裡完全被消滅了。一個新造的名詞：祖國（『每蓋』，mes rgyal），現在成為媒體與官方出版品的經常用語，而這個名詞暗示的是一個包含西藏在內的中國。與此同時，那些到中國去進修的學生幹部，被說成是旅行到『內地』（rgyal nang，『蓋囊』）。還有，現在『藏人』與『中國人』也不存在了；相反的，現在只有『藏族』與『漢族』，兩族都是中國人。」[14]也因此，在《殺劫》出版十年後的修訂版中，所有的「內地」一詞，我都做了更正，如改為「中國」、「中國各地」之類。其他相似問題，概莫如是。

至此，似乎再無餘言。對大塊文化持續十年的鼎力支持，銘感五內。

另要補充的是，除藏文版，《殺劫》還被譯為日文[15]，已出版；被譯為英文，將於二〇一六年出版[16]。口述西藏文革的《西藏記憶》[17]，被譯為法文，也已出版。

> 二〇一五年十月一日，寫於北京
> 二〇一五年十二月二十五日，定稿於北京
> （又及：我父親在二十四年前的這天病故於拉薩）
> 二〇一六年三月二十八日，修改於成都

---

[13] 雖然前面提及過，但再重複一遍吧，至二〇二三年三月，據我所知已有半數以上的長輩去世。

[14] 同註 11。

[15] 《殺劫》日文版，藤野彰、劉燕子譯，日本集廣捨出版，二〇〇九年。

[16] 《殺劫》英文版《Forbidden Memory: Tibet during the Cultural Revolution》，SuSan Chen 譯，Robert Barnet 修訂，美國 Potomac Books 出版，二〇二〇年。《殺劫》還譯為韓文版，並正在譯為波蘭文版。

[17] 《西藏記憶》法文版，張莉、Bernard 譯，法國 Gallimard 出版，二〇一〇年。補充，《西藏記憶》還譯為藏文版，二〇二三年將在印度出版。

參考書目

一、《西藏生死書》，索甲仁波切著，鄭振煌譯，臺北張老師文化出版社，一九九六年。

二、《西藏日報》（一九六五年──一九七〇年）。

三、《天葬：西藏的命運》，王力雄著，明鏡出版社，一九九八年。

四、《西藏生與死：雪域的民族主義》，（法）董尼德著，蘇瑛憲譯，臺北時報文化公司，一九九四年。

五、《西藏地方是中國不可分割的一部分》，西藏社會科學院等編，西藏人民出版社，一九八六年。

六、《中共西藏黨史大事記》，西藏自治區黨史資料徵集委員會編，西藏人民出版社，一九九五年。

七、《西藏大事輯錄（一九四九──一九八五）》，由西藏農牧學院馬列教研室、西藏自治區黨校理論研究室合編，一九八六年。

八、《達賴喇嘛自傳──流亡中的自在》，達賴喇嘛著，康鼎譯，臺北聯經出版事業公司，一九九七年。

九、《雪域境外流亡記》，（美）約翰·Ｆ·艾夫唐著，尹建新譯，西藏人民出版社，一九八七年。

十、《成年禮》，筱敏著，太白文藝出版社，二〇〇一年。

十一、《陰謀與虔誠：西藏騷亂的來龍去脈》，徐明旭著，明鏡出版社，一九九九年。

十二、《西藏革命史》，中共西藏自治區委員會黨史資料徵集委員會編，西藏人民出版社，一九九一年。

十三、《雪域西藏風情錄》，廖東凡著，西藏人民出版社，一九九八年。

十四、《高山反應》，程德美著，中國藏學出版社，二〇〇五年。

十五、《龍在雪域──一九四七年以來的西藏現代史》，夏加次仁（茨仁夏加）著，中共統戰部二局二〇〇〇年組織編譯（內部資料）。

十六、《從大歷史的角度讀蔣介石日記》，黃仁宇著，中國社會科學出版社，一九九八年。

十七、《七萬言書——班禪喇嘛文論選集》，西藏流亡政府外交與新聞部發行，一九九八年。

十八、《中國文化大革命文庫光碟》，由美國《中國文化大革命文庫光碟》編委會及香港中文大學中國研究服務中心合作編撰，宋永毅主編，二〇〇二年問世。

十九、《周恩來與西藏》，西藏自治區黨史辦公室編，中國藏學出版社，一九九八年。

二十、《西藏政治史》，夏格巴·旺秋德丹著，中國藏學出版社一九九二年翻譯（內部資料）。

二十一、《夏格巴的「西藏政治史」與西藏歷史的本來面目》，西藏自治區《西藏政治史》評註小組編寫，民族出版社，一九九六年。

二十二、《「文化大革命」十年史》，高皋、嚴家其著，天津人民出版社，一九八六年。

二十三、《拉薩八廓街區古建築物簡介》，由「西藏文化發展公益基金會」編寫，一九九九年。

二十四、《一個猶太人在今天》，（美）埃利·威塞爾著，陳東飆譯，作家出版社，一九九八年。

二十五、《西藏文史資料選輯》（一——二十一），西藏人民出版社和民族出版社，一九八三年—二〇〇四年。

二十六、《安多強巴：達賴和西藏的畫師》，溫普林著，臺灣大塊文化出版股份有限公司，二〇〇二年。

二十七、《現代西藏史：一九一三至一九五一年——喇嘛王國的崩逝》，（美）M.C.戈德斯坦著，杜永彬譯，時事出版社，一九九四年。

二十八、臺灣《攝影家》一九九八年八月三十九期。

二十九、《悲劇英雄班禪喇嘛》，降邊嘉措著，開放雜誌社，一九九九年。

三十、《西藏七年與少年達賴》，海因利希·哈勒著，刁筱華譯，臺灣大塊文化出版股份有限公司，一九九七年。

三十一、《女活佛》，秦文玉著，人民文學出版社，一九八五年。

三十二、《西藏的貴族和政府》，（義）畢達克著，沈衛榮、宋黎明譯，中國藏學出版社，一九九〇年。

三十三、《二十世紀西藏奇僧——人文主義先驅更敦群培大師評傳》，杜永彬著，中國藏學出版社，二〇〇〇年。

三十四、《中國人民解放軍將帥名錄·第三集》，解放軍出版社，一九九〇年。

三十五、《西藏昌都史地綱要》，謝廷傑等編著，西藏人民出版社，二〇〇〇年。

三十六、《西藏通史——松石寶串》，恰白·次旦平措等著，西藏社會科學院、《中國西藏》雜誌社、西藏古籍出版社聯合出版，一九九六年。

三十七、《文革大字報精選》，譚放、趙無眠選輯，趙無眠述評，明鏡出版社，一九九六年。

三十八、《國外藏學研究譯文集（十）》，西藏人民出版社，一九九三年。

三十九、《無產階級文化大革命勝利萬歲》，中國人民大學編輯小組編，北京新華印刷廠印刷，內部學習，一九六九年十月。

四十、《西藏自治區重要文件選編》，中共西藏自治區委員會政策研究室編，一九九四年。

四十一、《西藏最後的馱隊——藏北馱鹽紀實》，加央西熱著，北京十月文藝出版社，二〇〇三年。

四十二、《西藏是我家——扎西次仁的自傳》，扎西次仁口述，梅爾文·戈爾斯坦、威廉木·司本石初英文執筆，楊和晉譯，明鏡出版社，二〇〇〇年。

國家圖書館出版品預行編目（CIP）資料

殺劫：不可碰觸的記憶禁區，鏡頭下的西藏文革，第
一次披露 = Forbidden memory : Tibet during the
cultural revolution/ 唯色 (Tsering Woeser) 著 . -- 三
版 . -- 臺北市：大塊文化出版股份有限公司，
2023.05
面；　公分 . -- (Mark ; 56)
ISBN 978-626-7317-03-7(平裝)
1.CST: 歷史 2.CST: 照片集 3.CST: 西藏自治區

676.62　　　　　　112004417

LOCUS

LOCUS

LOCUS

LOCUS